btb

Die wahre Geschichte hinter dieser außergewöhnlichen Reise beginnt in jener Nacht, in der sich Yongey Mingyur Rinpoche dazu entschließt, sein bisheriges, wohlbehütetes und privilegiertes Leben als Abt eines wichtigen buddhistischen Klosters hinter sich zu lassen. Unbemerkt schlüpft er aus dem Tor und ist zum ersten Mal alleine mit sich selbst. Auf dem Weg in die ihm unbekannte Welt, die ganze vier Jahre andauern wird, muss er sich vollkommen neu zurechtfinden und entdeckt tief verborgene Wahrheiten über das Leben, sich selbst und die Welt um uns herum, die seine Lehre für immer prägen werden.

Dieses Buch erzählt die beeindruckende Geschichte zweier Arten von Sterblichkeit, der körperlichen und der seelischen. Und es zeigt uns, wie wir diese beiden unausweichlichen Tatsachen miteinander in Einklang bringen und die Angst vorm Sterben in die Freude am Leben umwandeln können.

Yongey Mingyur Rinpoche, lebt als Exiltibeter in Indien. Bereits mit 17 Jahren wurde er zum bislang jüngsten tibetischen Meditationsmeister. Die frühe Begegnung mit dem Biologen und Bewusstseinsforscher Francisco Varela entfachte sein Interesse an Gehirnforschung und Neurowissenschaften. Eine eigene schwere Angststörung überwand er durch Meditationstechnik und erreichte bei neurologischen Messungen seiner Gehirnaktivität bislang nie gekannte Werte. Seine zugewandte, selbstironische Art zu unterrichten begeistert in Asien, Amerika und Europa Millionen von Menschen.

YONGEY MINGYUR RINPOCHE

Mit Helen Tworkov

AUF DEM WEG

Eine Reise zum wahren Sinn des Lebens

Aus dem Amerikanischen von Liselotte Prugger

btb

MIX
Papier | Fördert gute Waldnutzung
FSC® C014496

Penguin Random House Verlagsgruppe FSC® N001967

2. Auflage
Genehmigte Taschenbuchausgabe Februar 2023

Umschlaggestaltung: semper smile, München
Umschlagmotiv: © plainpicture/whatapicture
Satz: Uhl + Massopust, Aalen
Druck und Einband: GGP Media GmbH, Pößneck
JT · Herstellung: sc
Printed in Germany
ISBN 978-3-442-77297-1

www.btb-verlag.de
www.facebook.com/penguinbuecher

INHALT

PROLOG

11. Juni 2011

Ich schrieb den Brief zu Ende. Es war nach zehn Uhr in einer heißen Nacht in Bodh Gaya im Norden Zentralindiens, und im Augenblick wusste es sonst niemand. Ich legte den Brief auf einen niedrigen Holztisch vor den Stuhl, auf dem ich oft saß. Sie würden ihn irgendwann am folgenden Nachmittag finden. Es gab nichts mehr zu tun. Ich schaltete das Licht aus und zog den Vorhang zurück. Draußen war es stockdunkel, nichts rührte sich, und genau so hatte ich es erwartet. Gegen halb elf begann ich im Dunkeln herumzulaufen und schaute ständig auf die Uhr.

Zwanzig Minuten später nahm ich meinen Rucksack, verließ mein Zimmer und schloss die Tür hinter mir ab. Im Dunkeln schlich ich auf Zehenspitzen die Treppe hinunter in die Eingangshalle. In der Nacht sichert ein schwerer Metallriegel zwei dicke Holztüren von innen. Jede Tür wird von schmalen, rechteckigen, fast gleich hohen, nach außen zu öffnenden Fenstern flankiert. Ich wartete, bis der Wachmann vorbeigekommen war. Als er nach meiner Berechnung am weitesten vom vorderen Tor entfernt sein musste, öffnete ich das Fenster und stieg auf die kleine Marmorveranda hinaus. Ich schloss das Fenster, flitzte die sechs Stufen zu dem mit Ziegelsteinen gepflasterten Fußweg hinunter und stellte mich schnell hinter die Büsche zur Linken.

Das Gelände ist von einem hohen Metallzaun umgeben. Die Seitenpforte am Weg bleibt tagsüber geöffnet, ist aber in der Nacht abgeschlossen, und in der Nähe passt ein Wachmann auf. Die vordere Pforte wird selten benutzt. Sie ist hoch und breit und führt zu einer Umgehungsstraße, die die beiden, parallel zueinander verlaufenden Hauptstraßen verbindet. Die beiden Eisenflügel der Pforte sind mit einer schweren Kette und einem großen Vorhangschloss gesichert. Um unbemerkt hinauszugelangen, durfte der Wachmann mich bei seiner nächsten Runde nicht sehen. Ich wartete hinter den Büschen, bis er vorbeikam, berechnete abermals, wann er in sicherer Entfernung sein musste, und rannte dann die dreißig Meter zur Hauptpforte hinüber.

Als ich meinen Rucksack über die Pforte warf, zielte ich auf den Rasenstreifen am Rand der geteerten Straße, damit er geräuschlos landete. Außerdem hatte mein Vater mich immer gemahnt: *Wenn du auf Reisen bist und zu einer Mauer kommst, wirf immer zuerst dein Gepäck rüber, denn dann wirst du ganz bestimmt auch folgen.* Ich schloss das Vorhangschloss auf, stieß den Torflügel auf und schlüpfte hinaus.

Vor Angst und Aufregung klopfte mir das Herz bis zum Hals. Die nächtliche Dunkelheit schien aufzuleuchten und all meine Gedanken zu absorbieren. Zurück blieb nur das schockierende Gefühl, mitten in der Nacht auf der anderen Seite des Zauns und zum ersten Mal in meinem Erwachsenenleben ganz allein draußen in der Welt zu sein. Ich musste mich zwingen, in Bewegung zu kommen. Ich griff zwischen den Gitterstangen hindurch und drückte das Vorhangschloss zu, dann hob ich mein Bündel auf und verbarg mich am Straßenrand. Zwei Minuten vor elf, und ich befand mich zwischen einem Leben und dem nächsten. Der Atem dröhnte in meinen Ohren, mein Magen verkrampfte sich. Ich konnte kaum glauben, dass mein Plan bislang perfekt aufgegangen war. Meine Sinne schärften sich und schienen sich über meinen konzeptuellen Geist hinweg auszudehnen. Die Welt begann plötzlich zu leuchten, und ich meinte, kilometerweit sehen zu können ... nur das Taxi sah ich nicht.

Wo ist das Taxi?

Es war für elf Uhr nachts bestellt worden. Ich trat auf die Umgehungsstraße hinaus und hielt Ausschau nach Scheinwerfern. Auch wenn ich mit der Strategie eines Ausbrechers vorgegangen war, hatte ich niemandem von meinem Plan erzählt, und ein Fluchtauto wartete auch nicht auf mich. Auf der anderen Seite des Zauns, der nun hinter mir lag, war Tergar, ein tibetisches, buddhistisches Kloster ... und ich war sein angesehener, sechsunddreißigjähriger Abt.

Ein Jahr zuvor hatte ich meine Absicht verkündet, ein ausgedehntes Retreat zu beginnen. Das hatte bei niemandem die Alarmglocken schrillen lassen. Dreijahresretreats sind in meiner Tradition üblich. Allerdings war vermutet worden, dass ich mich in ein Kloster oder in eine Eremitage in den Bergen zurückziehen würde. Abgesehen von Tergar in Bodh Gaya habe ich Klöster in Tibet und Nepal sowie Meditationszentren in allen Teilen der ganzen Welt besucht, aber nirgends hatte irgendjemand meine wahren Absichten erahnt. Trotz meiner angesehenen Position – oder präziser ausgedrückt, wegen ihr – würde ich nicht in einer institutionellen oder abgelegenen Unterkunft verschwinden. Ich hatte mir zum Ziel gesetzt, der althergebrachten Tradition der *Sadhus,* den herumziehenden, hinduistischen Asketen, zu folgen, die ihren ganzen Besitz aufgeben, um frei von weltlichen Belangen zu leben. Die frühesten Helden meiner tibetischen Kagyu-Übertragungslinie waren in die Fußstapfen ihrer hinduistischen Vorfahren getreten und hatten in Höhlen und Wäldern gelebt. Ich würde mein Leben als privilegierter *Tulku* – als anerkannte Inkarnation eines spirituellen Meisters – hinter mir lassen; es sozusagen »sterben« lassen. Ich würde mein Amt als jüngster Sohn des Tulku Urgyen Rinpoche, des hochverehrten Meditationsmeisters, niederlegen. Ich würde ohne Diener und Verwaltungspersonal leben und den Schutz, der mir durch meine Rolle als Abt und Linienhalter zusteht, gegen die Anonymität eintauschen, die ich noch nie gehabt, nach der ich mich aber seit langem gesehnt hatte.

Auf meiner Armbanduhr war es zehn Minuten nach elf. Mein Plan sah vor, den Mitternachtszug nach Varanasi zu nehmen. Der Zug fuhr vom nur dreizehn Kilometer entfernten Bahnhof Gaya ab. Das Taxi hatte ich am frühen Abend bestellt, als ich auf dem Rückweg vom Mahabodhi-Tempel war, der historischen Stätte, die an das große Erwachen Buddhas unter einem Bodhi-Baum erinnert. Ein Ableger des ursprünglichen Baumes markiert das Herz dieses weitläufigen Tempelkomplexes, und Pilger aus aller Welt kommen hierher, um unter seinem Blätterdach zu sitzen. Ich fuhr oft dorthin, aber an diesem speziellen Abend hatte ich nur vor, die rituelle Umrundung *kora* zu machen und Butterlampen zu opfern, um ein gutes Gelingen meines Retreats zu erbitten. Ich war von meinem langjährigen Diener, Lama Soto, begleitet worden. Plötzlich tauchten Scheinwerfer auf, und ich trat auf die Straße. Ein Jeep fuhr vorbei. Nach weiteren zehn

Minuten sah ich abermals Scheinwerfer. Als ein großer Fernlaster auf mich zudonnerte, sprang ich zurück und rutschte in einer Schlammpfütze aus. Als ich meinen Fuß herauszog, blieb einer der Gummi-Flip-Flops darin stecken. Ich zog ihn heraus und versteckte mich wieder, diesmal mit glitschigen, schlammverschmierten Händen. Meine Hochstimmung verschwand, und Unruhe waberte wie Nebel herein. Jeder, der diese Straße frequentierte, würde mich erkennen. Niemand hatte mich je ohne Begleitung gesehen, weder zu dieser noch zu irgendeiner anderen Stunde. Ich hatte fest mit dem Taxi gerechnet. Ich hatte keine Vorstellung, was ich nach meiner Ankunft in Varanasi machen würde, aber in diesem Augenblick war es entscheidend für mich, den Zug nicht zu verpassen. Ich hatte keinen Plan B. Schwitzend vor Hitze und Aufregung machte ich mich schnell auf den Weg zur Hauptstraße.

Früher an diesem Abend waren Lama Soto und ich mit dem Jeep von Tergar zum fünf Kilometer entfernten Mahabodhi-Tempel gefahren. Wir hatten die kleinen Läden passiert, die die Hauptstraße säumen: Stände mit Textilwaren, ein paar Restaurants, Computercafés, Souvenir- und Ramschläden sowie Reisebüros. Neben Autos, Taxis, Fahrrädern und Rikschas verstopften auch Tuk-Tuks, die dreirädrigen, motorisierten Krachmacher, die Straßen. In der Nähe des Tempeleingangs säumten Bettler die Zufahrt mit ihren Almosenschalen. Auf dem Rückweg nach Tergar hatten wir an einem Reisebüro angehalten. Dort bestellte ich für elf Uhr nachts ein Taxi zur Hauptpforte des Klosters. Wir hatten uns auf Englisch unterhalten, damit Lama Soto, der nur Tibetisch sprach, nichts von dieser Verabredung mitbekam.

Ich war auf der Umgehungsstraße schon auf halben Weg

zur Hauptstraße, als das Taxi endlich auftauchte. Nach einer halben Stunde allein in der Außenwelt spendete der begrenzte Raum im Auto unerwarteten Trost. Von klein auf hatte ich mehrmals täglich Gebete mit folgendem Inhalt gesprochen: *Ich nehme Zuflucht zu Buddha, zum Dharma – den Belehrungen des Buddhas und zur Sangha – der erleuchteten Gemeinschaft.* Nun stellte ich fest, dass ich Zuflucht in diesem Taxi nahm, und war dankbar für diesen Schutz.

Ich dachte an Naropa (etwa 980–1040 v. Chr.), den gelehrten Abt der buddhistischen Universität Nalanda. Ich wusste, dass er sein hohes Amt verlassen hatte, um eine höhere Weisheitsebene anzustreben, als er bislang erreicht hatte. Allerdings hatte ich noch nie über die Umstände seines Weggangs nachgedacht. *Ich frage mich, ob er ganz allein losgezogen war. Vielleicht wartete ein Diener vor der Pforte mit einem Pferd. So war Prinz Siddharta aus dem Königreich seines Vaters geflohen: Er hatte sich seinem Wagenlenker anvertraut, und sie hatten eine heimliche Abmachung getroffen.*

Als das Taxi auf Gaya zuraste, bewegte sich mein Körper vorwärts, während mein Geist rückwärts wanderte. In die so sorgfältig konstruierte Abreise schlichen sich plötzlich Misstöne ein. In den vergangenen Wochen hatte ich mir ausgemalt, wie das Geschehen an diesem Abend ablaufen würde. Nun betrachtete ich denselben Film in umgekehrter Reihenfolge, ausgehend von der Gegenwart und zurück in die Vergangenheit, und ich akzeptierte, dass es unterschiedliche Wege gibt, Abschied zu nehmen.

Lama Soto und ich waren gegen sieben Uhr abends vom Mahabodhi-Tempel zurückgekehrt, und ich hatte mich sofort in meine Privaträume im Obergeschoss meines Hauses zurückgezogen. Meine Wohnung besteht aus einem großen

Empfangsraum für meine Gäste, von dem aus es in einen zweiten Raum geht, wo ich praktiziert und geschlafen habe. Das Haus liegt hinter dem Haupttempel, der etwa einem Gewog* entspricht. Jede Wand, jede Säule, und die gesamte Tempeldecke sind mit traditionellen Ornamenten geschmückt. Ein riesiger, goldener Buddha erhebt sich aus dem Schrein und ist direkt auf die Hauptpforte und den weiter hinten liegenden Mahabodhi-Tempel ausgerichtet. Am gleichen Tag war ich um die Marmor-Säulenhalle herumgewandert, die entlang den Außenmauern verläuft, auf die Galerie gestiegen, die über dem Hauptraum liegt, und hatte mich die ganze Zeit schweigend verabschiedet. Angrenzend an mein Haus gibt es ein Gästehaus und Verwaltungsbüros. Hinter diesen Gebäuden liegen die Schlafsäle und Klassenzimmer für etwa hundertfünfzig junge Mönche im Alter zwischen neun und zwanzig Jahren. Ich war an allen Räumen vorbeigegangen, alle Korridore entlanggelaufen und konnte noch immer nicht recht glauben, dass ich das vielleicht lange Zeit nicht mehr sehen würde. Ich plante, mindestens drei Jahre fortzubleiben. Ich hatte alles getan, was ich konnte, um das Wohlbefinden und das Training der Mönche auch weiterhin sicherzustellen. Ich hoffte, ich hatte nichts übersehen.

Lama Soto war gegen neun Uhr abends in mein Zimmer gekommen, um nachzufragen, ob ich noch etwas brauchte, bevor er sich zurückzog. Er stammt aus Kham, einer Gegend im Osten Tibets, die für ihre kräftigen, widerstandsfähigen Männer bekannt ist. Die letzten zehn Jahre, seit ich sechsundzwanzig war, war er mein Diener gewesen und hatte mich bei Menschenansammlungen wie ein Bodyguard ab-

* Verwaltungseinheit in Bhutan, die eine Gruppe von Dörfern umfasst.

geschirmt. Sein Zimmer lag im Erdgeschoss meines Hauses. Die Tür zu meinen Privaträumen hatte so laut gequietscht, weshalb ich im Zuge der Vorbereitungen zu meinem heimlichen Verschwinden sogar die Scharniere schmierte. Zwei Wochen zuvor hatte ich Lama Soto und die Klosterverwaltung in Kenntnis gesetzt, dass ich nicht vor Mittag eines jeden Tages gestört werden wollte. Diese ungewöhnliche Forderung ließ vermuten, dass ich Meditationen praktizieren und mich nicht unterbrechen lassen wollte. Aber in Wahrheit verschaffte ich mir so die Möglichkeit, schon über alle Berge zu sein, wenn meine Abwesenheit entdeckt wurde.

Was meiner Vorliebe für Lausbubenstreiche besonders schmeichelte, war der Trick, wie ich mir den Schlüssel zum Haupteingang besorgte. Ich war häufig zwischen meinen Klöstern in Indien und Kathmandu unterwegs, und bei einem vorangegangenen Besuch in Bodh Gaya hatte ich dem technischen Hausmeister erklärt, dass das Tor ein stabileres Vorhangschloss nötig hätte. Ich kündigte an, eines zu kaufen, wenn ich das nächste Mal in Delhi zu tun hatte. Zu diesem Zweck waren Lama Soto und ich an einem Nachmittag nach Old Delhi gefahren und hatten das Marktviertel abgeklappert, in dem es Schlosserwerkstätten gab. Als ich nach Bodh Gaya zurückkam, ging ich mit dem Hausmeister zur Pforte, um das alte Schloss auszuwechseln. Zum neuen Schloss gab es drei Schlüssel, von denen ich ihm zwei gab, aber den dritten behielt. Somit hatte ich auch die Möglichkeit, das Tor auf- und zuzuschwingen und zu testen, wie schwer es war und welche Geräusche es produzierte.

Der Mahabodhi-Tempel war inzwischen fast außer Sichtweite, doch ich wusste bereits von der Notwendigkeit, stets aufmerksam zu sein, ganz im Sinne des Buddha. Als ich in das Taxi gestiegen war, fühlte sich der Fahrer angesichts meiner erregten Stimme ermuntert, mit halsbrecherischer Geschwindigkeit loszupreschen. Tempel und *Stupas*, Bauwerke, die heilige Reliquien beherbergen, spiegeln das Herz und den Geist des Buddhas wider. Dadurch, dass wir die äußeren Formen des Buddhas respektieren, pflegen wir unsere eigene Weisheit. Doch der wahre Buddha, die erwachte Essenz des Geistes, existiert in jedem von uns.

Mein Herz schlug schnell. Wegen der Geschwindigkeit des Taxis und der Dunkelheit konnte ich vor dem Fenster nichts erkennen. Bilder rasten schneller durch meine Vorstellungswelt als das Taxi. Wissenschaftlern zufolge schwirren täglich fünfzig- bis achtzigtausend Gedanken durch den Geist. Ich hatte eher das Gefühl, dass es ebenso viele in einer Minute waren. Die Gesichter von Verwandten tauchten vor mir auf: meine Mutter Sonam Chödrön und Großvater Tashi Dorje in ihren Quartieren in Osel Ling, meinem Kloster in Kathmandu. Ich stellte mir Klosterverwalter, Nonnen und Mönche vor, die in formellen Schreinräumen meditierten; ich sah Freunde in europäischen Cafés sitzen oder in Hongkong in Nudelrestaurants an großen, runden Tischen speisen. Ich stellte mir ihre Verblüffung vor, wenn sie von meinem Verschwinden erfuhren: wie ihre Kinnladen nach unten klappten und ihre Gesichter ob dieser Nachricht nach vorn fielen: Hatte man sich etwa verhört? Ich schaute amüsiert zu, doch dieses Vergnügen erstreckte sich nicht auf meine Mutter. Als ich ihr Gesicht sah, wusste ich, welche Sorgen sie sich machen würde, und nun musste ich einfach dem Rat meines Vaters vertrauen.

1996 hatte ich meinen Vater in Nagi Gompa in seiner Klause an einem abgeschiedenen Berghang außerhalb von

Kathmandu besucht. Er war an Diabetes erkrankt, aber keine Veränderung seiner körperlichen Verfassung deutete darauf hin, dass er bald sterben würde. Wie sich herausstellte, starb er zwei Monate später. Wir waren in seiner kleinen Kammer, einem Raum auf dem Dach seines Hauses, nicht größer als drei mal drei Meter; sein Gefolge bewohnte die unteren Stockwerke. Der Raum hatte ein großes Panoramafenster mit Blick über das Tal. Er war der Abt eines kleinen Nonnenklosters, und die Nonnen versammelten sich zu seinen Belehrungen in dieser kleinen Kammer.

Er saß auf einer erhöhten, rechteckigen Kiste. Hier schlief er und von hier aus unterrichtete er. Ein Laken bedeckte die untere Hälfte seines Körpers. Ich saß vor ihm auf dem Fußboden. Wie üblich begann er die Unterhaltung mit der Frage: *Hast du irgendein Thema, das du mit mir diskutieren möchtest?*

Ich sagte zu ihm, dass ich ein Wanderretreat beabsichtigte.

Er schaute zu mir herunter. *Ami,* sagte er und sprach mich mit einem tibetischen Kosenamen an: *Hör zu, Ami, bist du sicher? Wirklich sicher?*

Ich antwortete: *Ja, ich bin sicher. Das wollte ich schon machen, seit ich ein kleiner Junge war.*

Dann sagte mein Vater: *Wunderbar. Aber wenn du das wirklich machen willst, habe ich einen Rat für dich: Geh einfach. Sag niemandem, auch nicht unseren Familienmitgliedern, wohin du gehst. Geh einfach, und es wird gut für dich sein.*

Ich hatte seinen Rat nicht vergessen, obwohl fünfzehn Jahre vergehen sollten, bis ich ihn befolgte. Jahrzehntelang hatte ich im Rahmen der täglichen Liturgie immer wieder repetiert: *Alles ist vergänglich; der Tod kommt ohne Vorwarnung; auch dieser Körper wird einmal eine Leiche sein.* Je reifer ich meiner Ansicht nach wurde, desto mehr ahnte ich, dass ich die tiefste Bedeutung dieses Satzes nicht vollkommen absorbiert hatte, und doch hatte die Möglichkeit, dass dieser vergängliche Körper eine Leiche sein könnte, bevor ich meinen Vorsatz in die Tat umsetzte, immer für eine gewisse Unruhe gesorgt. Ich hatte lange Zeit gewartet, bis ich dieses Retreat in Angriff nahm, hatte gewartet, bis es zu einem Friss-oder-Stirb-Vorhaben geworden war – oder vielleicht treffender ausgedrückt, zu einem Friss-*und*-Stirb-Vorhaben. Ich würde alles hinter mir lassen, was ich kannte, und wüsste mit genauso wenig Gewissheit wie auf dem Sterbebett, was danach kommen würde.

Abgesehen von meiner Mutter, schmerzte es mich auch, Lama Soto zu verlassen, denn er war krank gewesen, und ich wusste, dass wir einander nicht wiedersehen würden. Er würde derjenige sein, der meine Abwesenheit entdeckte, und es war kein Vergnügen, mir seine Verzweiflung vorzustellen, wenn er die Implikationen des Briefes realisierte, den ich zurückgelassen hatte:

Wenn du diesen Brief liest, werde ich das ausgedehnte Retreat begonnen haben, das ich im letzten Jahr angekündigt hatte. Wie du vielleicht weißt, habe ich schon als kleiner Junge im Himalaya, wo ich aufgewachsen bin, eine sehr starke Beziehung zur Tradition des Retreats empfunden. Obwohl ich noch nicht recht wusste, wie man meditiert, lief ich oft von zu Hause weg zu einer Höhle in der Nähe, wo ich still dasaß und immer wieder das Mantra »Om Mani Peme Hung« in meinem Kopf rezitierte. Meine Liebe zu den Bergen und das einfache Leben eines Wandermönchs haben mich schon damals angesprochen.

TEIL EINS

Öl ins Feuer gießen

KAPITEL 1

Wer bist du?

Bist du Mingyur Rinpoche?

Mein Vater stellte mir diese Frage, kurz nachdem ich mit etwa neun Jahren begonnen hatte, mich von ihm unterrichten zu lassen. Es war so befriedigend, die richtige Antwort zu wissen, dass ich stolz verkündete: *Ja, der bin ich.*

Dann fragte er: *Und kannst du mir sagen, was genau es ist, was aus dir Mingyur Rinpoche macht?*

Ich schaute an meinem Körper hinunter bis zu den Füßen. Ich schaute auf meine Hände. Ich dachte über meinen Namen nach. Ich dachte darüber nach, wer ich im Verhältnis zu meinen Eltern und meinen älteren Brüdern war. Ich konnte mit keiner Antwort aufwarten. Dann machte mein Vater aus meiner Suche nach dem *wahren Ich* eine Art Schatzsuche, und ich suchte allen Ernstes unter Steinen und hinter Bäumen. Mit elf Jahren begann ich in Sherab Ling zu studieren, in einem Kloster in Nordindien, wo ich diese Suche durch Meditation verinnerlichte. Zwei Jahre später trat ich in das traditionelle Dreijahresretreat ein, in eine Periode intensiven Geistestrainings. In dieser Periode führten wir Novizen viele verschiedene Übungen aus, die nach und nach unser Verständnis für die subtileren Realitätsebenen vertieften. Das tibetische Wort für Meditation, *gom*, bedeutet, *sich vertraut machen mit*: vertraut damit, wie der Geist arbeitet, wie er unsere Wahrnehmungen von uns selbst und der Welt erzeugt und gestaltet, wie die äußeren Schichten des Geistes – die konstruierten Labels – wie Kleidung funktionieren, die unsere gesellschaftlichen Identitäten identifiziert und den nackten, unverfälschten Zustand des ursprünglichen Geistes verhüllt, egal, ob diese äußeren Kleider Businessklamotten, Jeans, Uniformen oder buddhistische Roben sind.

Als ich mich zu diesem Retreat aufmachte, verstand ich, dass der Wert der Kennzeichen sich je nach den Umständen und dem gesellschaftlichen Konsens verschiebt. Ich hatte bereits bejaht, dass ich nicht mein Name, mein Titel oder mein Status war, dass das essenzielle Ich nicht anhand von Rang oder Rolle definiert werden konnte. Gleichwohl hatten genau diese Bezeichnungen, von jeder essenziellen Bedeutung entleert, meine Tage umschrieben: *Ich bin ein Mönch, ein Sohn, ein Bruder und ein Onkel, ein Buddhist, ein Meditationslehrer, ein* Tulku, *ein Abt und ein Autor, ein tibetischer Nepali, ein menschliches Wesen. Was davon beschreibt das essenzielle Ich?*

Diese Liste aufzustellen ist eine einfache Übung. Es gibt nur ein Problem: Die unvermeidliche Schlussfolgerung widerspricht jeder liebgewonnenen Annahme, die uns am Herzen liegt, wie ich in diesem Moment gerade aufs Neue erfahren sollte. Ich wünschte mir, jenseits des *relativen Selbst* zu gelangen, des Selbst, das sich mit diesen Kennzeichen identifiziert. Ich wusste, dass diese gesellschaftlichen Kategorien, obwohl sie eine dominante Rolle in unseren persönlichen Geschichten spielen, mit einer größeren Realität jenseits von Kennzeichen koexistieren. Im Allgemeinen erkennen wir nicht, dass unsere gesellschaftlichen Identitäten von Kontext geformt und eingeschränkt werden und dass diese äußeren Schichten von uns innerhalb einer grenzenlosen Realität existieren. Gewohnte Muster überdecken diese grenzenlose Realität, sie verschleiern sie, aber sie ist immer da und wartet darauf, aufgedeckt zu werden. Wenn wir nicht von gewohnten Mustern eingeschränkt werden, die definieren, wie wir uns sehen und wie wir uns in der Welt verhalten, dann schaffen wir Zugang zu jenen Qualitäten des Geistes, die unermesslich sind, Qualitäten, die nicht von Umständen oder Begrifflichkeiten abhängig und die immer präsent sind. Aus diesen Gründen nennen wir das den ultimativen oder *absoluten* Geist oder den Geist absoluter Realität, was das Gleiche ist wie der Geist des reinen Gewahrseins und was genau diese Essenz unserer wahren Natur zum Ausdruck bringt. Anders als der intellektuelle und konzeptuelle Kopf und die grenzenlose Liebe eines weiten Herzens hat diese Essenz der Realität keine Verbindung zu jeglicher Art von Ort oder Materialität. Sie ist überall und nirgends. Sie ist gewissermaßen wie der Himmel, so vollkommen integriert in unserer Existenz, dass wir nie aufhören, seine Realität zu hinterfragen oder seine Qualitäten zu erkennen. Da das Gewahrsein in unserem Leben so präsent ist wie die Luft, die wir atmen, können wir überall und jederzeit darauf zugreifen.

Ich hatte eine gewisse Fähigkeit entwickelt, die relativen und absoluten Perspektiven gleichzeitig beizubehalten. Dennoch hatte ich keinen Tag ohne Menschen und Requisiten erlebt, die das zusammengeschusterte Flickwerk widerspiegelten, das ich und andere als *Mingyur Rinpoche* kennen gelernt haben: stets höflich, gern lächelnd, ein eher reserviertes Auftreten, ordentlich, glattrasiert, mit randloser Brille und Goldgestell. Nun fragte ich mich, wie sich diese Identitäten im Bahnhof von Gaya machen würden. Ich war viele Male vorher dort gewesen, aber immer mit mindestens einem Begleiter. Das hieß, dass ich nie ohne einen Bezug auf meinen Rang dort gewesen war und nie herausgefordert worden war, mich ausschließlich auf meine inneren Ressourcen zu verlassen.

Die Tibeter haben einen Begriff dafür, wenn sie bewusst die Herausforderungen an einen ruhigen Geist erhöhen. Sie nennen das *Öl ins Feuer gießen*. Im Allgemeinen nehmen wir Menschen in unserem Leben Ereignisse wahr, die uns immer wieder wütend, besorgt oder ängstlich machen und die wir dann mit etwa folgenden Aussagen vermeiden wollen: *Ich kann mir keine gruseligen Filme ansehen. Ich kann nicht in großen Menschenansammlungen sein. Ich habe schreckliche Höhenangst oder Flugangst oder Angst vor Hunden oder vor der Dunkelheit.* Aber die Ursachen, die diese Reaktionen auslösen, verschwinden nicht, und wenn wir uns in diesen Situationen wiederfinden, können unsere Reaktionen uns überwältigen. Wirklich schützen können wir uns einzig und allein dadurch, dass wir mit unseren inneren Ressourcen an diesen Themen arbeiten, denn äußere Umstände verändern sich ständig und sind daher nicht verlässlich.

Wenn wir Öl ins Feuer gießen, bringen wir schwierige Situationen absichtlich an die vorderste Front, damit wir direkt mit ihnen arbeiten können. Wir nehmen gerade diejenigen Verhaltensweisen oder Umstände, die wir für problematisch halten, und machen sie zu Verbündeten. Ein Beispiel: Als ich etwa drei oder vier Jahre alt war, unternahm ich mit meiner Mutter und den Großeltern eine Pilgerreise per Bus zu den wichtigsten buddhistischen Stätten in Indien. Auf der ersten Busfahrt wurde mir richtig übel. Und wenn wir später auch nur in die Nähe eines Busses kamen, bekam ich Angst, mir wurde schlecht, und es blieb nicht aus, dass sich mein Magen abermals umdrehte. Mit etwa zwölf Jahren fuhr ich nach einem einjährigen Aufenthalt im Sherab Ling Kloster in Nordindien nach Hause, um meine Eltern zu besuchen. Der Betreuer, der mich begleitete, buchte für uns eine Busfahrt nach Delhi, die die ganze Nacht dauern sollte, und von dort aus einen Flug nach Kathmandu. Ich hatte mich auf den Besuch gefreut, mich aber wochenlang vor der Busfahrt gefürchtet. Ich bestand darauf, dass der Betreuer zwei Plätze für mich buchte, denn ich glaubte, meinen Magen beruhigen zu können, wenn ich mich hinlegte. Aber kaum hatte die Reise begonnen und ich mich lang ausgestreckt, stellte ich fest, dass es mir im Liegen noch schlechter ging. Mein Betreuer bekniete mich, etwas zu essen oder einen Saft zu trinken, aber mein Magen war so aufgebläht, dass ich nichts schlucken konnte. Als der Bus unterwegs anhielt, wollte ich nicht aufstehen, um mir die Beine zu vertreten. Ich wollte mich nicht bewegen, und das hielt ich auch viele Stunden lang durch. Schließlich stieg ich dann doch aus, ging zur Toilette und trank ein wenig Saft.

Als ich zu meinen beiden Plätzen zurückkehrte, fühlte ich mich viel besser, und ich beschloss, es mit Meditieren zu versuchen. Ich begann mit einem Body Scan und brachte mein Gewahrsein auf die Empfindungen im Bereich des Magens, das Völlegefühl und die Übelkeit. Das war sehr unangenehm, ein wenig eklig und machte alles zunächst nur noch schlimmer. Aber als ich diese Empfindungen allmählich akzeptierte, erlebte ich meinen ganzen Körper als Gästehaus. Nun spielte ich den Gastgeber für diese Empfindungen und auch für die Gefühle von Abneigung, Widerstand und Reaktion. Je mehr Bereitschaft ich zeigte, diese Gäste in meinem Körper wohnen zu lassen, umso ruhiger wurde ich. Bald schlief ich tief und fest und wachte erst wieder in Delhi auf.

Dieses Erlebnis konnte nicht alle Ängste vor Busfahrten vertreiben, und sie kehrten bei weiteren Reisen zurück, wenngleich mit nachlassender Heftigkeit. Der große Unterschied war, dass ich nach dieser Fahrt nichts mehr gegen Busreisen hatte. Ich suchte sie nicht absichtlich aus, wie ich dieses Wander-Retreat ausgesucht hatte, aber ich war dankbar für die Herausforderung, mit meinem Geist zu arbeiten, um Widrigkeiten zu überwinden.

Wenn wir Öl ins Feuer gießen, statt die Flammen unserer Ängste zu ersticken, fachen wir das Feuer weiter an und gewinnen in der Folge Zutrauen zu unserer Fähigkeit, mit allen Situationen zu arbeiten, die sich für uns ergeben. Wir gehen keinen Situationen mehr aus dem Weg, die uns in der Vergangenheit beunruhigt haben, oder solchen, die destruktive Muster oder emotionale Ausbrüche erzeugen. Wir lernen, uns auf einen anderen Aspekt unseres Geistes zu verlassen, der unter unserer Reaktivität existiert. Wir nennen das »Nicht-Selbst«. Es ist das unbedingte Bewusstsein, das sich mit dem Auflösen des plappernden Geistes enthüllt, der den ganzen Tag lang Selbstgespräche führt. Man kann es auch so formulieren, dass wir vom normalen Gewahrsein zum meditativen Gewahrsein mentale Schalthebel benutzen.

Das normale Gewahrsein, das unsere täglichen Aktivitäten lenkt, ist eigentlich ziemlich überladen. Im Allgemeinen verbringen wir unsere Tage mit dem Kopf voller Ideen, was wir wollen und wie die Dinge laufen sollen und mit spontanen Reaktionen auf das, was wir mögen und was wir nicht mögen. Es ist, als trügen wir unwissentlich unterschiedliche Brillen, ohne eine Ahnung davon zu haben, dass diese Filter unsere Wahrnehmungen verschleiern und verzerren. Wenn wir beispielsweise reisekrank sind, steht diese zusätzliche Brille für Ekelgefühle vor dem Geruch und Schamgefühle, weil wir der Grund sind, dass andere sich vor uns ekeln. Die Tatsache, dass es jemand bemerken könnte, trägt weiter zu unserem physischen Unbehagen bei.

Angenommen, wir betrachten einen Berg mit normalem Gewahrsein. Unser Geist ist nach draußen gerichtet und folgt unseren Augen zum Berg. Vielleicht denken wir dabei an das letzte Mal, als wir diesen Berg oder irgendeinen Berg gesehen haben und mit wem wir damals zusammen waren oder ob das Wetter oder die Tageszeit, als wir den Berg gesehen haben, damals oder heute besser war oder ob wir hungrig oder glücklich sind. Oder wir denken an die Zeiten, wenn wir mit normalem Gewahrsein unsere Schlüssel und Handys einstecken, bevor wir aus dem Haus gehen. Wir könnten feststellen, dass dieser Vorgang oft mit der Angst verbunden ist, uns zu verspäten, mit der Unschlüssigkeit, welchen Weg wir zu unserer Verabredung nehmen sollen, oder wir könnten schon jetzt an das Nachhausekommen denken, bevor wir überhaupt losgegangen sind.

Mit dem meditativen Gewahrsein versuchen wir, diese Filter zu entfernen und die Projektionen zu verringern. Wir richten uns nach innen und erkennen das Gewahrsein als eine

Qualität des Geistes. Wenn wir zum Berg schauen, gibt es weniger mentalen Verkehr zwischen uns und dem Berg, weniger Begriffe und Vorstellungen. Wir sehen Dinge im Zusammenhang mit dem Berg, die uns vorher nicht aufgefallen sind: wie die Silhouetten der Bäume die Bergkämme in Szene setzen, die Veränderungen der Vegetation oder den Himmel, der den Berg umgibt. Dieser klare Geist des Gewahrseins ist immer bei uns, ob wir ihn erkennen oder nicht. Er koexistiert mit der Verwirrung, mit den destruktiven Emotionen und mit der kulturellen Konditionierung, die die Art und Weise formen, wie wir die Dinge sehen. Aber wenn unsere Wahrnehmung sich hin zu meditativem oder ruhigem Gewahrsein verlagert, wird sie nicht mehr von Erinnerung und Erwartung eingeengt. Was wir auch sehen, berühren, schmecken, riechen oder hören, hat größere Klarheit und Schärfe und belebt unsere Interaktionen.

Kurz nachdem ich begonnen hatte, mich von meinem Vater unterrichten zu lassen, bekam ich Belehrungen über meditatives Gewahrsein. Einmal hing ich auf dem Dach meines Hauses herum und schaute gedankenverloren und ziellos durch die Gegend, als ich auf halber Höhe des Shivapuri – des Berges hinter Nagi Gompa – ein paar Straßenarbeiter bemerkte, die einen quer über die Flanke des Berges verlaufenden Wanderweg reparierten. Etwa sechs Leute begradigten den Weg mit Schaufeln, Spitzhacken und Schubkarren und räumten herabgefallene Erde und Steine zur Seite. Ich setzte mich hin und sah ihnen vom Dach aus bei der Arbeit zu. Dann dachte ich: *Ich sollte meditieren.* Nach den Anweisungen meines Vaters richtete ich meinen Geist auf sich selbst, ohne die Augen zu bewegen. Ich sah noch immer die Leute arbeiten, hörte den Klang der Spitzhacken, die Felsblöcke spalteten, und beobachtete die Schubkarre, die Erdreich über die Seite ablud. Aber plötzlich sah ich auch den schönen, blauen Himmel und die darüber hinwegziehenden Wolken, sah Blätter, die sich im Wind bewegten, spürte den Windhauch auf meiner Haut und hörte Vögel zwitschern. Vorher, mit normalem Gewahrsein, war mein Fokus verengt, und ich fühlte oder sah nichts als die Straßenarbeiter. Meditatives Gewahrsein – auch ruhiges Gewahrsein genannt – führt uns dazu, auf die Natur des Gewahrseins selbst zu schauen.

Wenn wir einmal mit dem ruhigen Gewahrsein vertraut sind, wechseln wir dennoch oft zwischen diesem Zustand und dem normalen Gewahrsein hin und her. Ungeachtet der Unterschiede zwischen ihnen, existieren beide Arten des Gewahrseins innerhalb eines dualistischen Konstrukts: Es gibt etwas, das beobachtet, und etwas, das beobachtet wird, die Erfahrung, dass das Gewahrsein sich selbst erkennt. Wenn diese Dualität wegfällt, fallen wir in das, was wir pures oder nichtduales Gewahrsein nennen. Nichtdualität ist die essenzielle Qualität des Gewahrseins, doch wenn wir von drei Arten des Gewahrseins sprechen, nämlich normal, meditativ und pur, sprechen wir von einem graduellen, empirischen Prozess, der von dualistischen zu nichtdualistischen Zuständen stattfindet, von einem sehr vollgestopften Geist zu einem Geist, der zunehmend befreit ist von gewohnter Reaktivität und vorgefassten Meinungen, wie etwas sein sollte. Diese Kategorien des Gewahrseins sind nicht scharf abgegrenzt, und unser Erkennen des puren Gewahrseins hat ebenfalls viele Abstufungen. Mit unterschiedlicher Tiefe oder Klarheit können wir sie aufblitzen sehen oder flüchtige Blicke darauf werfen. Ich wusste einiges über das pure Gewahrsein. Zum Teil fußte meine Absicht zu diesem Retreat auf dem Wunsch, mein Verhältnis zu diesem Aspekt der Realität zu intensivieren, und ich hatte gehofft, dies dadurch zu erreichen, dass ich aus meinem normalen Leben heraustrat.

Wer war es, der sich mitten in der Nacht anschickte, den Bahnhof von Gaya zu betreten? Meine rotbraune Robe, das gelbe Hemd und der rasierte Kopf – eine perfekte Verkleidung für die unbotmäßige Mischung aus Neugier, Beklemmung und Zuversicht, die jeden einzelnen Schlag meines Herzens begleitete – entlarvten mich als tibetischen, buddhistischen Mönch, Lama von Beruf, der auf so vielfältige Weise immer noch nach der Antwort auf die Frage meines Vaters suchte: *Wer ist Mingyur Rinpoche*?

Ich hatte mir Fähigkeiten angeeignet, das Gewahrsein zu erkennen – innerhalb klösterlicher Mauern und in Schreinräumen sowie auf meiner Meditationsmatte, immer in meiner Komfortzone und immer umgeben von Schülern und Dienstboten. Obwohl ich schon mein Leben lang meditiere und viele Jahre in buddhistischen Klöstern verbracht habe, machte ich mich nun auf den Weg zu einer anderen Art von Retreat. Meine Titel und meine Rollen würden auf dem Scheiterhaufen landen. Ich würde die groben, äußeren sozialen Schutzmechanismen und Strategien verbrennen, um frei zu sein, nicht frei *vom* Leben, sondern frei *für* das Leben, dafür, jeden Tag mit neu erwachtem Engagement für alles zu leben, was kommen mochte. Ich würde nicht einfach nur auf die fruchtbringenden Pfade zurückgreifen, die ich so gut kannte. Ich hatte eine leise Ahnung, dass diese Rollen mittlerweile tief eingebettet waren, und ich konnte so lange nicht mit ihnen arbeiten, bis ein einigermaßen großer Bruch sie an die Oberfläche gespült hatte.

Ich war alleine aufgebrochen, um diesen Bruch bewusst mit einer, wie ich sie mir vorstellte, *Ego-Suizid-Mission* zu provozieren. Ich wollte die tiefsten Tiefen dessen erforschen, wer ich, anonym und allein in der Welt da draußen, wirklich war. Ich wollte meine eigenen Fähigkeiten in neuen und herausfordernden Situationen austesten. *Wenn ich meine eingefahrenen Abläufe wirklich durchbrechen, meine eigene Grenze finden und dann einfach weitergehen kann: Mal sehen, was mit meinem Erkennen des Gewahrseins passiert, mal sehen, was mit den Tugenden von Geduld und Disziplin passiert, wenn niemand zusieht, wenn niemand überhaupt weiß, wer ich bin, wenn vielleicht nicht einmal ich selbst weiß, wer ich bin.*

Mit quietschenden Reifen kam das Taxi zum Stehen. Nun war die Zeit gekommen, das herauszufinden. Ich bezahlte den Fahrer und stieg aus. Wie um mir zu bestätigen, dass jede weltliche Zuflucht so flüchtig ist wie Rauch, blieb ich vor dem Bahnhof stehen, drehte mich um und schaute dem Taxi nach, bis es verschwunden war.

KAPITEL 2

Erkenne die Welle an, aber verweile beim Ozean

Im Bahnhof von Gaya wimmelt es rund um die Uhr von Reisenden, Bettlern, Pilgern und plärrenden Kindern. Ganze Familien sitzen auf ihren Habseligkeiten oder legen sich auf den Bahnsteig und warten auf Züge oder sind hier, weil sie sonst nirgendwohin gehen können. Träger balancieren schwere Kisten auf ihren mit Turbanen behüteten Köpfen. Ziellos umherirrende Kühe, Tauben und Hunde bahnen sich ihren Weg zwischen den auf dem Boden sitzenden Menschen, vorbei an Vogelkäfigen und angeketteten Ziegen. Aus öffentlichen Lautsprechern plärren Gleis- und Fahrplandurchsagen. Händler bieten Tee und Snacks feil, schreien und drängen sich durch die Menschenmenge. Männer und Frauen kauen Betelnüsse und spucken den roten Saft aus, der Blutstropfen gleich auf den Boden spritzt. Es ist laut, chaotisch und schmutzig, Zustände, die mir bislang nur aus der Ferne bekannt waren. In früheren Zeiten wäre ich in einer reservierten Lounge geblieben, bis ein Begleitmönch die Fahrkarten gekauft und einen Träger organisiert hätte. Nun arbeitete ich mich durch das Gewimmel, das von trüben Deckenlampen in Schatten getaucht wurde.

Ich hatte noch nie ein Ticket für irgendetwas gelöst und

trug in meinem Rucksack niemals mehr Gewicht als eine Flasche Wasser und vielleicht noch eine Sonnenbrille und einen Hut. Und nun lagen in meinem Rucksack zusätzlich zwei buddhistische Texte, die ich für diese Reise ausgewählt hatte. Die zehntausend Rupien, die ich bei mir hatte (etwa hundertfünfzig US-Dollar), stammten aus den vielen kleinen Kuverts, die Besucher als Spende auf den Tisch in mein Zimmer gelegt hatten. Lama Soto sammelte die Kuverts regelmäßig ein, bevor er sich allabendlich zurückzog, doch ich hatte einige Wochen lang jeden Tag ein wenig Geld abgezweigt. Ich studierte die Kreidetafeln, um mich in die richtige Schlange für den Zug nach Varanasi zu stellen. Dies würde meine erste Zugfahrt in der untersten Preisklasse sein. Ich bekam keine Platzkarte. Sobald ich mein Ticket hatte, stellte ich mich an die Wand des überfüllten Bahnsteigs und hoffte absurderweise, dass der Zug fahrplanmäßig käme. Ich hätte gern gewusst, ob Naropa überhaupt irgendwelches Geld dabeihatte, als er sein neues Leben begann. Dünne Rauchfäden von den kleinen Kochstellen machten die Luft stickig und verstärkten die filmische Vision einer Welt im Untergrund. Als die Atmosphäre immer klaustrophobischer wurde und mit einem fast physischen Gewicht auf mich drückte, wurde mein Vorsatz, Öl ins Feuer zu gießen, zur Realität – und das war erst der Anfang. Die wahre Natur meines Seins zu erforschen fachte die Flammen ein wenig früher an, als ich erwartet hatte.

Aus Gewohnheit nehmen wir uns und die Welt um uns herum als stabil, real und beständig wahr. Dennoch können wir ohne große Mühe leicht erkennen, dass es keinen einzigen Aspekt im ganzen Weltsystem gibt, der nicht einer Veränderung unterliegt. Ich war gerade an einem physischen Ort gewesen, und nun war ich an einem anderen. Ich hatte unterschiedliche Geistesverfassungen erlebt. Wir alle haben uns von Babys zu Erwachsenen entwickelt, haben geliebte Menschen verloren, Kinder heranwachsen sehen, haben Änderungen des Wetters und den Wechsel politischer Regierungen erlebt, Änderungen von Musikstilen, von Mode, von allem. Auch wenn es den Anschein hat, bleibt doch kein Aspekt des Lebens immer gleich. Der Abbau eines jeden Objekts, mag es noch so massiv erscheinen wie ein Ozeanriese, unser Körper, ein Wolkenkratzer oder eine Eiche, wird aufdecken, dass etwas, was den Anschein von Stabilität hat, genauso illusorisch ist wie Beständigkeit. Alles, was körperlich aussieht, zerfällt in Moleküle, Atome und Elektronen, Protonen und Neutronen. Und jedes Phänomen existiert in Wechselbeziehung mit Myriaden anderer Formen. Jede Identifikation einer Form hat nur eine Bedeutung im Verhältnis zu einer anderen. *Groß* hat nur eine Bedeutung im Verhältnis zu *klein*. Unsere gewohnten Fehlwahrnehmungen mit der Gesamtheit der Realität zu verwechseln bezeichnen wir als *Unwissen*, und diese Sinnestäuschungen bestimmen die Welt der Verwirrung oder *Samsara*.

Das Leben ist Veränderung und Vergänglichkeit. Dies war ein weiterer Kerngrundsatz meiner Ausbildung. *Veränderung und Vergänglichkeit. Vergänglichkeit und Tod.* Ich hatte dem Tod meiner Rollen und meiner Umwandlung zu einem allein in der großen, chaotischen Welt herumziehenden Wanderjogi freudig entgegengesehen. Doch nun auf einmal keinen Begleiter mehr ständig um mich zu haben traf mich wie ein Donnerschlag. Ich vermisste jetzt schon Lama Sotos breite Schultern und seine feste, Sicherheit ausstrahlende

Präsenz. Auf mich allein gestellt zu sein gab mir kein Gefühl von Sicherheit. *Erkenne die Welle an, aber verweile beim Ozean. Das geht vorüber … wenn ich es zulasse.*

Wie es meine Art war, stand ich sehr aufrecht und ein wenig steif da und schaute auf die Obdachlosen hinunter, die sich für die Nacht hier niedergelassen hatten, einige von ihnen streckten wie Betrunkene alle viere von sich. *Ich hätte erster Klasse reisen und in der Lounge mit den Deckenventilatoren warten können. Aber ich wollte es so haben … Umstände, so fremd, dass ich mir selbst fremd werde. Ich bin gerade einmal eine Stunde von meinem Kloster fort. Habe ich meine Grenzen schon erreicht? Natürlich nicht.* Schüchternheit und Verletzlichkeit waren mir nicht neu, aber seit Jahrzehnten waren sie nicht mehr so unerwartet heftig über mich hereingebrochen. Ich wollte mich verbergen, aber ich konnte nirgendwo hin. Ich spürte die Spannung und den Widerstand in meinem Körper, und ich erkannte, wie sehr die Oberfläche meines Geistes von Unbehagen und Beurteilung aufgewühlt wurde. Gleichzeitig war auch ein durch lebenslange Praxis kultivierter Sinn von Stabilität präsent, obgleich sie sich zerbrechlich anfühlte, und das war ich nicht gewohnt.

Ich hatte mir nie vorgestellt, dass Betteln oder auf der Straße schlafen einfach sein würde. Ich hatte diese Art von Retreat gerade wegen seiner Schwierigkeiten gewählt. Ich hatte die Bettler beobachtet, die die Straße zum Mahabodhi-Tempel säumten, und mir mich in ihrer Mitte vorgestellt. Ich hatte mich darauf vorbereitet, wie ich auf Fremde reagieren würde, die einen Bogen um meine Almosenschüssel machten. In meiner Vorstellung reagierte ich auf ihre Indifferenz manchmal mit echter Besorgnis, weil sie so herzlos waren, dann wieder reagierte ich mit Wut. Ich hatte mich gefragt, wie weit ich wohl gehen würde, um an Essen zu kommen. Ich hatte mir vorgestellt, den Abfall wie ein Wildschwein zu durchwühlen. Ich war Vegetarier und aß kaum Süßes, aber in den letzten Wochen hatte ich versucht mir vorzustellen, dass ich Fleisch hinunterschlang und weggeworfene Kuchenkrümel aß. Ich hatte mich sogar gefragt, ob ich mich vor lauter Hunger überwinden könnte, rohe Fischeingeweide wie der indische Meister Tilopa zu essen.

Der indische Meister Tilopa (988–1069 n.Chr.) hatte in entlegenen Landesteilen weitab von Klöstern nach Anonymität gesucht. Doch seine gelegentlichen Begegnungen mit Suchenden hatten eine Spur wundersamer Geschichten hinterlassen, die sein Ansehen nur noch steigerten. Als die Botschaft von Tilopas außerordentlicher Weisheit Naropa erreichte, erkannte der große Pundit von Nalanda augenblicklich seine eigenen Grenzen und gab seine hohe Position auf, um einem Meister zu folgen, der mehr wusste als er. Schließlich holte er den exzentrischen Jogi am Ufer eines Flusses in Bengalen ein. Tilopa war vollkommen nackt und aß rohe Innereien, die ihm die Fischer zuwarfen, nachdem sie ihren Tagesfang ausgenommen hatten. Diese Begegnung war für Naropa der erste von vielen Tests, doch sein Glaube an diesen provokativen Mystiker stärkte seine Prüfungen und führte schließlich auch zu seiner Erleuchtung.

Ich hatte die Möglichkeit in Erwägung gezogen, Innereien von Fischen zu essen, und hatte meine Vorstellungskraft dazu benutzt, mich mit extremem Hunger, Kälte und Einsamkeit vertraut zu machen. Dabei hatte ich aber irgendwie versäumt, mir den Bahnhof und die Qual vorzustellen, allein in diesem düsteren, schauderhaften Dreckloch zu stehen und mich dabei so himmelweit entfernt von den Reisenden zu fühlen, die an meiner Robe vorüberstreiften, dass ich ebenso gut auf dem Mond hätte sein können. Es dauerte nicht lange, bis ich die Gleichgültigkeit gegenüber einem Mann ohne Rang am eigenen Leib erlebte. Obwohl ich meine Robe trug, hatte ich das Gefühl, genau taxiert, aber nicht respektiert zu werden. Mönche werden in Indien nicht respektiert. Selbst die hinduistischen *Sadhus* werden nur auf den Dörfern, nicht aber in den Städten geachtet. Das war im alten Tibet anders, wo Menschen verehrt wurden, die ihr Leben spirituellen Handlungen widmeten. Kinder lernten von klein auf, Mönche und Nonnen zu ehren. Buddha ist nicht nur eine historische Gestalt, sondern eine durch die Robe verkörperte, lebendige Präsenz. Aus diesem Grund haben mich öffentliche Bekundungen von Geringschätzung immer ein wenig betrübt.

Als der Zug einfuhr, packten die Mitreisenden ihre Kinder, Tiere, großen Koffer und die mit Stricken zusammengebundenen und mit Riemen um die Stirn geschnallten, gewaltigen Kleidersäcke und schoben und boxten sich zu den Türen, um einzusteigen. Ständig blieb mein Rucksack irgendwo hängen, und nur mit vollem Körpereinsatz konnte ich mich wieder befreien. Ich stieg als Letzter ein und begann die Zugfahrt plattgedrückt an der Tür. Es war nur schrecklich: Kopf, Rumpf und Beine waren zwischen Tür und menschlichen Körpern eingequetscht, ich konnte nichts sehen, bekam aber stattdessen einen entsetzlichen Gestank in die Nase. Ich musste den Mund öffnen, um die wenige Luft einzusaugen, die noch vorhanden war. Die nächsten paar Minuten konnte ich nicht verhindern, dass ich mich von den Eindrücken überwältigt fühlte.

In meiner Ausbildung wurde ich mit dem weiträumigen Gewahrsein meines natürlichen Geistes bekannt gemacht. Wir vergleichen dieses Gewahrsein mit dem weiten Himmel und den Meeren, Bezüge, die eine unermessliche Weite darstellen sollen, obgleich das Gewahrsein noch unermesslicher ist als Himmel und Meere zusammen. Wenn wir erst einmal lernen, die allgegenwärtige Qualität des Gewahrseins zu erkennen, den bedingten, abhängigen Geist loszulassen, und wenn wir erkennen, dass wir selbst dieses weite Gewahrsein *sind,* dann manifestieren sich unsere Gedanken und Emotionen als vom Gewahrsein untrennbare Wellen oder Wolken. Das Erkennen sorgt dafür, dass wir von den Geschichten nicht mehr mitgerissen werden, die unseren Geist in wiederkehrenden Zyklen herumwirbeln oder wie einen verrückten Affen herumspringen lassen. Wenn wir zulassen, dass unser Geist sich ständig in diesen Geschichten verfängt, dann ist es schwierig, das Gewahrsein zu erkennen. Wie wir alle wissen, werden die Wettersysteme innerhalb des Gewahrseins oft recht stürmisch. Doch je vertrauter wir mit dem Gewahrsein als eine dem Geist innewohnende Qualität sind, umso weniger kann uns das Wetter anhaben. Wellen entstehen und Wolken ziehen vorüber, und wenn wir nicht in ihnen festhängen, verlieren sie ihre Wirkung. Unsere Empfindsamkeit wird tiefer, und wir lernen, dem Wissen des gewahren Geistes zu vertrauen. In meinem Leben habe ich Wellen in Orkanstärke erlebt, aber sie hielten nicht lange an. Und nun war ich mir in dem gerammelt vollen Zug nicht ganz sicher, ob meine röchelnden Atemzüge vom Druck auf mein Gesicht herrührten oder von der Angst in meinem Herzen.

Nach ein paar Minuten ließ die starke Energie der Angst allmählich nach. Meine Atmung wurde ruhiger. Gleichzeitig machte sich das weite Gewahrsein bemerkbar, als wollte es der Welle begegnen. Manchmal geschieht das. Es ist, als würde allein die Kraft der Turbulenz es möglich machen, das Gewahrsein leichter zu erkennen als sonst, und eine große Emotion führt zu einem himmelähnlichen, großen Geist. Ich wurde von der Welle nicht mehr fortgespült und hatte nicht mehr das Gefühl zu ertrinken. Ich musste nur eines tun: sie gewähren lassen. Es machte keinen Sinn, das Weite suchen zu wollen. Die Welle war da. Obwohl ich es vorgezogen hätte, woanders zu sein, konnte ich das nun annehmen und in der Situation bleiben, im weiten Gewahrsein *und* in der unangenehmen Empfindung. Wenn wir in einer Realität bleiben, die weiter ist als der Himmel, lässt der destruktive Einfluss unserer wilden und gestörten Reaktionen automatisch nach. Aber Wolken wie Wellen verschwinden nicht. Sie lösen sich auf und bilden sich erneut.

Bei jedem Aufenthalt des Zuges drängten Menschen hinaus, und weitere Menschen stiegen ein. Ich arbeitete mich ein wenig weiter vor, bis ich einen Platz auf dem Boden ergatterte, wo ich mich mit gekreuzten Beinen hinsetzte und den Rucksack auf den Schoß legte. Das war eine weitere völlig neue Erfahrung. In der tibetischen Kultur nehmen reinkarnierte Meister wie ich eine höhere Sitzposition ein als andere Menschen, und für einen *Tulku* ist es tabu, auf dem Boden zu sitzen. Hätten Tibeter mich so gesehen, wären sie erschüttert gewesen. Aber hier kümmerte sich niemand um mich oder meinen Status, und abgesehen davon würde ich, wenn ich mein Vorhaben in die Tat umsetzen wollte, ohnehin eine Menge gesellschaftlicher Sitten abstreifen müssen.

Ich war zwar nicht gewohnt, erster Klasse zu fahren, aber ich war mir meines Unbehagens in dieser vollkommen neuen Umgebung deutlich bewusst. Die Farbe der Wände und Bänke war ein widerliches Grün, und in dem trüben Licht sah alles schimmelig aus. *Ich hatte das genau so haben wollen,* rief ich mir in Erinnerung, *mit Menschen zu reisen, die in der Welt als unwichtig gelten und von der Gesellschaft nicht wertgeschätzt werden. Wer spürt also ein solches Unbehagen? Der hochverehrte Rinpoche? Der privilegierte Abt? Der starre Geist, der an diesen geehrten Titeln festhält?*

Meine Augen befanden sich nicht im Leerlauf. Sie sahen nicht nur und ruhten auch nicht nur auf Objekten. Stattdessen wurden die Gestalten um mich herum zu fremden Wesen, *zu anderen, zu denen da drüben.* Ihre schmutzige Kleidung verdunkelte mein Herz. Ich störte mich an ihren rissigen, nackten Füßen, doch bald schon würden die meinen genauso vor Schmutz starren. Ihr Körpergeruch war abstoßend, obgleich mein Körpergeruch durch die Luftfeuchtigkeit, die Hitze und das Fehlen einer Klimatisierung vermutlich genauso penetrant war, denn das Hemd unter meiner Robe klebte schweißnass an meinem Körper.

Abermals war mein Körper an einem Ort und mein Geist an einem anderen. Einer davon war als Mönch verkleidet, aber meine Erlebnisse wurden von Wertungen der allergewöhnlichsten Art gestaltet. Es war wie ein Wachtraum. Dieser Traum war so seltsam wie eine vertraute und doch irgendwie andere Umgebung. Oder vielleicht war ich es, der anders war. Ich fühlte mich fehl am Platz. Ich *war* fehl am Platz in dieser neuen Welt. Es war fast so, als wäre ich in den

Traum von jemand anderem geraten, und der Traum wollte mich ebenso wenig in sich haben, wie ich in dem Traum sein wollte. Aber nun war ich drin. Schließlich war es mein Traum, und es war der Traum, den ich mir ausgesucht hatte. *Ich muss diesen Traum nicht mögen. Lass ihn einfach geschehen. Bleib nicht darin hängen. Soll er selbst mit sich klarkommen.*

Ich spürte keinerlei Verbindung mit diesen Leuten. Trotz jahrelanger Praxis, die spontanes Mitgefühl mobilisiert, musste ich in meiner Erinnerung nach grundlegenden Mahnungen kramen: *Jeder will glücklich sein; niemand will leiden. Auch diese Menschen haben wie ich Freude und Bedrängnis erlebt. Auch sie haben geliebte Menschen verloren. Auch sie haben Angst und Güte erlebt. Auch sie werden sterben, so wie ich sterben werde.* Ein paar Minuten lang wiederholte ich diese Mahnungen mit echter Aufrichtigkeit, dann meldete sich die Abneigung wieder.

Bis zu dieser Nacht hatte ich mir die Orte meines Retreats als Höhlen, unberührte Bergseen und dörfliche Gassen vorgestellt. Ein Freund, der immer in der billigsten Zugklasse reiste, hatte die Fahrten als sehr angenehm beschrieben. *Die Bänke sind hart, und manchmal sind die Waggons überfüllt, aber die Fenster sind immer offen, frische Luft strömt herein, und man kann bei jedem Aufenthalt Tee kaufen.* Für mich hörte sich das gut an. So etwas wie das hier hatte ich mir nie vorgestellt.

Die folgenden paar Stunden wurde ich sowohl Lehrer als auch Schüler und dachte über Lektionen nach, als wäre ich wieder im Klosterkindergarten. *Woher kam diese Aversion? Wie ist sie entstanden? Kam sie aus meinem Geist, aus meinem Körper oder von der Außenwelt?* Meine Atmung war flacher als üblich. Ich verlangsamte und vertiefte absichtlich meine Atmung. Aber mein Geist fuhr fort, zu hinterfragen, zu kommentieren und jedes kleine Detail zu werten. Als ich das bemerkte, verstand ich, dass ich meine Aufmerksamkeit auf den wertenden Geist selbst richten musste. *Waren meine Reaktionen richtig? Waren meine Annahmen korrekt? Woher kamen sie?* Ich stellte mir Fragen, die mein Lehrer mir zu Beginn meines ersten Dreijahresretreats gestellt hatte.

Als ich dreizehn Jahre alt war, hatte mein Lehrer Saljay Rinpoche mich aufgefordert, angenehme und unangenehme Empfindungen in meinem Körper zu identifizieren. Ich versuchte andauernd, Begriffe zu verwenden, um Gefühle hervorzurufen: *An Schokolade zu denken schafft angenehme Empfindungen. An Müll zu denken schafft unangenehme Empfindungen.*

Aber diese speziellen Bilder waren alltäglich, sie hatten keinen Überraschungswert, und sie hatten keine Auswirkungen auf meinen Körper.

Saljay Rinpoche sagte: *Du brauchst nicht zu denken. Fühle nur. Fühle, was in deinem Körper ist.*

Das konnte ich nicht, und ich fragte, was ich machen sollte. *Soll ich mir auf die Zunge beißen oder die Fingernägel in die Handflächen bohren?*

Nein. Du brauchst keine Empfindungen zu erzeugen. Fühle nur so, wie du jetzt bist, was angenehm ist und was unangenehm.

Ich kapierte es nicht.

Eines Tages begann Saljay Rinpoche den Unterricht damit, dass er zu mir sagte: *Ich habe eine gute Nachricht. Morgen fällt der Unterricht aus. Wir haben frei und können etwas unternehmen. Was wollen wir machen?*

Freizeit! Ich war verrückt nach Picknicks und schlug Manali vor, eine besonders schöne Gegend nördlich von Sherab Ling am Fuß des Himalaya. Sie erinnerte mich an meine Heimatstadt in Nubri, einem Distrikt in Nordnepal, direkt an der südlichen Grenze zwischen Nepal und Tibet. Saljay Rinpoche hielt das für eine großartige Idee.

Bist du glücklich?, fragte Saljay Rinpoche.

Ja!, rief ich.

Wie fühlt sich das in deinem Körper an?

Wunderbar, sagte ich zu ihm. *Mein Herz fühlt sich weit und glücklich an, und dieses Gefühl strahlt wie die Sonne und breitet sich bis in meine Gliedmaßen aus.*

Das ist eine angenehme Empfindung, erklärte Saljay Rinpoche.

Wow! Endlich hatte ich es begriffen. Noch mehr Freude! Noch mehr angenehme Empfindung!

Picknick und Schokolade sind mentale Bilder, aber in meinem speziellen Fall hatte eines davon eine stärkere Auswirkung auf meinen Körper. Ich aß nur gelegentlich Schokolade, aber sie war keine Rarität, nicht wie ein freier Tag vom Unterricht und dazu noch ein Picknick. Im Körper gibt es tatsächlich immer eine Empfindung als Reaktion auf Anziehung und Abneigung. Das ist selbst dann der Fall, wenn sie auf einer Ebene stattfindet, die zu subtil ist, als dass wir sie wahrnehmen können. So schaffen beispielsweise Blumen im Allgemeinen positive Empfindungen. Sie sind schöne und willkommene Objekte, die bei Hochzeitsfeiern oder bei der Totenehrung eingesetzt werden. Geburtstage werden mit Blumen begangen, und wir bringen sie kranken Freunden mit, um sie aufzuheitern. Blumen verschönern und bereichern das Leben, und Blumengeschenke übermitteln Liebe,

Fürsorge und Hingabe. Wenn wir dann erwachsen werden, dominieren diese Assoziationen unser Verhältnis zu Blumen, und wenn das geschieht, hören wir auf, das Vorhandensein sensorischer Reaktionen wahrzunehmen. Der Geist wird so in seiner eigenen, wiederkehrenden Blumengeschichte gefangen, dass er nicht auf den Körper achtet. Und doch stellen wir fest, wenn wir genau auf den Körper achten, dass eine Empfindung immer da ist, mag sie auch noch so subtil sein.

Als ich mit Empfindungen zu arbeiten begann, brauchte ich übertriebene Auslöser. So verkündete Saljay Rinpoche beispielsweise, nachdem er eine ausgesprochen angenehme Empfindung erzeugt hatte: *Ach übrigens, wir können nicht fahren. Ich habe nur Spaß gemacht.*

Meine Unterlippe schob sich zu einer Schnute vor, und auf einmal fühlte ich mich bedrückt und traurig.

Und jetzt sag mir, forderte Saljay Rinpoche mich auf, *was für eine Empfindung hast du jetzt in deinem Körper?*

Mein Herz fühlt sich verschlossen und beklommen an. Meine Zähne sind zusammengebissen, und dieses unangenehme Gefühl der Anspannung breitet sich über meinen ganzen Körper aus.

Ich begann zu lachen. Nun kannte ich Empfindung, ohne zu denken.

Als ich auf dem Boden des Waggons saß, wurde mir klar, dass ich mir diese Lektion noch einmal zu Gemüte führen musste, denn ich hatte mir diese Zugfahrt zwar *vorgestellt,* sie aber bis jetzt nicht *gefühlt.* Ich hatte mir die Außenwelt herbeigezaubert, aber die Empfindung nicht berücksichtigt. Doch die Paralleluniversen Körper, Geist und äußere

Phänomene sind immer voneinander abhängig. Empfindung ist das Bindeglied zwischen Objekt und Geist, und zum Geistestraining gehört es, der subtileren Empfindungen gewahr zu werden, den Geist mit ihnen zu verbinden und festzustellen, wie sie uns beeinflussen. Dann können wir eine gewisse Distanz zu unserer Reaktivität legen, und das führt zu Befreiung. Ohne dieses Gewahrsein können wir in der Außenwelt vollkommen die Orientierung verlieren.

Lauf nicht vor diesen unangenehmen Gefühlen davon. Manipuliere sie nicht zu angenehmen Gefühlen. Verweile bei dem, was ist, bei dem, was immer sich ergibt. Ich versuchte es … aber all das Neue und das alles auf einmal und ganz besonders der Schock, allein zu sein, warfen mich immer wieder zurück. *Tu so, als wärst du ein alter Mann, der Kindern beim Spielen zusieht,* schlug ich mir vor. *Schau einfach vergnügt zu, obwohl du die Hindernisse, den Kummer, die Sorgen, die Erschütterungen kennst. Du kennst das alles. Nun ist es an dir, am Ufer zu stehen und zuzusehen, wie das Wasser vorbeifließt. Nur zusehen, ohne dich von der Strömung mitreißen zu lassen.*

KAPITEL 3

Mit einem goldenen Löffel im Mund geboren

Um eine Redewendung zu bemühen, die ich im Westen gelernt hatte, wurde ich – jedenfalls für nepalesische Verhältnisse – *mit einem goldenen Löffel im Mund geboren*. In jungen Jahren hatte ich mit persönlichen Problemen zu kämpfen, darunter mit schweren Panikattacken, aber die schwierigen Lebensumstände, mit denen die meisten Menschen konfrontiert sind, hatten mein Leben nie berührt. Dabei handelte es sich nicht nur um extreme Entbehrungen, mit denen meine Mitreisenden offenbar leben mussten. Ich wusste nicht einmal, wie man eine Fahrkarte kauft oder sich in einer Schlange anstellt. Das Taxi zu bestellen und den Fahrer zu bezahlen waren vollkommen neue Erfahrungen. Ich versuchte, andere zu beobachten, wie sie ihren Tee in den kleinen Wegwerfbechern kauften, falls ich mir auch einmal einen holen wollte.

Öl ins Feuer zu gießen würde mir den Löffel aus dem Mund schlagen, auch wenn ich in diesem Augenblick, in dem ich starr und aufrecht mitten in diesem bösen Traum saß, das Gefühl hatte, dass sich jede einzelne meiner Zellen gegen meine Umgebung auflehnte. Bei jedem Halt stiegen Fahrgäste aus und weitere ein. Nicht einer von ihnen erwies auch nur mit einem Nicken seinen Respekt für die Robe Buddhas.

Während der Zug hin und her schwankte, traten oder stolperten die Fahrgäste auf dem Weg zur Toilette unweigerlich über die, die auf dem Fußboden hockten. Jedes Mal, wenn es dazu kam, zuckte ich zurück. *Vielleicht war es nicht so sehr Sehnsucht als vielmehr Arroganz gewesen, was mich zu diesem Unternehmen veranlasst hatte. Schließlich hatte ich mein ganzes Leben ausschließlich in bewachten Wohnkomplexen verbracht. Welche Arroganz, zu glauben, ich könnte mich auf der Stelle mit den Gegebenheiten dieses mitternächtlichen Abenteuers anfreunden.*

Das ungewöhnlich geschützte Umfeld, in dem ich aufgewachsen war, war kein goldener Palast und bot auch nicht die luxuriösen Annehmlichkeiten eines Reichs der Götter, ähnelte diesem aber doch hinsichtlich Abschottung und Schutzmechanismen. Als ich klein war, unterteilte ich das Jahr zwischen dem einfachen Haus meiner Großeltern in Nubri und dem schlichten Nonnenkloster meines Vaters. Unter diesen unprätentiösen Umständen hatte ich genügend zu essen, warme Kleidung sowie Sicherheit und Liebe im Überfluss. *Reich* ist ein Begriff, den wir in meiner Tradition verwenden, um negative Emotionen zu beschreiben. Im *Reich der Götter* ist die dominierende Emotion Stolz und eine exzessive Sehnsucht nach Vergnügen und Annehmlichkeiten, was sich auf verschiedene Art und Weise äußern kann. So werden diejenigen, die im Reich der Götter leben oder dort leben wollen, oft von Fantasiegebilden eingelullt und zu Leichtlebigkeit verführt. Dieses Reich könnte ein Penthouse, könnten Kommunikationsmittel oder eine träge Einstellung sein. Welche Form es auch ist: Wenn wir der genussorientierten Geisteshaltung eines Götterreichs zum Opfer fallen, verlieren wir den Antrieb für die Sinnsuche, und was uns bleibt, ist selbstzufriedene Unwissenheit.

Meine klösterliche Ausbildung war darauf ausgerichtet, der Trübsal entgegenzuwirken, die dieses Reich charakterisiert. Die Klöster, in denen ich aufgewachsen bin, waren recht spartanisch und ohne die Annehmlichkeiten, die mit der modernen Welt in Verbindung gebracht werden: kein heißes Wasser, keine Heizung, karge Kost. Auch wenn dieses Leben so gut wie nichts mit den Vergnügungen und Annehmlichkeiten in der Welt da draußen zu tun hatte, so trennte es mich auch von der Art von Problemen, mit denen viele Menschen konfrontiert sind. Ich kannte weder Hunger noch Kastenvorurteile oder Rassismus. Ich hatte weder Krieg noch Schreckensherrschaften erlebt. Mir blieben alle Herausforderungen erspart, denen sich so viele Menschen in der Welt von heute stellen müssen, wenn sie etwa ihr Zuhause verlassen müssen, um zur Schule oder zur Arbeit zu kommen. Ich hatte mir nie ein Dach über dem Kopf suchen müssen und brauchte mich nicht darum zu kümmern, Rechnungen zu bezahlen oder ein Auto zu kaufen. Viele Menschen arbeiten, während sie Kinder großziehen, und leben oft weit entfernt von ihren Familien. Eine solche Verantwortung hatte ich nie. Einige meiner Freunde sind geschieden und leben getrennt von ihren Kindern, und allein das erzeugt Stress und Traurigkeit. Andere kämpften mit Alkohol- und Drogensucht oder erlebten finanzielle Rückschläge oder familiäre Probleme. All das sind alltägliche Prüfungen des modernen Lebens, die ich nur aus zweiter Hand von Menschen kenne, denen ich auf meinen Lehrreisen in der ganzen Welt begegnet bin. Dank meiner

Rolle und meines Status war immer alles für mich erledigt worden.

Als Kind war ich klein und schüchtern, und ich war von Natur aus folgsam und respektvoll. Ich wollte so robust wie mein extrovertierter Bruder Tsokyni Rinpoche sein, doch verglichen mit ihm sah ich schwächlich und irgendwie mickrig aus. Meine Körpergröße und mein Auftreten mussten den Eindruck vermittelt haben, dass ich ohne besondere Vorsichtsmaßnahmen nicht überlebensfähig bin, denn ich bekam immer mehr Schutz, als ich brauchte. Einmal unternahmen meine Mutter, ein Begleitmönch und ich eine lange Busfahrt von Samagoan, unserem Dorf in Nubri, nach Gorkha, dem Verwaltungssitz unseres Distrikts. Ich brauchte einen Stempel vom Passamt für eine bevorstehende Reise nach Tibet. Meine Mutter kannte einen Beamten in der Stadtverwaltung und hoffte, durch ihr persönliches Erscheinen die Prozedur abzukürzen. In Gorkha angekommen, parkte sie mich in einem Restaurant, bestellte mir etwas zu essen und wies mich an, mich bis zu ihrer Rückkehr nicht vom Fleck zu rühren. Eine halbe Stunde später tauchte der Mönch auf, um sich zu vergewissern, dass ich mein Essen bekommen hatte. Er erzählte mir, dass meine Mutter mit den Verwaltungsbeamten verhandelte und er zu ihr zurückgehen müsse. So lange sollte ich noch im Restaurant warten. Nach einer Weile wurde mir langweilig, und ich ging auf die Straße hinaus. Dann marschierte ich zur Stadtverwaltung und fand meine Mutter. Als sie mich sah, erschrak sie: *Was ist passiert? Warum läufst du allein herum?* Dann tadelte sie den Begleitmönch. *Warum hast du zugelassen, dass der Rinpoche allein hierherkommt?* Aber die Sache ist die, dass ich damals nicht sieben, sondern siebzehn Jahre alt war.

Um das Korsett meiner Konditionierung aufzubrechen, hatte ich etwas tun müssen, was ein wenig extrem war. Um unsere Konditionierung zu durchbrechen und uns mit alten Gewohnheiten zu konfrontieren, könnten wir wenigstens für eine gewisse Zeit ein alltägliches Verhaltensmuster vorsätzlich umkehren: Wenn wir normalerweise eine Tasse mit der rechten Hand nehmen, benutzen wir das nächste Mal die linke, oder wir geloben, unsere Kommunikationsmittel nicht häufiger als einmal die Stunde zu konsultieren, oder wir nehmen uns vor, eine Woche lang beim Autofahren nie die zulässige Höchstgeschwindigkeit zu überschreiten. Ich selbst fahre nicht Auto, aber mir wurde gesagt, dass es schwierig sein kann, diesen Vorsatz zu erfüllen. Alles, was eine geistlose Wiederholung durchbricht, kann als Weckruf und als Gegenmittel für automatisiertes, geistloses Verhalten und gewohnte Fixierungen dienen. Um Neugier und Flexibilität zu fördern, ist es wichtig, unsere Grenzen zu entdecken und sie dann ein wenig weiter auszudehnen. Was meine Lebensgewohnheiten betraf, war ein Wanderretreat für mich ohne Zweifel eine sehr weite Ausdehnung. Aber durch das Arbeiten mit meinem Geist hatte ich ein gewisses Selbstvertrauen gewonnen und die heftigen Angstattacken meiner Kindheit überwunden. Und so hatte ich Tergar im Vertrauen auf meine Fähigkeit, Hindernisse zu überwinden, verlassen. Und deshalb saß ich nun ganz auf mich allein gestellt, mitten in der Nacht in diesem Zug.

Naropa muss sein Kloster voller Selbstvertrauen verlassen haben. Da bin ich mir sicher. Ich frage mich, ob er überhaupt

Geld bei sich hatte, als er losgezogen ist. Die Überreste der Nalanda-Universität in der Nähe von Rajgir im Bundesland Bihar sind mittlerweile eine Pilgerstätte und nur ein paar Autostunden von Bodh Gaya entfernt. Ich bin viele Male dort gewesen. Auf dieser Strecke würde der Zug nahe daran vorbeikommen. Als Naropa sich auf den Weg machte, war er ein renommierter Gelehrter. *Ich wüsste gern, ob er klassische Texte mitgenommen hat. Ich wüsste gern, ob ihm das Alleinsein schwergefallen ist. Ich wüsste gern, wo er seine ersten Nächte verbrachte …*

Die Menschen um mich herum wären wahrscheinlich lieber erster Klasse gereist. Aber ich war hier, weil ich es mir ausgesucht hatte. Manche Menschen entscheiden sich bewusst dafür, obdachlos zu werden, aber oft sind sie ziemlich gestört, vielleicht sogar verrückt und nirgendwo willkommen. Das war nicht meine Motivation. Manche Menschen unterbrechen ihr Leben wegen einer Depression oder einer Midlife-Crisis. Mein Leben war außerordentlich schön gewesen. Meditation zu praktizieren, die Natur von Leiden und Befreiung zu erforschen und das zu lehren, was ich von meiner Übertragungslinie und meinen Erfahrungen gelernt hatte, das waren meine Leidenschaften. Es gab nichts anderes, was ich tun wollte, abgesehen davon, zu erfahren, wie ich das, was ich machte, vertiefen konnte. Bei diesem Wanderretreat ging es darum, mich absichtlich in Schwierigkeiten zu bringen, und vielleicht hatte ich unterschätzt, auf wie viele Schwierigkeiten ich in so kurzer Zeit stoßen würde.

Obwohl ich mir der vielen Sicherheitsnetze bewusst war, die jeden Aspekt meines Lebens abgefedert hatten, war ich nicht immer bereit gewesen, sie abzubauen. Ich hatte dieses

Retreat in der Überzeugung geplant, dass der enorme Wert dieser Sicherheitsvorkehrungen aufgebraucht war und jetzt die Zeit gekommen war, die Welt ohne sie kennenzulernen. Ich war auch nicht immun gegen den Reiz des gesellschaftlichen Ansehens und genoss meine Rolle innerhalb der Gemeinschaft. So sehr ich ein anonymes Leben idealisiert hatte, so sehr verwirrte es mich, plötzlich von allen um mich herum ignoriert zu werden.

Nun, dachte ich, *das wird nicht ewig so bleiben. Dieses Retreat ist ein kostbares Intermezzo meiner klösterlichen Pflichten. Ich mache nicht das, was Naropa gemacht hat. Er wollte nie in sein Kloster zurückkehren. Ich habe nie in Betracht gezogen, für immer wegzubleiben. Ich werde zurückkehren und meine Rollen wieder aufnehmen. Ich werde zu meinen Pflichten zurückkehren und zu meinem Rang.* Zum Status meines Vaters kommt noch hinzu, dass der Vater meiner Mutter, Lama Tashi, selbst ein großartiger Meditierer war, der seine Erblinie bis zu König Trisong Detsen zurückverfolgen konnte. Im achten Jahrhundert führte dieser König kraft der Autorität seines Amtes den Buddhismus in Tibet ein. Als jüngstes Kind dieser bedeuteten Familie war er mit zahlreichen Privilegien ausgestattet. Dann wurde ich als T*ulku,* als reinkarnierter Lama, erkannt, was meinem bereits anspruchsberechtigten Status noch weiteres Gewicht verlieh. Von da an wurde ich verwöhnt und verhätschelt und wuchs so geschützt auf wie eine Orchidee im Glashaus.

Einmal war ich in einem europäischen Land zu Besuch, wo Freunde mir einen Dokumentarfilm über deren königliche Familie vorführten. Deren Prinzessin durfte niemals allein auf die Straße gehen, und ich dachte: G*enau wie ich.*

Ich bin ebenfalls ein Mitglied des Königshauses, ein reinrassiger Dharmaprinz. Was hatte mich nur geritten, meine erste Nacht draußen in der Welt allein zu verbringen, eingesperrt in einem überhitzten Zug? Ich kann aussteigen und mir eine neue Fahrkarte erster Klasse kaufen … das ist ein törichter Gedanke … Ich muss herausfinden, wie ich mich mit meinem Unbehagen arrangiere.

Wie es Brauch ist, wird ein Kind, sobald es als *Tulku* erkannt ist, wie ein kleiner Vogel behütet und selbst dann noch streng überwacht, wenn die Mutter ausfliegt. In den Monaten des Jahres, die ich in Nubri verbrachte, schlich ich oft aus dem Haus und erforschte die nahegelegenen Höhlen oder spielte mit anderen Kindern. Irgendwie wusste meine Großmutter immer, wo sie mich finden konnte. Ich hatte noch nie ein Essen zubereitet, meine Zimmer saubergemacht oder meine Kleider gewaschen. Die Ausbildung eines *Tulku* konzentrierte sich darauf, das Potenzial für das spirituelle Erwachen zu steigern. Es war ein stark auf den Geist fokussiertes Training. Wenn ich das alles noch einmal machen müsste, würde ich keinen anderen Weg wählen, denn bereits in den letzten wenigen Stunden hatte ich gespürt, dass mein Training mich mehr als nur einmal gerettet hatte, obwohl gerade dieses Training eher auf die praktischen Lebenskompetenzen eines Schoßhundes Wert gelegt hatte.

KAPITEL 4

Vergänglichkeit und Tod

Von Vergänglichkeit und Tod hatte ich schon gehört, lange bevor ich im Alter von elf Jahren ins Kloster eintrat. Die traditionelle tibetische Kultur ist so eng mit den buddhistischen Werten verflochten, dass das Bestreben schon früh einsetzte, Kinder in die Realität einzuführen. Und ganz besonders galt das für Kinder, die wie ich in einem Dharma-Haushalt aufwuchsen. Angenommen, ein Kind weint, weil sein Bruder es geschlagen oder ein Freund ihm das Spielzeug weggenommen hat. Dann bekommt es vielleicht Folgendes zu hören: Chiwa mitakpa! *Vergänglichkeit und Tod! Sei nicht so dumm. Wenn du nicht über Vergänglichkeit und Tod nachdenkst, wird nie etwas aus dir werden!* Im Westen könnten die Eltern eines Kindes das etwa so formulieren: *Heul nicht! Was passiert ist, ist passiert.* In Tibet hingegen wurde das Erkennen von Vergänglichkeit und Tod als Maßstab dafür genommen, was wirklich wichtig war.

Einmal sah ich ein rotes Fahrrad auf dem Markt in Kathmandu. Mein Blick blieb daran haften, und es nistete sich in meinem Kopf ein. *Chiwa mitakpa,* sagte mein Vater zu mir: *Dieses Spielzeug wird kaputtgehen. Es wird sterben. Wenn du dich so sehr auf ein Objekt fixierst, das keinen dauerhaf-*

ten Wert hat, ist es, als versuchtest du, Luft in deinen Händen festzuhalten. Das kann dir kein wirkliches Glück bringen.

Ich verstand, dass das Spielzeug sterben könnte, aber das hatte nichts mit mir zu tun. Ich wollte auch so groß und stark werden wie meine älteren Brüder, aber groß zu werden hatte nichts mit Altwerden zu tun. Nicht nur würde mein Körper niemals sterben, ich war mir auch sicher, dass die Vorstellung, die ich von *mir* hatte, sich nicht verändern würde. Als *Mingyur Rinpoche* würde ich mir lediglich zusätzliche Erwachsenenattribute aneignen. Ich hielt an der Annahme fest, dass die individuelle Persönlichkeit einem Prozess der Verfestigung unterliegt: Wie bei nassem Ton würde sich zwar die Größe und Form ändern, aber das hätte keinen Einfluss auf das *essenzielle* Ich, das *wahre* Ich, auch wenn ich keine Ahnung hatte, wer das war. Und ich würde auch niemals herausfinden, wer das war, jedenfalls nicht so, wie ich es mir vorgestellt hatte. Auch wenn unsere Autos gestorben und unsere Computer gecrasht sind und wir uns um sterbende Haustiere und Familienmitglieder gekümmert haben, können wir es trotzdem nicht verkraften, die Gewissheit der Vergänglichkeit auf uns selbst anzuwenden.

Lass das Spielzeug los. Klammere dich nicht daran, hatte mir mein Vater gesagt. *Wenn wir uns an Dinge klammern, die nicht von Dauer sind – seien es Spielzeuge, Lieblingsspeisen, besondere Freunde oder Orte –, dann vergeuden wir unser Leben.*

Ich vergeude mein Leben nicht, stellte ich mir vor, zu meinem Vater zu sagen: *Ich klammere mich nicht an die Rollen eines Mönchs,* Tulkus, *Lehrers oder Abts, auch wenn es so aussieht, als besäßen sie unabhängig von meinen Bestrebungen eine eigene Lebenskraft. Aber im Licht dieses Feuers, das jeden Tag des Retreats immer heller brennt, kann ich die Rollen besser erkennen. Ich kenne ihre essenzielle Leerheit. Ich weiß, dass sie nicht von Dauer, nicht stabil sind und nicht als unabhängige Entitäten existieren. Das mit dem Fahrrad wusste ich nicht.*

Leerheit bezieht sich auf die Tatsache, dass Dinge nicht so stabil und real sind, wie sie scheinen. Etwas, was wir in den Händen halten, kommt uns vielleicht vollkommen stabil und unveränderlich vor, doch das ist eine Illusion. Was es auch sein mag, es verändert sich ständig, und wenn wir nachforschen, entdecken wir Veränderung und Fluidität dort, wo wir bislang Beständigkeit und Stabilität vermutet haben. Das macht die phänomenale Welt nicht zu einem »Nichts«. Gleichzeitig ist ihre essenzielle Natur nicht das, wofür wir sie üblicherweise halten. Das fortwährende Erkennen der Leerheit – der wissenden, leuchtenden Klarheit, die jenseits von Begriffen existiert – wird als *erweckter* oder *erleuchteter* Zustand bezeichnet. Diese Geisteshaltung transzendiert Worte und Begriffe. Weil dieser Zustand nicht mit Worten beschrieben und vom begrifflichen Geist nicht imaginiert werden kann, bietet er sich für viele unterschiedliche Namen und Beschreibungen an. Es ist ein Paradox, dass wir Begriffe brauchen, um eben diese Leerheit auszudrücken, während unsere wahre Essenz leer von begrifflichen Gedanken ist. Bei jedem von uns hat der Geist Dimensionen, die strahlend, weit und leer sind. Es geht darum, ob wir diese Aspekte erkennen oder nicht. Befreiung entsteht nur durch Erkennen und nicht nur dadurch, dass wir diese natürlichen Qualitäten besitzen.

Das Erkennen der Leerheit heißt nicht, dass wir uns von unseren gesellschaftlichen Rollen distanzieren oder ohne weltliche Verantwortlichkeiten leben. Aber wir haben die Wahl, auf was wir unser Gewahrsein legen. Mit der Weisheit, die durch das Erkennen von Leerheit erzeugt wird, können wir unser Verhältnis zu Lebensumständen ändern, sogar zu jenen, die nicht veränderbar sind. Und auch wenn unsere Unzufriedenheiten inhärent temporär, substanzlos und essenziell leer sind, heißt es nicht, dass wir nur einen Zauberstab zu schwingen brauchen, um Krebs verschwinden zu lassen, eine Liebesbeziehung oder einen Ruf wiederherstellen oder mehr Geld verdienen zu können. Die Leerheit als Rechtfertigung zu benutzen, um sich vor täglichen Pflichten zu drücken, kann eine böse Falle sein. Tibeter haben eine Redewendung, die mein Lehrer Guru Vajradhara Tai Situ Rinpoche oft benutzt: *Halte den Blick unendlich weit wie das Weltall. Wähle deine Taten fein wie Mehl.*

Die Qualität der Leerheit, auf die wir uns beziehen, wurde nie geboren, und genauso wenig kann sie sterben. Diese essenzielle Natur unseres Lebens ist ungeboren wie der Raum selbst. Der Raum bietet keinen Ort zum Verweilen und keinen sicheren Halt für unsere Schritte. In himmelsähnlicher Leerheit können wir nicht steckenbleiben. Dennoch sind wir da, wir leben in dieser wundersamen Welt des Scheins, die von weisem Urteilsvermögen immer profitieren kann. Mit großer Sorgfalt, fein wie Mehl, unterscheiden wir zwischen Handlungen, die darauf abzielen, das Leiden für uns und andere zu lindern, und solchen, die darauf abzielen, Schaden herbeizuführen.

Obwohl ich die schmucklose Robe eines buddhistischen Mönchs trug, stellte ich nun fest, dass ich von allen Personen im Waggon wahrscheinlich am besten gekleidet war.

Mit meinen Gummisandalen war ich einer der wenigen Reisenden, die überhaupt eine Fußbekleidung trugen. Ich dachte an meine Laienschüler und fragte mich, wie sie wohl mit dieser Situation umgehen würden. Ich war neugierig, welches Leben sie führten, und wollte mehr über ihre alltäglichen Erlebnisse erfahren. Aber ich hatte den Verdacht, dass sie überwiegend in der mittleren und nicht in der allerbilligsten Klasse reisten.

Ich senkte den Blick, streckte den Rücken und fragte: *Was fühle ich jetzt gerade?* Mein ganzer Körper schmerzte vor Anspannung. Ich begann einen Body Scan, eine Übung, die ich oft mache, wenn ich mich nachts zum Schlafen hinlege. Ich richtete meine Aufmerksamkeit auf den Oberkopf und arbeitete mich von dort aus sehr langsam nach unten. Ich hielt immer wieder inne, um spezifische Knoten zu lösen. Ich verweilte auf meiner Stirn und dem Bereich direkt über den Augen, insbesondere dort, wo die Brauen fast aufeinandertreffen. Sie hatten sich so verkniffen angefühlt, als hätte sie jemand mit einer Sicherheitsnadel festgeklammert. Dann wanderte ich zu den Nasenlöchern und richtete meine Aufmerksamkeit so lange darauf, bis sie sich entspannten und nicht mehr aufblähten. Die Stelle, an der der Kiefer mit dem Kopf verbunden ist, beanspruchte immer einige Zeit. Ich bewegte den Kiefer auf und ab, um den widerborstigen Knoten zu lösen, erforschte dann die Mitte zwischen schlaff und festgeklemmt, womit sich gleichzeitig auch die Zähne entspannten. Die Schultern waren ebenfalls ein Bereich häufiger Verspannungen, die immer einige Zeit in Anspruch nahmen. Und dann wanderte ich zu den Füßen hinunter. Ich spürte keine Anspannung in den Füßen, hielt mich aber dennoch einige Zeit bei ihnen auf, um die Energie vom Kopf nach unten fließen zu lassen. Für meine Wanderung von oben nach unten brauchte ich etwa zehn Minuten. Dann ruhte ich nur noch ein paar Minuten aus und fühlte mich weniger aufgewühlt als noch Stunden zuvor.

Die Übung wirkte sich so aus, dass ich meine sensorischen Rezeptoren wieder in mich zurückführte. Ohren und Augen blieben wachsam, huschten aber nicht mehr ziellos wie Handy-Ortungssysteme hin und her. Ich nickte einige Minuten lang ein, bis mich ein schriller Heulton aufweckte, der wie ein Blitz die Nacht durchzuckte. In dem Sekundenbruchteil, den ich brauchte, um festzustellen, dass es die Zugsirene war, war ich schon von einem wütenden Mob eingekesselt oder steckte mitten in einem terroristischen Sprengstoffanschlag. Das Geräusch war nicht *nur* Geräusch. Es war ein Schuss oder eine Bombe, die Unheil und Zerstörung verhieß. Ich hörte meine Projektionen, das Geräusch selbst hörte ich nicht. Paradoxerweise hatte das Geräusch, obwohl es so laut war, dass es alles zu überlagern schien, meinen interpretierenden Geist nicht blockiert. Ich dachte an das tiefe, resonante Schmettern der fast zweieinhalb Meter langen Messinghörner, die bei tibetischen Ritualen geblasen werden, Geräusche, die eher an Nebelhörner erinnern als an Instrumente für klassische Melodien und die sich anhören, als hallten sie tief aus dem Schlund von Vulkanen. Manchmal langweilte ich mich bei den klösterlichen Ritualen, wurde unruhig und versank in Tagträumen. Dann schnitten die schmetternden Hörner plötzlich mitten durch den plappernden Geist. Dieses Geräusch drang mit einer solchen explosiven Wucht in meinen Kopf ein, dass ich ein paar Sekunden lang weder Geist noch Körper hatte und zum Geräusch selbst wurde. *Warum konnte das mit dem Zugsignal nicht auch so sein?*

Moment mal ... Ich muss mich genauer erinnern, denn auf diese Weise geschah das nicht immer, besonders als ich noch klein war. Manchmal geriet ich während der Rituale, in denen viele Instrumente gespielt wurden, in Panik. Meine Kehle schnürte sich allmählich zu, und dann musste ich fluchtartig den Schreinraum verlassen. War das wie damals, als mein Körper den Zugang zum Geräusch verweigerte und der fixierte Geist an der Angst festhielt?

Die fünf Sinne melden immer neutrale Informationen. Für das Ohr ist ein Geräusch immer *nur* Geräusch, nicht mehr. Gefallen und Nichtgefallen werden vom interpretierenden Geist geformt, der sich erinnert, hinzufügt, verändert und sich im Kreis dreht: Der interpretierende Geist erschafft ganze Romane um *nur* Geräusch, um *nur* Anblick. Die Stimme, die diese laufenden Kommentare liefert, ist der *Affengeist*. Er plappert drauflos, springt von einem Sinnesobjekt zum nächsten, ist überaktiv und ziemlich leicht erregbar.

Ich habe einen Schüler, der einmal an der Küste von Oregon eine Woche lang eine Hütte gemietet hatte. Jeden Morgen beim Aufwachen lauschte er im Bett den Geräuschen der Wellen, die sich am Strand brachen und wieder ins Meer zurückrollten. Wuuuusch, wuuuusch, immer wieder. Er erzählte mir, dass er noch nie ein so beruhigendes Geräusch gehört hätte und dass schon das Geräusch allein ihm das Gefühl gab, in den Armen einer allumfassenden Liebe zu liegen. An seinem letzten Tag lud er sein Gepäck ins Auto, fuhr Richtung Autobahn und wollte irgendwo unterwegs übernachten. Irgendwann nach Einbruch der Dunkelheit folgte er den Schildern zu einem Motel. Hundemüde checkte er ein und war bald eingeschlafen. Am Morgen konnte er sein Glück nicht fassen, als er abermals von dem beruhigenden Wuuuusch der Wellen aufgeweckt wurde. Als er aus dem Bett stieg und sich ans Fenster stellte, schaute er auf eine sechsspurige Autobahn mitten im Berufsverkehr.

Falschinterpretationen von Sinneswahrnehmungen geschehen ständig und machen den Körper zum bestmöglichen Labor, wenn wir etwas über unseren Geist erfahren wollen. Was war gerade im Zug geschehen? Mein Ohr hatte ein Geräusch wahrgenommen, kein gutes Geräusch, kein schlechtes Geräusch, nur ein Geräusch, nur Kontakt zwischen Sinnesorgan und Objekt. Und dann? Mein Geist war so tief in eine negative Geschichte hineingeraten, dass ich vergessen hatte, dass Worte, Bilder und Eindrücke, die die Geschichte geschaffen hatten, keiner anderen Realität entsprachen als der, die in meinem Kopf stattfand. Mein Schülergeist war in eine positive Story hineingezogen worden, doch wenn uns eine Geschichte fesselt, bedeutet das in beiden Fällen, dass wir den Kontakt zum Gewahrsein verloren haben. Beide Assoziationen vernebelten die Einfachheit von *nur* Geräusch. Deshalb sagen wir: *Der Körper ist das Zuhause des klammernden Geistes.*

Missverständnisse über die Quelle eines Sinneseindrucks gibt es oft, wenn die Wahrnehmung und Interpretation fast gleichzeitig auftreten. Beide liegen so nah beieinander, dass der starke, aber unkorrekte Eindruck entsteht, die interpretative Realität – gut-schlecht, attraktiv-abstoßend – sei im Objekt selbst und nicht im Geist beheimatet. Aber fälschlicherweise eine Empfindung mit der emotionalen Reaktion auf sie zu vermischen führt zu endloser Verwirrung. Es kann sehr schwierig sein zu akzeptieren, dass die Quelle dessen, was wir mögen oder nicht mögen, in unserem Geist entsteht. Wenn wir mit unserem Kopf in den Wolken hängen bleiben – hübsche Wolken oder hässliche Wolken –, dann können wir nicht erkennen, dass sie vergänglich sind, dass sie ein eigenes Leben führen und weiterziehen werden, wenn wir es zulassen. Wenn wir uns mit einem Geist voller vorgefasster Meinungen auf die Welt beziehen, errichten wir eine Barriere zwischen uns und der Realität *wie-sie-ist*.

Mit einem starren Geist an irrigen Meinungen festzuhalten ist das Gleiche wie Anhaften. Wir klammern uns an Dinge, die wir kennen, oder an solche, die sich mit unserer begrenzten Erfahrung decken, und das verzerrt die direkte, unmittelbare Wahrnehmung. Wenn wir uns von Veränderungen bedroht fühlen, versuchen wir, Dinge zu bewahren. Das ist eine andere Art, den Aspekt des Selbst zu beschreiben, der alte Muster einfach nicht sterben lassen will. Aber wenn wir Muster nicht bewusst sterben lassen können, dann gelingt es uns auch nicht, von den energisierenden Vorteilen der Regeneration zu profitieren.

Vergänglichkeit ist wie Leerheit eine inhärente Eigenschaft von Phänomenen. Vergänglichkeit zu erkennen korrigiert Fehlwahrnehmungen der Vergänglichkeit. Aber Leerheit direkt zu erkennen ist sogar noch hilfreicher, wenn wir mit Anhaftung arbeiten. Die Fluidität aller Formen zu erkennen entmachtet die falschen Behauptungen des fixierten Geistes. Das wiederum erweitert unser Gefühl dafür, wer wir sind und was wir tun können. Es kann sehr befreiend sein zu wissen, dass unsere Geschichten über Zugsignale oder unsere Sorgen über unsere Beziehungen oder unsere Reputation nicht inhärent in uns verwurzelt sind. Und es ist auch befreiend zu wissen, dass wir eine inhärente Fähigkeit zur Umwandlung besitzen. Doch die Vergänglichkeit als die äußere Schicht des Todes zu verstehen kann sogar noch wirksamer sein, um unsere irrationalen, mentalen Gewohnheiten zu durchtrennen. Damit die Umwandlung in den tiefsten Schichten wirksam wird, erkennen wir nicht nur die Kontinuität der Veränderung an, sondern wir erkennen, dass der Vorgang des Sterbens und der Erneuerung der Wirklichkeit der Vergänglichkeit zugrunde liegt. Das ist die größte Ermutigung dafür, uns zu befreien. Doch unsere Furcht vor dem physischen Tod sorgt dafür, dass wir uns Tag für Tag allein gegen die Vorstellung sträuben, dass wir sterben werden. Wir verwechseln die erneuerbaren Tode unserer geistigen Zustände mit dem endgültigen Tod unseres Körpers. Wenn wir das tun, lauert jede Form von Tod und Sterben als unabwendbarer Alptraum am Horizont, und wir verbringen unser ganzes Leben damit, uns zu wünschen, dass dieser Kelch an uns vorübergehen möge. Dabei brauchen wir nur ein wenig nachzuforschen, um uns klarzumachen, dass dieses zukünftige Ereignis, vor dem uns so graut, tatsächlich ständig stattfindet.

Ein Gespräch zwischen zwei Amerikanerinnen beschreibt diese innige Beziehung zwischen physischen und nicht physischen Formen des Sterbens: Eine der Frauen besuchte mich, kurz nachdem ihr einziges Kind, ein Sohn, mit einundzwanzig Jahren an einer versehentlichen Überdosis von Drogen gestorben war. Wir sprachen über Möglichkeiten, ihr zu helfen, mit diesem tragischen Verlust zu leben. Etwa zwei Jahre später machte die beste Freundin dieser Frau eine ausgesprochen unangenehme Scheidung durch. Die erste Frau erklärte ihrer Freundin: *Mein Sohn kommt nie wieder zurück. Darüber mache ich mir keine Illusionen. Meine Beziehung zu mir selbst und wie ich mich in der Welt zurechtfinde, hat sich für immer verändert. Aber das Gleiche gilt auch für dich. Dein Gefühl dafür, wer du bist, wer für dich da ist und mit wem du durchs Leben gehen wirst, hat sich auch für dich auf immer verändert. Auch du musst einen Tod betrauern. Du glaubst, außerhalb von dir mit dieser unerträglichen Situation fertigwerden zu müssen. Aber genauso, wie ich nach dem Tod meines Sohnes zulassen musste, als Mutter zu sterben, so musst du zulassen, nach deiner Ehe, die du einmal geführt hast, als Ehepartner zu sterben. Wir betrauern das Ende dessen, was wir hatten, aber wir betrauern auch uns, unseren eigenen Tod.* Das schreckliche Unglück, das den Tod des Sohnes dieser Frau verursacht hatte, öffnete ihr Herz zu einer Erkundung von Vergänglichkeit und Tod, die weit über ihre eigene, persönliche Geschichte hinausging. Sie konnte die Grenzen ausdehnen, denn wie sie sagte: *Nachdem ich meinen Sohn verloren hatte, gab es nichts mehr, wovor ich mich fürchtete.* Sie verwandelte ihren großen Schmerz in Weisheit.

Wir können von ihr lernen, ohne dass wir ihre Tragödie wiederaufleben lassen müssen. Der Tod des kleinen Selbst kann nicht nachhaltig oder wirksam bewältigt werden, wenn wir die Furcht vor dem physischen Tod leugnen oder uns darum herummogeln. Doch wenn wir mit kleinen Toden arbeiten, können wir die intensiven Ängste entkrampfen, die sich um den physischen Tod ranken. Es gibt einen natürlichen Pfad zwischen Vergänglichkeit und Tod, und wenn wir weiterhin nicht gewillt sind, ihn bis zum Ende zu gehen, dann schalten wir die beachtlichen Vorteile des kontinuierlichen Sterbens aus. Auf die Endlichkeit unseres Körpers zuzusteuern, ohne auf die Mini-Tode des täglichen Lebens zu achten, ist, als ob wir Diamanten für Kieselsteine halten und wegwerfen. Nichts ist beständiger als die Veränderung, und das zu akzeptieren hat das Potenzial, die Angst vor dem Tod in ein freudvolles Leben zu transformieren.

Und jetzt, als ich diese Reise begonnen hatte, starb ich in diesem Zug. Ich starb mein altes Leben. Ich machte das, was ich geplant hatte. Ich hatte das Taxi nach Gaya genommen und eigenhändig eine Fahrkarte nach Varanasi gelöst. Nun bestand die Herausforderung darin, den Widerstand gegen genau die Veränderungen aufzugeben, die ich selbst herbeigeführt hatte, und zu akzeptieren, dass die Geräusche und Gerüche in diesem Zug genauso eine Chance zu freudvollem Leben sein können wie alle anderen Lebensumstände, die ich bisher gekannt hatte.

KAPITEL 5

Weisheit entstehen lassen

Wenn wir uns einmal von dem Glauben befreien, dass Dinge unveränderlich seien, und zur Erkenntnis gelangen, dass alles vergänglich ist, dann beginnt sich die Spannung zwischen unseren Erwartungen und der Realität wie-sie-ist aufzulösen. Dann können wir erkennen, dass der Aufruhr dieses Augenblicks vorübergehen wird und sich das Problem von selbst verändert, wenn wir im Erkennen des Gewahrseins bleiben. Um weiterzuziehen, hat es unsere Hilfe nicht nötig. Veränderung ist die inhärente Natur von *allem*. Unsere Beschäftigung mit einem Problem ist es, was es unverrückbar festnagelt. Es einfach in Ruhe zu lassen ist allerdings leichter gesagt als getan. Wir sind nicht damit vertraut, in den nicht-begrifflichen Aspekten unseres Geistes zu verharren und uns an unsere direkte Erfahrung zu halten. Wir sind so daran gewöhnt, uns mit unseren Vorstellungen darüber, wer wir sind, zu identifizieren und unsere Identitäten mit Menschen, Orten und Objekten, wie etwa unseren Autos und Wohnungen, zu vermischen, dass die Erfahrung des natürlichen Geistes, der von all diesen vertrauten Belangen befreit ist, durchaus beängstigend sein kann. Unsere Identität kann als Nicht-Dingheit fehlinterpretiert werden, als eine Art von Annihilation. Und wenn wir das nicht als unser grundlegendes Zuhause erkennen, dann sehen wir zu, dass wir schleunigst das Weite suchen und nach etwas Ausschau halten, wo wir landen können. Und das bedeutet, dass wir uns nach irgendeiner vertrauten Identität umschauen, mit der wir wieder in Erscheinung treten können. Hier kann es von großer Hilfe sein, den Geist leicht auf den Qualitäten des Gewahrseins ruhen zu lassen. Leerheit und weites Gewahrsein haben die Fähigkeit, zu erkennen, zu wissen. Das ist nicht »Nichts«. Auf die gleiche Weise, wie der Atem die Gewahrseinspraxis unterstützen kann, können Qualitäten des weiten Gewahrseins selbst dabei unterstützen, den Geist in nichtbegrifflichen Zuständen ruhen zu lassen.

Da ich interessiert war, mehr darüber zu erfahren, wie meine Schüler ihr Leben zwischen unregelmäßigen Stundenplänen, Verkehrsstaus, Studentendarlehen, plärrenden Kindern, Haushalt und so weiter in den Griff bekommen, fragte ich mich abermals, welche Praxis sie möglicherweise auf meine derzeitige Situation anwenden würden. Ich beschloss, dass eine einfache Gewahrseinsmeditation wahrscheinlich die verlässlichste Übung war, um den Geist inmitten von Gegebenheiten zu stabilisieren, die als aversiv erlebt werden. Bei dieser Praxis geht es darum, den verwirrten Geist zu sammeln, indem wir ihn leicht auf ein Sinnesobjekt legen. Da ich von Geräuschen aus der Fassung gebracht worden war, wählte ich Geräusch als Objekt. Diese Gewahrseinspraxis verwendet Geräusche als Stütze für die Meditation: Das Objekt *unterstützt* unser Erkennen des Gewahrseins, bleibt aber nicht in dessen Fokus.

Etwa eine Minute lang machte ich eine Bestandsaufnahme aller verschiedenen Geräusche um mich herum.

Dann wählte ich das dominanteste davon aus: das mahlende Klopfen der Räder auf den Schienen. Ich lenkte meinen Geist auf dieses Geräusch und ließ ihn leicht darauf ruhen.

Verweile beim Geräusch.

Keine Kommentare.

Freunde dich mit diesem Geräusch an.

Lass die Gedanken, die Ängste und die Verkrampfung in dieses Geräusch hinein abfließen.

Verwende dieses Geräusch, um den Geist zu sammeln.

Wenn Gedanken kommen, ist das in Ordnung. Lass sie einfach ziehen. Es sind Wolken, die vorübertreiben. Kehre zum Objekt zurück.

Ruhe aus.

Nach etwa fünf Minuten zog ich meinen Geist vom Objekt – vom klopfenden Geräusch – ab und ließ zu, dass mein Gewahrsein offen blieb, um meinen Geist in die Lage zu versetzen, verschiedene Geräusche (Räder, Husten, Gespräche) wahrzunehmen, ohne sich auf einem davon niederzulassen. Das nennen wir offenes Gewahrsein oder *Shamata* ohne Objekt.

Lass es geschehen.

Was immer entsteht, lass es geschehen.

Bleib beim Gewahrsein. Nimm Notiz vom Entstehen des Geräusches innerhalb des Erkennens des Gewahrseins.

Geh nicht darauf zu. Ziehe dich nicht davon zurück.

Selektiere nicht.

Bleib gewahr.

Ruhe aus.

Bald schon wurden einstmals störende Geräusche beruhigend. Nach etwa zwanzig Minuten konnte ich einen gewissen Abstand zwischen mich und mein Unbehagen legen. Mein erweitertes Selbstempfinden wurde größer als das Problem. Es konnte die negative Reaktion auf ein Geräusch innerhalb einer größeren Sphäre unterbringen, was bewirkte, dass ich und mein Unbehagen nicht mehr die exakt gleiche Größe und Form hatten. Das Unbehagen war noch da. Es verschwand nicht, aber ich war nicht mehr in ihm gefangen.

Das Gewahrsein ist die Essenz unserer Existenz. Es ist die ganze Zeit in unserer Reichweite, und dennoch können es die meisten von uns nicht erkennen. Eine tibetische Legende erzählt von einer armen Familie, die in einer heruntergekommenen Lehmhütte lebte, in deren Mitte es eine kleine Feuerstelle und darüber ein Abzugsloch im Strohdach gab. Zweige und Gräser wurden zwischen drei flache Steine gelegt, die gerade so weit auseinanderlagen, dass man einen kleinen Topf daraufstellen konnte. Eines Tages kam ein Schatzsucher ins Dorf und ging auf der Suche nach einem lohnenden Geschäft von Tür zu Tür. Die Frau lachte, als er bei ihr auftauchte: *Wir sind die ärmste Familie hier und haben nichts, was Sie interessieren könnte.* Plötzlich fielen dem Mann vor Überraschung fast die Augen aus dem Kopf, und er sprang in einem Satz von der Tür zur Feuerstelle. Aufgeregt begutachtete er die Steine und rief: *Ja, sehen Sie das denn nicht? Diese Steine sind mit Diamantkristallen durchsetzt! Ich werde sie für Sie verkaufen, und Sie werden die reichste Familie im Distrikt sein.* Er verschwand mit den kostbaren Edelsteinen und kehrte mehrere Monate später mit so vielen Goldmünzen zurück, dass die armen Leute zu reichen Landbesitzern wurden. Sie waren die ganze Zeit reich gewesen, hatten es aber nicht gewusst. Unser Gewahrsein ist unser größter Schatz, den wir längst haben, nur wissen wir es nicht.

Ich fühlte mich wiederhergestellt, nachdem es mir gelungen war, konstruktiv mit meinem Geist zu arbeiten, doch das war nicht von Dauer. Mein ganzes Leben lang hatte ich mich in Meditationssälen, im Flugzeug, in Autos, auf Vorträgen und Meetings mit Gewahrseinspraktiken beschäftigt. Und doch tauchte immer wieder der Gedanke auf, dass ich noch nie eine Situation erlebt hatte, die unangenehmer gewesen wäre als in diesem Zug. Hier war der Affengeist am Werk, der mich zu überzeugen versuchte, dass es ein Problem mit dem Geräusch und nicht mit meinem Geist gab.

Durch die Praxis der *Shamata*-Meditation beruhigen sich die hektischen Gewohnheiten des Geistes. Und dann können wir die Merkmale der ruhigen Gewässer außerhalb der Kontrolle des Affen untersuchen. Das nennt man *Vipassana* – oder Einsichtsmeditation. Ich kannte den Affengeist genau. Und ich wusste auch: Wenn wir dem Umstand, diesen Affen zu kennen, keinen Wert beimessen, dann ist es ungefähr so, als hätten wir ein Auto, ohne Auto fahren zu können. Je weniger wir von der plappernden, murmelnden Stimme in unserem Kopf wissen, die uns sagt, was wir tun, was wir glauben, was wir kaufen, welche Menschen wir lieben sollen und so fort, umso mehr Macht geben wir ihr, uns herumzukommandieren und uns einzureden, dass alles wahr ist, was sie von sich gibt.

Trotz der Linderung, die ich durch die Geräuschmeditation erfahren hatte, wurden Geräusche mitunter abermals von Furcht bestimmt, und ich schwankte immer noch zwischen dauerhafter Ruhe, einem wild gewordenen Affen in meinem Geist und Betrachtungen zu Geräuschen. *Genau hier,* dachte ich, *genau jetzt ist es, wo das Leid entsteht. Zwischen dem Geräusch und der Projektion, zwischen Dingen wie-sie-sind und Dingen wie-wir-sie-haben-wollen. Wie der Buddha lehrte: Die Realität falsch wahrzunehmen bedeutet Leiden.*

Aber weshalb, fragte ich mich, *ist es so schwierig, das richtig hinzubekommen? In diesem Zug habe ich Angst intensiver erlebt als all die Jahre zuvor. Und ich habe gespürt, wie sich mein Körper aufgrund meines Widerstands, dort zu sein, wo ich war, verkrampft hat. Ich weiß, dass die Angst davor, vertraute Identitäten – Identitäten des Egos – loszulassen, Angst vor der Freiheit selbst ist. Und ich gebe mir Mühe …*

Mein Vater sagte immer zu mir: *Wenn du die Wahrheit der Vergänglichkeit nicht erkennst, kannst du keine echte Verwirklichung erlangen. Du musst zulassen, dass die Illusion des Egos stirbt. Nur dann kann wahre Weisheit entstehen. Nur durch den Tod dieses Egos können wir Freiheit erfahren.* Letztendlich war das der Grund für diese Reise. Aber ich hatte nicht auf einen Schlag mit so viel Neuem gerechnet.

Der Begriff Ego – oder »Selbst« – wird häufig benutzt, um die selbstzentrierte, künstlich hergestellte, äußere Schicht des Selbst zu beschreiben. Wir sprechen oft davon, das Ego loszulassen, es aufzulösen oder zu transzendieren. Ich selbst hatte mein Vorhaben, *Öl ins Feuer zu gießen*, als *Ego-Selbstmord-Mission* betrachtet. Die übliche Verwendung von *Ego* sowohl in buddhistischen Belehrungen als auch in der ganzen Welt, lässt »Ego« jedoch wie eine Entität klingen, die eine Form und eine Größe hat und wie ein Zahn extrahiert werden könnte. So funktioniert das nicht. Das Ego ist kein

Objekt. Es ist eher wie ein Vorgang, der die Tendenz, sich an fixe Vorstellungen und Identitäten zu klammern und daran festzuhalten, bis zum Ende verfolgt. Was wir Ego nennen, ist in Wahrheit eine sich ständig verändernde Wahrnehmung, und auch wenn es in unserer Lebensgeschichte von zentraler Bedeutung ist, ist es kein *Ding*. Deshalb kann es nicht wirklich sterben, und es kann auch nicht getötet oder transzendiert werden. Diese Tendenz zum Anklammern entsteht, wenn wir den ständigen Flow unseres Körpers und unseres Geistes falsch wahrnehmen und ihn mit einem stabilen, unveränderlichen Selbst verwechseln. Wir brauchen das *Ego* nicht loszuwerden, dieses unveränderliche, stabile und ungesunde Selbstgefühl, denn es hat ja noch nie existiert. Der springende Punkt ist, dass es kein Ego gibt, das man töten könnte. Es ist der Glaube an ein dauerhaftes, unveränderliches Selbst, der stirbt. Der Begriff *Ego* kann dennoch einen nützlichen Bezugswert liefern, doch wir müssen uns davor hüten, etwas bekämpfen zu wollen, was es nicht gibt. Wenn wir den Kampf mit dem Ego aufnehmen, stärken wir paradoxerweise die Illusion des Selbst, was für unsere Bemühungen, zu erwachen, kontraproduktiv ist.

Weil Ego insbesondere unter Buddhisten häufig negativ gewertet wird, wies mein Vater mich oft darauf hin, dass wir auch ein gesundes Ego – oder ein gesundes Selbstgefühl – haben. Das bezieht sich auf diejenigen Aspekte des Selbst, die intuitiv zwischen Richtig und Falsch unterscheiden, Schutz und Schaden auseinanderhalten können und die instinktiv wissen, was tugendhaft und wohltuend ist. Wir stellen uns nur dann ein Bein, wenn wir an diesen fundamentalen Instinkten anhaften und aufgeblähte Geschichten darum herum erfinden. Ich hatte Ego auf positive Art verwendet, um die klösterliche Disziplin zu erforschen und aufrechtzuerhalten. Aber falls ich denken würde: »*Ach, ich bin ein so lupenreiner Mönch, ich halte meine Gelübde so perfekt ein*«, dann hätte ich ein Problem.

Als ich über meine Schwierigkeiten mit *zu viel Neuem auf einen Schlag* nachdachte, konnte ich das Ego-Selbst als Vorgang und nicht als stabiles Ding erkennen. Es gelang mir nicht, alle meine bisherigen Identitäten auf einmal sterben zu lassen. Ich brauchte Zeit. Ich musste mich durch die Schichten durcharbeiten. Ich akzeptierte, dass die Rollen, die ich auf den Scheiterhaufen werfen wollte, künstlich hergestellt und nicht inhärenter Bestandteil meines Selbst waren. Aber sie ließen sich nicht einfach herausoperieren. Ich war in sie hineingewachsen, und ich musste wieder aus ihnen herauswachsen.

Während der Zug durch die Nacht rumpelte, fühlte ich mich von meinen Mitreisenden, von mir selbst und von meinem bisherigen Leben immer noch irgendwie abgekoppelt. Auch wenn ich einigermaßen verstand, was gerade passierte, hatte ich es aber noch nie so sehr aus dem Bauch heraus gespürt. Ich hatte die äußeren Schichten abschälen wollen, aber sie lassen sich nicht wie Klebstreifen abziehen. Und sie bleiben auch nicht passiv, sondern wehren sich, wollen unversehrt bleiben, als wollten sie sagen: *Wenn ihr die Robe Buddhas nicht respektiert, werde ich sie umso stolzer tragen. Wenn ihr nicht anerkennen könnt, dass ich anders bin als ihr, dann werde ich mich von euch absondern, selbst wenn ich damit riskiere, mich noch elender zu fühlen.* Oh, der heimtückische Affe! Welchen Spaß er hatte! Seine Hauptaufgabe ist es, uns einzureden, dass tief im Wirrwarr dieser zusammengeschusterten Konstruktion das *wahre Ich* liegt, das essenzielle, wahre Selbst, das sich nicht ändern kann, das weiterhin an seiner erfundenen Geschichte und an seinen neurotischen Gewohnheiten festhalten muss.

Häufig kehrte ich zu wichtigen Mahnungen zurück, die ich mir wie ein Mantra vorbetete. *Mantra* bedeutet, den Geist schützen, und genau das versuchte ich zu tun, ihn davor bewahren, zu weit in festgefahrene Assoziationen abzuschweifen, die Angst erzeugten. Aber diese Mühe wurde durch meine Unfähigkeit zunichtegemacht, meine Reaktion auf die gegebenen Umstände wirklich zu überwinden, indem *ich* für *sie betete,* für jene bejammernswerten anderen im Zug. Abermals stieg ich wieder in ein eisig kaltes Reich der Beengtheit hinunter. Ich wollte nicht, dass diese unseligen Fremden mit ihren zerlumpten Kleidern und verfilzten, verlausten Haaren jedes Mal über mich stolperten, wenn der Zug schwankte. *Ja, ich strebe an, in allen Situationen ein glücklicher Jogi zu sein … aber diese plärrenden Babys … und der Gestank der überlaufenden Toiletten … Wer bin ich jetzt? Wer hat zugelassen, dass diese durchdringenden Augen-, Ohren-, Geruchs- und Berührungsempfindungen ein Netz spinnen, das mich geschwächt, reizbar und allein zurücklässt?*

Bei einem Stopp konnte ich vom Fußboden auf eine Holzbank umziehen, und nun wurde mein Rücken in die Holzlatten des Sitzes gedrückt. Wenn ich wirklich flexibler werden wollte, blieb mir nichts anderes übrig, als zu irgendeiner Stelle unter die Trennung von Herz und Geist zu sinken. Ich setzte mich mit geradem Rücken auf und senkte den Blick. Ein paar Minuten lang blieb ich nur ruhig sitzen und versuchte, Körper und Geist so gut wie möglich zu entspannen.

Zunächst lenkte ich den Geist darauf, sich leicht auf die Atmung zu legen und ihr nachzuspüren.

Dann legte ich mein Gewahrsein auf die Empfindung an den Rändern der Nasenlöcher, dort, wo die Luft einströmt.

Gewahrsein der Kühle der Luft beim Einatmen.

Gewahrsein der Wärme der Luft beim Ausatmen.

Gewahrsein des schlagenden Herzens.

Gewahrsein des zirkulierenden Blutes.

Gewahrsein des Bauches, der sich weitet.

Sich zusammenzieht.

Gewahrsein des Brustkorbs, der sich weitet.

Sich zusammenzieht.

Nach ein paar Minuten schloss sich kontemplative Besinnung an. Das bedeutet, mehr mit dem Herzen als mit dem Geist zu denken. Ich blieb der Empfindungen gewahr, fügte aber die Dimension von Veränderung hinzu. *Mein Körper bewegt sich … verändert sich … dieser Atem strömt ein und strömt aus … verändert sich, ich atme frische Luft ein, verändere mich, ich atme verbrauchte Luft aus, verändere mich.*

Ich bin Teil dieses Universums. Diese Luft ist Teil dieses Universums. Mit jedem Atemzug verändert sich das Universum. Mit jedem Einatmen verändert sich das Universum. Mit jedem Ausatmen verändert sich das Universum.

Jedes Einatmen füllt meine Lunge. Jedes Einatmen bringt Sauerstoff in mein Blut. Es verändert sich. Der Körper verändert sich.

Jede Empfindung ist temporär. Jeder Atemzug temporär, jedes Heben und Senken temporär. Alles verändert sich, verwandelt sich.

Mit jedem Ausatmen stirbt das alte Ich.

Mit jedem Einatmen wird ein neues Ich geboren.

Werden, Erneuern, Sterben, Wiedergeburt, Veränderung.

Während mein Körper sich verändert, verändert sich auch der Körper aller Menschen, die ich kenne. Der Körper meiner Familie und Freunde verändert sich.

Der Planet verändert sich.

Die Jahreszeiten verändern sich.

Politische Regierungen verändern sich.

Meine Klöster verändern sich.

Das ganze Universum verändert sich.

Ein. Aus. Ausdehnen, Zusammenziehen.

Ich hielt das Gewahrsein der Bewegung und der Empfindungen weiter aufrecht und fügte dann alles hinzu, was mir in den Sinn kam: *Dieser Zug verändert sich, seine Einzelteile nutzen sich von Minute zu Minute mehr ab. Der Bahnhof von Gaya wird langsam baufällig, jener Mann in dem karierten Hemd auf der anderen Gangseite altert, das Baby, das die Frau im roten Sari trägt, wächst, die kleinen Mönche in meinem Kloster lernen neue Lektionen.*

Nach etwa zehn oder fünfzehn Minuten verweilte ich nur ruhig bei den Empfindungen. Nach ein paar weiteren Minuten nahm ich meinen Geist von den Empfindungen fort und blieb nur beim Gewahrsein selbst, bei der lebendigen, fühlenden Qualität, die Empfindungen mit einer unverdorbenen Klarheit jenseits von Begriffen registriert, und blieb dann weitere zehn bis fünfzehn Minuten so sitzen.

Die Verwirrung, die entsteht, wenn wir an unseren Überzeugungen und Erwartungen festhalten, verschleiert die unserem erwachten Geist innewohnende Klarheit, und gleichzeitig ist dieser verwirrte, begriffliche Geist schlicht nicht in der Lage, den Geist jenseits von Begriffen zu verstehen. Wir verwenden Sprache, um Erwachen, Gewahrsein, Leerheit, weite Lichthaftigkeit, Erleuchtung, Verwirklichung und alle möglichen anderen Begriffe zu beschreiben, die sich einer Beschreibung widersetzen. Worte können den Weg weisen, und wir können mit Sicherheit unsere eigene, innere Wachsamkeit erfahren, aber wir können sie nicht begreifen, und jede Vorstellung, die wir vom Erwachen haben, ist weit entfernt von der Erfahrung. Das wird offensichtlich, wenn wir mit unserem Geist zu arbeiten beginnen.

Die meisten Anfänger glauben erst einmal, dass Meditation friedvoll sein soll. Wenn sie sich friedvoll fühlen, schließen sie daraus, dass sie alles richtig machen. Schon bald bricht ein störender Gedanke oder eine störende Emotion hervor, und dies wird als Problem identifiziert. Wir mögen keine Störungen. Mit dieser dualistischen Präferenz legen wir los. Wir wollen ein ruhiges Meer ohne Wellen. Wenn die Wellen kommen, sagen wir, dass wir nicht meditieren können, oder wir mutmaßen, dass das Vorhandensein von Wellen bedeutet, dass wir nicht richtig meditieren. Aber die Wellen kommen so oder so, immer. Was sich verändert, ist die Art, wie wir sie wahrnehmen. Wir können diese Wellen als bedrohliche Monster sehen und versuchen, sie wegzustoßen. Wir können bestimmte mentale Techniken anwenden, um sie zu unterdrücken, oder wir können so tun, als bemerkten wir sie nicht, oder versuchen, ihr Vorhandensein zu leugnen. Aber wenn wir versuchen, die Wellen loszuwerden, gibt es keine Befreiung, und wenn wir den Geist überprüfen, der versucht, die Wellen loszuwerden, werden wir feststellen, dass er in Wirklichkeit an dem Problem festhängt. Er macht aus einer Mücke einen Elefanten. Vom Intellekt her können wir uns sagen, dass *diese Wellen essenziell leer sind*. Wir können mit den Vorstellungen und Begriffen der Leerheit spielen und uns mit intellektueller Logik einreden, dass die Welle *in Wirklichkeit* gar kein Monster ist. Aber in unserem Herzen *spüren* wir noch immer die Bedrohung, und darauf reagiert es, um uns zu schützen. Dies beschreibt die erste Phase beim Arbeiten mit dem Geist.

In der nächsten Phase lernen wir, den Geist im weiten, nichtbegrifflichen Aspekt des Geistes ruhen zu lassen, der das begrenzte Selbst transzendiert. Die Wellen mögen immer noch beängstigend sein, aber wir erhaschen nun einen ersten, kurzen Blick auf die unendliche Weite des Meeres unter der Oberfläche, und das gibt uns größeres Vertrauen, sie einfach in Ruhe zu lassen. Wir sehen sie noch nicht als einfach *nur* Wellen, doch unsere Perspektive ist so viel größer als die Wellen geworden. Unsere persönlichen Geschichten von Angst und Verlust, von Zurückweisung und Selbstvorwürfen sind immer noch da, aber sie durchdringen nicht jeden Winkel unseres Kopfes. Unser fixierter Geist hat sich ein wenig gelockert, und wenn wir erkennen, dass unsere eigene Version von Realität innerhalb einer riesigen, unpersönlichen Erfahrung von Realität existiert, dann bringen uns dieselben Geschichten nicht mehr so durcheinander. Wir könnten etwa auf Gedanken wie diesen kommen: *Oh, auf der Oberfläche meines Geistes baut sich eine Welle auf.* Oder: *Da ist ein Monster in meinem Kopf. Alles gut, kein Problem.* Wir können das Problem anerkennen, ohne darauf zu reagieren. Wir sehen es, aber wir *spüren* es nicht mehr so stark wie vorhin. Das Verständnis von Leerheit sinkt vom intellektuellen Kopf auf das empirische, fühlende Herz. Das Verhältnis verschiebt sich: Je mehr wir in Anerkennung des weiten, leeren Geistes ruhen und je mehr wir die Weisheit der Leerheit verleiblichen, umso weniger wirken sich die Störungen auf uns aus. Die Welle ist da, aber nun ist sie nur noch eine winzige Bewegung in der unermesslichen Weite des Meeres. Aber in diesem Stadium bleiben wir noch immer auf der Oberfläche bei den Wellen hängen und verlieren den Kontakt zum Meer darunter.

In der dritten Phase tritt die Welle nicht mehr als Problem auf. Sie ist immer noch eine Welle – hoch oder flach –, aber wir bleiben nicht darin hängen. Es macht uns nichts mehr aus, im Meer selbst zu ruhen. Das Meer wird nicht ruhig und still. Das ist nicht die Natur des Meeres. Aber nun sind wir so vertraut mit der ganzen Ausdehnung des Meeres, dass uns selbst die größten Wellen nicht mehr stören. So können wir nun unsere Gedanken und Emotionen erfahren, selbst jene, von denen wir uns unser ganzes Leben lang befreien wollten. Jede Regung des Geistes und jede emotionale Reaktion ist immer noch einfach eine kleine Welle auf der unermesslichen Oberfläche des erwachten Geistes.

Auch wenn der Geist immer frei ist, bleibt er in selbst auferlegten Zwängen gefangen. Sich auf ein Sinnesobjekt zu konzentrieren kann den Geist davor schützen, sich von den Wellen überwältigt zu fühlen. Sich beispielsweise auf eine Blume zu fokussieren oder darauf, den Rauch eines Räucherstäbchens zu beobachten, kann den Geist davor bewahren, sich zwanghaft mit Eheproblemen oder einem Geschäftsvorhaben zu beschäftigen. Ein solcher Fokus kann zwar vorübergehende Erleichterung bringen, verhindert aber, dass wir Freiheit erfahren. Wenn wir uns mit unserem eigenen Gewahrsein verbinden, dann können wir mit allem zurechtkommen, was geschieht: mit den hohen Wellen, wenn Nahestehende sterben und Beziehungen enden, und mit dem leisen Kräuseln, wenn Computer streiken und Flüge sich verspäten. Keine Welle behält ihre Form; alle Wellenkämme brechen. Lassen Sie es geschehen. Lassen Sie sie vorüberziehen. Werden Sie größer als der Gedanke, größer als die Emotion. Alles ist *immer* im Fluss; dadurch, dass wir es geschehen lassen, ermöglichen wir schlicht die innewohnende Bewegung. Wir können Vorlieben und Verlangen registrieren, doch ihnen nachzujagen blockiert den Fluss der Veränderung. Gewahrsein enthält Vergänglichkeit, nicht andersherum. Aber etwas haben sie gemeinsam: Unsere Befreiung kommt vom Erkennen.

Es geschehen zu lassen macht es möglich zu erkennen, dass unsere wahre Natur frei von Problemen, Kummer und Leiden ist und dass das schon immer so war. Wenn wir nicht mehr versuchen, die Oberfläche zu beruhigen, und wenn wir akzeptieren, dass eben die Veränderung in der Natur des Ozeans liegt, dann beginnen wir diese innere Freiheit zu erfahren. Aber das ist nicht die Freiheit *von* Kummer und Sorgen. Es ist Freiheit, die *mit* Kummer und Sorgen erfahren werden kann. Wir werden von Leiden befreit, wenn wir die Realität korrekt wahrnehmen. Das bedeutet, dass wir die Einsicht und die Erfahrung haben zu wissen, dass unser Geist so viel unermesslicher ist, als wir allgemein vermuten. Wir sind nicht die Größe und die Form unserer Sorgen. Die Realität *wie-sie-ist* zu erkennen macht Erkennen und Befreiung zeitgleich. Im Zug nutzte ich die Kontinuität der Veränderung immer dann, wenn mein Geist von starken Windböen davongetragen wurde, denn damit brachte ich mich wieder zu bedingungslosen Wahrnehmungen zurück. *Lass es geschehen*. Hätte ich durch meine Erfahrungen und die

Belehrungen, die ich genossen hatte, nicht vollkommen darauf vertraut, dass Veränderung konstant ist und dass wir niemals vom weiten, himmelähnlichen Geist getrennt werden, hätte mich vielleicht mein Mut verlassen, weiterzumachen. Und nun, ohne Freunde, ohne Obdach, ohne Diener, ohne Schüler, ohne meine Rolle als Lehrer, war mein einziger Schutz mehr denn je mein Geist. Und ich musste darauf vertrauen, dass der Tod auch dann zur Wiedergeburt führt, wenn uns dieses Vertrauen beim Prozess des Sterbens entgleiten kann.

Die meisten von uns sind nach Verlusten viele Male regeneriert worden. Eine Scheidung, die sich wie der Tod selbst anfühlt, kann zu einer glücklicheren, gesünderen Beziehung führen. Der Alptraum, gekündigt worden zu sein, entpuppt sich am Ende als das Beste, was einem hatte passieren können. Eine kräftezehrende Krankheit, die zunächst Schrecken und Verweigerung hervorruft, wandelt sich zu einer neuen Dimension von Mitgefühl. Aber wir tendieren dazu, nicht darauf zu vertrauen, dass diese Saat zur Wiedergeburt in der Veränderung, im Verlust und im Tod von Lebenssituationen existiert. Ich vertraute weiterhin darauf, dass die Brände, die ich absichtlich angefacht hatte, positive Veränderungen hervorrufen würden, doch in diesem Augenblick hatte ich keine Vorstellung, wie das geschehen sollte.

Im Zug rief ich mir manchmal Gespräche mit Schülern in Erinnerung, um etwas daraus zu lernen. Einmal kam eine junge Freundin aus Hongkong zu Besuch. Erst kurz zuvor hatte sie einen großen Karrieresprung gemacht, als sie die Welt des großen Business verlassen und eine Position in einer internationalen NGO angenommen hatte. Doch sie stellte fest, dass die alte Stelle ihr sympathischer gewesen war. Zuständigkeiten und Aufgabengebiete der Mitarbeiter waren besser organisiert gewesen, und sie hatte ihre Ziele effizienter erreicht. In ihrer alten Funktion hatte sie sich als produktiver empfunden, und nun verglich sie ihre neue Situation ständig mit der alten und fand bei ihrem neuen Job immer ein Haar in der Suppe.

Das hört sich an, als wolltest du deinem neuen Job keine Chance geben, sagte ich.

Sie räumte ein, dass sie sich nicht von dem trennen konnte, was ihr am meisten vertraut war.

Ich fragte: *Was hältst du davon, diese Zeit als eine Art Trauerzeit zu sehen? Etwas ist gestorben, und du betrauerst den Verlust. Du bleibst dir der Gefühle dieses Verlusts gegenwärtig, und sobald du irgendeiner Lösung nähergekommen bist, kannst du weitermachen.*

Sie sagte zu mir: *Ich verstehe die Vorteile, Veränderung und Vergänglichkeit anzuerkennen. Aber diese Veränderungen als eine Art Sterben zu betrachten kommt mir vor, als würde ich den Tod geradezu einladen.*

Ich sagte zu ihr: *Ja, lad ihn ein. Trink Tee mit ihm und freunde dich mit ihm an. Dann brauchst du dir um nichts mehr Sorgen zu machen.*

Sie lachte, versprach aber, es zu versuchen.

Ich selbst hatte den Tod eingeladen. Den Tod der Identität. Selbstbewusst, vorsätzlich. Ich hatte mir gewünscht, meinen alten Job aufzugeben und externe Identitäten zu verbrennen. Aber wie die Frau, die ihren Job gewechselt hatte, widersetzte ich mich meiner neuen Situation. *Was werde ich im Bardo machen?*

KAPITEL 6

Was wirst du im Bardo machen?

Was wirst du im Bardo machen?, hatte mein Vater gefragt.

Einer meiner älteren Brüder war in einen dicht besiedelten Stadtteil von Kathmandu umgezogen, und nach ein paar Monaten besuchte er uns in Nagi Gompa. Mein Bruder beklagte sich über die hupenden und knatternden Autos und über die Hunde, die die ganze Nacht bellten. Er verzog das Gesicht, als er von Hindi-Liebesliedern erzählte, die aus Transistorradios plärrten, und von falschen Gurus, die über Lautsprecher ihre Moralpredigten verbreiteten.

Ich kann nicht meditieren, ich kann keine mentale Haltung bewahren. Ich schlafe unruhig und bin ständig gestresst, erklärte er.

Mit echter Besorgnis in der Stimme hatte mein Vater vorsichtig gefragt: *Was wirst du im Bardo machen?*

Von ihrem Austausch blieb mir in Erinnerung, dass die Stadt sich spannend anhörte und ich es kaum erwarten konnte, meinen Bruder dort zu besuchen. Und auch wenn ich keine Ahnung hatte, was *Bardo* bedeutete, vermutete ich instinktiv, dass mein Vater meinen großen Bruder rügte und dass ihr Gespräch sehr amüsant für mich war.

In meiner Tradition erforschen wir sechs verschiedene

Zwischenzustände in Leben und Tod, die *Bardos* genannt werden. Die Vergänglichkeit rahmt den ganzen Zyklus ein und ist im *natürlichen Bardo dieses Lebens,* der Spanne vom ersten zum letzten Atemzug, von besonderer Bedeutung. Solange wir die Wahrheit der Vergänglichkeit nicht akzeptieren, werden Unwissenheit und Verwirrung unsere Tage verdunkeln. Eine kurze Einführung: Im Bardo dieses Lebens gibt es die Bardos des Schlafs und der Meditation. In den ersten drei Bardos – dieses Leben, Meditation und Schlaf – bleibt der Schwerpunkt darauf gerichtet, uns tagsüber und in der Nacht mit dem Geist vertraut zu machen. In diesem Leben ist nichts so vorteilhaft für unsere kostbare, menschliche Existenz, wie uns mit unserem eigenen Geist vertraut zu machen, und um das zu erreichen, ist im Wesentlichen die Meditation das wirksamste Werkzeug. Nach diesem Leben betreten wir den vierten Bardo, den Bardo des Sterbens, der mit dem unumkehrbaren Verfall unseres Körpers beginnt. Der fünfte Bardo, genannt der Bardo des *Dharmata,* ist ein traumähnlicher Übergang, der zum letzten Bardo führt, dem Bardo des Werdens. Am Ende dieses sechsten Bardos werden wir in einer neuen Form geboren, und der Bardo dieses Lebens beginnt von Neuem.

Wenn mein Vater fragte: *Was wirst du im Bardo machen?,* bezog er sich auf den *Bardo des Werdens,* auf die Phase zwischen Sterben und Wiedergeburt – eine Zwischenperiode, die für die Menschen, die in diesem Leben keine mentale Gelassenheit gepflegt haben, mit Schwierigkeiten vollgepackt ist. Doch wie das Dilemma meines Bruders andeutete, betrifft *zwischen* auch einen gestörten Geist in diesem Leben. Mein Bruder stand *zwischen* einem ruhigen Landleben und einem lauten, städtischen Experiment; er stand zwischen dem Alten und Vertrauten und dem Neuen und Unbekannten, zwischen Vergangenheit und Gegenwart.

Die Frage meines Vaters, die er an jeden von uns richtete, ist folgende: *Was wirst du inmitten beängstigender Geräusche machen? Oder in einem überfüllten, stinkenden Zug? Oder bei einem terroristischen Anschlag, in einem Krieg oder, oder … bei allen zahllosen, ungewollten Lebensumständen, etwa der Diagnose einer Krankheit, einem platten Reifen, dem Gefühl, herabgewürdigt, nicht respektiert oder zurückgewiesen zu werden? Was wirst du machen, wenn du dein Leben durch ungewollte Umstände als unterbrochen erlebst? Wirst du einen stabilen Geist behalten, der dem Rechnung tragen kann, was du nicht willst, und der dir und anderen sogar von Nutzen sein kann? Oder wird es dich aus Angst, Wut oder Kontrollverlust innerlich zerreißen? Wie handeln wir, wenn wir nicht bekommen, was wir wollen, oder wenn wir nicht wollen, was wir haben?*

Ich bin jetzt gerade im Bardo des Werdens, zwischen dem Tod des alten Ichs und der Geburt dessen, was als Nächstes kommt. Werden und Werden, immer im Bardo des Unbekannten, des Ungewissen, des Vorübergehenden.

Normalerweise verstehen Tibeter die Bardos als Abschnitte von der physischen Geburt bis zur Wiedergeburt. Aber viele Lehrer, darunter auch mein Vater und Saljay Rinpoche, haben die Bardo-Belehrungen als innere Reise des Geistes übermittelt, und so verstehe ich das jetzt auch. In der üblichen Lesart des Bardos des Werdens betreten wir eine Phase zwischen dem physischen Tod dieses Körpers und der Wiedergeburt in einer neuen Form. Der Geist verliert seine lebenslange Verankerung und besteht nach dem Tod des Körpers fort. Aber in einem weiter gefassten Sinn brauchen wir nicht zu warten, bis wir physisch sterben, um den Bardo des Werdens kennenzulernen. Die meisten von uns haben viel Erfahrung damit, sich gesund und stabil zu fühlen, und irgendwann geht dann alles in die Binsen. Wir können uns nicht mehr zusammenreißen, das Flickwerk dröselt sich auf, und wir verlieren den Boden unter den Füßen. Wir stellen fest, dass wir uns zwischen einem Seelenzustand und einem anderen befinden. In extremen Fällen finden wir uns in gänzlich unvertrauten, beängstigenden, mentalen Landschaften wieder. Diese Erfahrungen, dass uns alles entgleitet, treten üblicherweise bei traumatischen Ereignissen auf, die mit Schockzuständen und Umbrüchen einhergehen. Alltägliche Ereignisse mit Liebeskummer oder Verlusten sind oft so qualvoll und unerwartet, dass sie vertraute Vorstellungen, die wir von uns haben, erschüttern können. Das ist die gleiche Art von Erfahrung, die wir machen könnten, wenn wir zum allerersten Mal ganz allein auf uns gestellt die Hölle eines Bahnhofs betreten. Es reißt uns von den Füßen, und wir meinen zu fallen oder zu ertrinken, zu versinken. Verzweifelt kämpfen wir darum, wieder festen Boden unter uns zu spüren, uns sicher und aufgehoben zu fühlen, selbst wenn wir Sicherheit als eine kleine Insel vertrauten, mentalen Territoriums identifizieren, die an falsche Wahrnehmungen gewöhnt ist.

Bardo kann auch als *genau dieser Augenblick* verstanden werden. Das Hier und Jetzt dieses Augenblicks ist das fortgesetzte, zeitliche wie räumliche Aussetzen (oder die Pause) zwischen unseren transitorischen Erfahrungen, wie das winzige Aussetzen, das zwischen diesem und dem nächsten Atemzug stattfindet oder das Aufkeimen und Verblassen dieses Gedankens und des nächsten. Das Intervall kann auch als Dazwischen zweier Objekte erlebt werden: Die Lücke zwischen zwei Bäumen oder zwei Autos, der Raum, der Definition liefert. Und wir können das Intervall auch als die Leerheit verstehen, die es uns ermöglicht, Form zu erkennen. Eigentlich ist *alles* dazwischen. Wie winzig dieses Intervall auch sein mag, es existiert und es ist immer begrenzt. Auf der ganzen Welt existiert alles neben oder »zwischen« etwas anderem. Aus diesem Blickwinkel wird die – eigentlich exklusiv für den Zustand zwischen Tod und Wiedergeburt gebrauchte – Bezeichnung »Zwischenzustand« zum Prototyp für Übergänge, die innerhalb dieses Lebenszyklus stattfinden. Und die verschiedenen Bardo-Stufen zeigen demnach, wie diese ikonischen Übergänge von Tod zu Leben in Alltagserfahrungen zutage treten.

Ohne ein gewisses Verständnis für die natürlichen Übergänge kann man sich leicht festfahren. Vor vielen Jahren las ich einen Zeitungsartikel über eine Frau, die nach dreißig Jahren Ehe die Scheidung einreichte. Diese Frau klagte nicht wie üblich über Untreue und Verlassenwerden, sondern erklärte dem Richter: *Er ist nicht der Mann, den ich geheiratet habe.*

Was wäre, fragte ich mich nun selbst, wenn wir Beziehungen ähnlich beginnen könnten wie eine Zugfahrt? Wir wissen, dass der Zug losfahren, anhalten und weiterfahren wird, durch wechselnde Landschaften und Witterungsverhältnisse. Was wäre, wenn wir Beziehungen in dem Wissen beginnen, dass der Nervenkitzel einer neuen Liebe, die Begeisterung über eine neue Geschäftsbeziehung oder die erste Begegnung mit einem spirituellen Mentor in der

Zukunft nicht das Gleiche sein wird wie zu Anfang? Was wäre, wenn wir erwarteten, dass neue, positive Lebensverhältnisse sich verändern, statt dass wir uns wünschen, sie blieben gleich? Der Zug hat viele Aufenthalte. Wir versuchen nicht, sie auszudehnen, und wir erwarten nicht, dass der Zug an einem Ort stehenbleibt. Er fährt durch Orte, wie wir durch die Bardos gehen. Die Bardos zeigen uns, dass sich alles immer im Übergang befindet. Und unabhängig davon, ob sich *Werden* auf die Übergänge zwischen mentalen Identifikationen innerhalb dieses Lebens oder über viele Lebensspannen hinweg bezieht, so bleibt die Herausforderung doch dieselbe: uns zu befreien, indem wir uns von der Anhaftung an unsere selbst erfundenen Geschichten lösen.

Auch wenn wir den genauen Anfang oder das genaue Ende von irgendetwas nicht bestimmen können, und das gilt auch für die Bardo-Phasen, so kann es dennoch hilfreich sein, Merkmale zu Kategorien zusammenzufassen. Jeder Bardo trägt Eigenschaften zusammen, die für jede Phase unserer Reise typisch sind. Durch die charakteristischen Eigenschaften des natürlichen Bardos dieses Lebens bieten sich uns Möglichkeiten des Erwachens, die zwar nicht gleichzusetzen sind mit den Möglichkeiten im Moment des Sterbens, die jedoch mit diesen in wechselseitiger Abhängigkeit stehen. Uns mit den besonderen Gelegenheiten vertraut zu machen, die uns auf jeder Stufe das Erwachen ermöglichen, bedeutet auch, zu erkennen, wo und wann sich uns beste Chancen bieten, Verwirrung in Klarheit zu verwandeln.

Mit Hilfe der Atmungsübungen verlangsamte sich die Geschwindigkeit des anhaftenden Geistes, was es mir ermöglichte, mich mit der subtilen Ebene der ständigen Veränderung zu verbinden. Jede Gelegenheit, die die Aufmerksamkeit auf Veränderung richtet, hilft uns, das Verständnis von Vergänglichkeit als unveränderlichen Zustand unseres Lebens zu stabilisieren. Als ein Weg zur Befreiung muss die intellektuelle Anerkennung von Vergänglichkeit in die verleiblichte Erfahrung eingebunden werden. Dann bekommen wir mehr Unterstützung, uns nicht mehr an diejenigen Dinge zu klammern, die wir nicht festhalten können, egal, ob damit unser eigener Körper, der Körper der Menschen, die wir lieben, unsere Rollen oder unser Ansehen gemeint ist.

Selbst im Zug hatte ich flüchtige Blicke auf das nackte Gewahrsein erhascht, das frei ist von Wellen. Nicht ganz frei, aber doch überwiegend frei. Flüchtige Einblicke in das ursprüngliche Gewahrsein können transformativ sein, aber es bedarf einiger Anstrengung, den Blick zu stabilisieren. Deshalb sagen wir: *Kurze Augenblicke, oft wiederholen*. Sehr, sehr oft. Ja, ich hatte etwas über Vergänglichkeit gelernt, und ich hatte mit Sicherheit den Nutzen meines Trainings verleiblicht, allerdings innerhalb vertrauter, abgeschotteter Grenzen, mit Sicherheitsmaßnahmen und mit Schutzvorrichtungen.

KAPITEL 7

Lektionen von Milarepa

Ein Leben in Obdachlosigkeit zu wählen weicht von der Konvention ab, doch ich folgte den Fußstapfen Milarepas, des in Tibet am meisten geschätzten Heiligen, und den Spuren von Tilopa und anderer Gelehrter meiner Übertragungslinie. Während meiner Wanderjahre waren diese Vorfahren meine Begleiter, und im Zug nach Varanasi besuchten sie mich oft, am häufigsten Milarepa, der Held meiner Jugendjahre.

Milarepa hatte eine Landschaft durchwandert, die wie mein Distrikt Nubri aussah. Mein Dorf liegt am Fuß des Manaslu, des achthöchsten Berges der Welt. Bei dem Gedanken, ich würde wie Tilopa Fischeingeweide essen, hatte es mich geschüttelt, und obwohl Milarepa von den Nesseln, seiner Hauptnahrung, grün geworden war, wollte ich es ihm gleichtun: Ich wollte unter den Sternen schlafen und mich in der Wildnis heimisch fühlen. Mila, wie er liebevoll genannt wird, hatte in einem Leben so viele Inkarnationen, dass sein Weg Mitgefühl und Gewalt, Überfluss und Armut, Elend und Barmherzigkeit miteinander verflocht. Nichts von meinem Verständnis oder meinen Abenteuern kann auch nur im Entferntesten einem Vergleich mit dem standhalten, was

Milarepa geleistet hat, doch die Fülle seines Lebens – so viel wir von den Anfängen bis zu seinem Ende wissen – hat die Grenzen meiner Möglichkeiten erweitert.

In seiner Kindheit ertrug Mila ein Elend, das ich nie kennenlernen würde. Sein Vater war ein erfolgreicher Wollhändler gewesen, der starb, als Mila und seine jüngere Schwester Kinder waren. Eine Tante und ein Onkel machten sich augenblicklich die Situation einer machtlosen Witwe zunutze, rissen sich die Ländereien der Familie unter den Nagel und zwangen die rechtmäßigen Besitzer in die Leibeigenschaft. Mila musste, auf Hände und Knie gestützt, der Tante seinen Rücken als Sitz zur Verfügung stellen, als sei sie die Kaiserin von China. In der gleichen Körperhaltung diente Milas Rücken seinem Onkel als Schemel, wenn dieser sein Pferd bestieg. Milas Mutter war Zeugin dieser Erniedrigungen, und als ihr Sohn zum Teenager herangewachsen war, ermunterte sie ihn, bei einem örtlichen Hexenmeister die Schwarze Magie zu lernen. Ein Jahr später, als die böse Tante und der Onkel gerade an einer Hochzeitsfeier teilnahmen, legte ein Hagelschauer, den Mila herbeigezaubert hatte, das Haus in Schutt und Asche, das fünfunddreißig Festgäste unter sich begrub.

Zu diesem Zeitpunkt war Mila schon in Wohlstand geboren, in Knechtschaft wiedergeboren und ein weiteres Mal in Vergeltung wiedergeboren. Milas Mutter war überglücklich über die Vernichtung ihrer Feinde, lief im Dorf herum und proklamierte ihren Sieg. Mila allerdings beteiligte sich nicht an den Jubelfeiern. Fest entschlossen, Buße zu tun, dass er so viel Leid verursacht hatte, verließ er bald das Dorf, nachdem er abermals in das Leben eines Suchenden wiedergeboren wurde.

Als Kinder lernten wir von Milarepa, dass Glücklichsein nicht von den Lebensumständen abhängt. Seine grenzenlose Genügsamkeit in bitterkaltem Wetter ohne Essen und ohne Kleidung machte ihn zu einem göttlichen Wesen, doch seine Geschichte als Mensch machte sein Leben erreichbar, auch wenn seine Leistung unerreichbar bleibt. Dieser Tatsache und den Extremen in Milarepas Lebensgeschichte zum Trotz, markieren Tod und Wiedergeburt die Geschichte eines jeden Menschen. Wir alle werden durch Liebe und Verlust, durch Beziehungen, Arbeit, Güte und Tragödie umgewandelt. Aber wir fürchten uns vor Veränderungen, denn wenn wir uns mit einem bestimmten Verhaltensmuster identifizieren, kann es uns, wenn wir es aufgeben, wie der Tod selbst vorkommen. Oft wird das unausgesprochene Grauen vor dem in der Ferne liegenden physischen Tod mit einer unmittelbareren, täglichen, dringlicheren, wenn auch nicht eingestandenen Furcht vor dem Zerfall des Selbst verwechselt. In gewisser Weise wissen wir, dass die Kennzeichen, die unsere Identitäten ausmachen, nicht real sind, und wir könnten befürchten, dass diese Kennzeichen sich wie Masken auflösen, abfallen und uns auf eine Weise bloßstellen, die wir nicht riskieren wollen. Davor graut uns vielleicht noch mehr als vor dem physischen Tod selbst. Das Grauen vor dem physischen Tod hat so viel mit dem Tod des Ego-Selbst, dem Tod der Masken zu tun. Aber wenn wir erkennen, dass es eine höhere Realität gibt, in der wir leben, dann werden wir vielleicht auch weniger Angst vor unserer eigenen Authentizität haben.

Als Milarepa loszog, um nach Hilfe zu suchen, hatte er keine Ahnung, wohin es ihn verschlagen würde. Aber er hatte etwas, was wir vielleicht *Glauben* nennen könnten, ein gewisses Zutrauen in seine Fähigkeit, seinen Weg zu finden.

Selbstvertrauen kann nur reifen, wenn wir Ungewissheit in Kauf nehmen. Diese Lektion begann ich gerade erst zu lernen. Als ich zum ersten Mal nach Sherab Ling kam, war ich einer von vielen Novizen, die Milarepa bewunderten und danach strebten, sein Leben und seine Übertragungslinie zu ehren, nur wusste ich nicht, wie ich das am besten anstellen sollte. In dem Brief, den ich meinen Schülern hinterließ, hatte ich geschrieben:

… Während meines ersten Dreijahresretreats hatte ich das Glück, bei einem großen Meister, Saljay Rinpoche (1910–1991), zu lernen. Um die Mitte des dritten Jahres sprachen ich und ein paar weitere Retreat-Teilnehmer den Rinpoche an und baten ihn um seinen Rat. Das Retreat war von großem Nutzen für uns gewesen, und wir fragten ihn, wie wir helfen könnten, diese kostbare Übertragungslinie aufrechtzuerhalten. »Praktiziert!«, sagte er zu uns. Milarepas frühes Leben war geprägt von Elend und Mühsal. Ungeachtet all des schlechten Karmas, das er als junger Mann verursacht hatte, überwand er irgendwann seine dunkle Vergangenheit und erlangte vollkommene Erleuchtung, als er in einsamen Höhlen tief in den Bergen lebte. Nach seiner Erleuchtung glaubte Milarepa, dass er nun nicht mehr länger in den Bergen bleiben musste. Er beschloss, in bewohntere Gebiete hinunterzusteigen, wo er unmittelbar helfen konnte, das Leid anderer zu lindern. Eines Nachts, nicht allzu lange nach seiner Entscheidung fortzugehen, träumte Milarepa von seinem Lehrer Marpa. In dem Traum ermunterte Marpa ihn, im Retreat zu bleiben und meinte, dass sein Beispiel das Leben zahlloser Menschen berühren würde.

... Marpas Prophezeiung erfüllte sich. Obwohl Milarepa fast sein ganzes Leben in abgelegenen Höhlen verbrachte, inspiriert sein Beispiel seit Jahrhunderten Millionen von Menschen. Dadurch, dass er zeigte, wie wichtig es ist, im Retreat zu praktizieren, beeinflusste er die gesamte Tradition des tibetischen Buddhismus. Seiner Hingabe ist es zu verdanken, dass Tausende und Abertausende Meditierende die Qualitäten der Erleuchtung manifestiert haben.

Rinpoche antwortete: »Ich habe fast mein halbes Leben im Retreat verbracht. Das ist eine ausgezeichnete Methode, anderen zu helfen. Wenn ihr die Übertragungslinie bewahren wollt, transformiert euren Geist. Die wahre Übertragungslinie werdet ihr nirgendwo sonst finden.«

Draußen war es immer noch Nacht; von Tagesanbruch keine Spur. Die meisten Menschen schliefen, wenige sprachen miteinander. Auch wenn ich bestimmt nicht länger als seit fünf Stunden in diesem Zug war, fühlte es sich wie eine Ewigkeit an. Ich war durch bizarre Landschaften gereist, war in einer Minute noch im Reich der Höllenwesen gewesen und sehnte mich in der nächsten nach Schutz wie eine Kreatur im Reich der Hungergeister, die niemals Befriedigung erfahren. Dann zurück zur Meditation und dazu, meinen Geist zu sammeln, um einfach zu *sein* – ohne die Verzerrungen. Angst, Verzweiflung, ein kurzes Aufflackern von Mut und offenes Gewahrsein. *Meine erste Nacht. Ich lerne, dass ich mir den Geist des Wanderjogis nicht über Nacht aneignen kann.*

Zum ersten Mal erfuhr ich von den *sechs Daseinsbereichen,* als ich meinen ältesten Bruder Chokyi Nyima Rinpoche in seinem Kloster in Boudhanath, einem Stadtteil von Kathmandu, besuchte. Ich muss sechs oder sieben Jahre alt gewesen sein. Ein älterer Mönch war beauftragt worden, mich im Tempel herumzuführen. Vor einem großen Gemälde des Lebensrads blieben wir stehen, wo er begann, mir geduldig das ganze Rad zu erklären, ein kompliziertes Diagramm konzentrischer Kreise. Der markanteste Ring ist wie ein Kuchen in sechs Reiche unterteilt; in jedem Kuchenstück wird ein typisches Leiden dargestellt. Jedes Leiden birgt die Chance, zu Weisheit umgewandelt zu werden. Yama, der Herrscher des Todes, hält das ganze Rad fest in seinem Griff.

Der alte Mönch konzentrierte sich wie viele Lehrer der alten Schule, wie ich noch herausfinden sollte, auf die furchterregendsten, unteren Reiche: auf die Höllen und das *Reich der Hungergeister,* in dem spindeldürre Strichmännchen mit dünnen, langgezogenen Kehlen und aufgeblähten Bäuchen wohnen. Er schwadronierte ohne Ende, und ich wurde unruhig. Ich wollte seine Belehrungen über *Samsara,* das Leiden und die Verwirrung dieses Lebens, nicht hören. Außerdem hatte mein Vater, der meiner Einschätzung nach mehr über alles auf der Welt wusste als irgendjemand sonst, mir bereits erklärt, dass die Hölle ein Geisteszustand sei und kein Ort. Er hatte mir eingetrichtert, dass grauenerregende Beschreibungen der heißen und kalten Höllen sich nicht auf das nächste, sondern auf dieses Leben bezogen. Deren wahre Absicht, erklärte er, ist es, uns zur selbstauferlegten Bestrafung aufzuwecken, die wir durch Wut verursachen. Wenn wir aus Wut heraus handeln, bestrafen wir andere *und* uns. Unser Gleichmut löst sich in Luft auf. Unsere Herzen verschließen sich. Die Fähigkeit, Liebe zu geben und zu empfangen, erstarrt augenblicklich. Aus unserer eigenen

Entrüstung heraus sagen wir zu anderen: *Scher dich zum Teufel*. Mein Vater hatte mir auch erklärt, dass unser neurotisches Herumwirbeln im Rad des Leidens die Saat der Befreiung enthält und dass das Reich der Menschen die beste Chance zur Erweckung bietet. Das hieß, dass ich in diesem Leben erleuchtet werden konnte, und ich wollte einfach nur Meditieren lernen und vom Rad herunterkommen, aber der alte Mönch sagte mir nicht, wie ich das anstellen sollte. Ich drehte mich um und rannte los, um meinen Bruder zu suchen.

Auf dem Rad führen die sechs Reiche von geringeren zu immer größeren Qualen, auch wenn wir sie nicht in einer bestimmten Reihenfolge erleben und sie nicht allzu wörtlich nehmen sollten. So brauchen wir zum Beispiel nicht wohlhabend zu sein, um die Charakteristiken des Reichs der Götter zu erfüllen. Aber die Merkmale dieses Reichs unterscheiden einen Menschen oft von anderen, und Wohlstand kann dazu verwendet werden, um einen Menschen herauszustellen oder über andere zu erheben. Mein eigenes Gefühl, mich von anderen zu unterscheiden, war zum Teil ein Ergebnis meiner privilegierten Erziehung, meiner Rolle und meiner Position innerhalb der Klostermauern. Diese Funktionen selbst sind schon eine Form von Separierung, obwohl mich gerade diese Umstände dazu getrieben haben, die Unwägbarkeiten des anonymen Wanderlebens auf mich zu nehmen. Im Bahnhof von Gaya und im Zug fühlte sich dann der Schock, allein zu sein, wie ein Höllenreich an. Als ich Terga verlassen hatte und das Taxi nicht aufgetaucht war, hatte ich das Unwissen des Reichs der Tiere betreten, denn ich hatte meinen Verstand nicht eingesetzt, und später kehrte ich zum tierischen Geist zurück, da ich auf Geräusche reagiert hatte, ohne zuvor deren Herkunft oder Auswirkungen zu eruieren. Im Hungergeisterreich der unstillbaren Gier fühlte sich die Sehnsucht nach Schutz wie ein Durst in meinem Herzen an. Das Reich der Halbgötter manifestiert Eifersucht, da seine Bewohner sich unentwegt in das Reich der Götter wünschen. Als Kind und ganz besonders als ich ein Junge war und mich danach sehnte, den wachsamen Augen meiner Betreuer zu entwischen, war ich eifersüchtig auf diejenigen gewesen, die mehr soziale Freiheiten als ich hatten. Doch auf dieser Fahrt war ich ein wenig gekränkt, da ich vollkommen ignoriert wurde, und mein Geist machte sofort einen Satz ins Reich der Götter zurück, denn ich konnte den Mief des Stolzes riechen.

Wir kennen die schädliche Macht negativer Emotionen. Wir erforschen die Reiche, um etwas über die Fluidität des Geistes zu lernen. Alles, was uns die Konstanz der Veränderung demonstriert, wozu auch die Lebensgeschichte von Milarepa gehört, hilft, unsere Anhaftung an Beständigkeit zu demontieren. Bis jetzt hatte mich noch keines der Reiche als Dauermieter behalten wollen. Ich war ein Reisender, nur auf der Durchreise, und ich hoffte, mich im Reich der Menschen anzusiedeln, wo wir genügend über das Leid wissen, um ihm ein Ende zu setzen, und wo wir so viel über Glücklichsein wissen, um mehr davon anzustreben.

Das Rad steht für Kreislauf, Bewahren und Leiden. Doch jeder Augenblick bietet eine Chance, aufzuwachen. Ohne dass uns bewusst wird, weshalb wir uns so verhalten, wie wir uns verhalten, werden die Muster, die uns im *Samsara* unsere Runden drehen lassen, durch wiederkehrendes Verhalten noch verstärkt. Unsere Handlungen von heute tendieren dazu, unserer Vorstellung von dem zu entsprechen, wer wir gestern waren. Und das führt genau das Verhalten fort, das unsere Kapazität zur Veränderung einschränkt und unsere Tendenzen in Muster umwandelt, die unveränderlich erscheinen. Das ist die Natur des Karmas. Aspekte unserer Vergangenheit werden in jeden neuen Augenblick weitergetragen. Gleichzeitig bietet jeder neue Augenblick auch eine Chance, sich auf neue Art auf alte Muster zu beziehen. Wenn wir diese Möglichkeiten nicht am Schopf packen, dann gibt es nichts, was das vererbte Karma negativer Geisteszustände unterbrechen kann. Wir haben von Natur aus einen freien Willen, doch dieser entsteht nur aus einem untersuchten Geist. Unsere Zukunft wird durch eine frühere Konditionierung beeinflusst, aber weder durch sie festgelegt noch bestimmt. Bis wir lernen, wie wir unseren Geist untersuchen und unser Verhalten steuern können, werden unsere karmischen Tendenzen unsere Gewohnheiten zwingen, sich neu auszusäen.

Wenn moderne Menschen über sich sprechen, tun sie es oft in Form statischer, mentaler Posen wie etwa: *Ich bin ein zorniger Mensch*, oder *Im Prinzip bin ich eifersüchtig* oder *im Grund genommen gierig*. Das vorherrschende Merkmal eines Reichs hervorzuheben stärkt karmische Tendenzen. Wenn wir unsere enorme Komplexität in ein reduktives Profil kanalisieren, verfallen wir gern dem Irrtum, uns zu kennen, während wir das meiste verpassen, was es zu wissen gibt. Das führt dazu, dass wir uns weiterhin in wiederkehrenden Schleifen drehen, und beschränkt unsere Möglichkeiten, herauszufinden, wer wir sind. Diese Bereiche werden als *beeinträchtigt* betrachtet, eben weil unsere Anhaftung an sie unsere Erfahrung einengt. Wir alle verbringen in einigen

Zuständen mehr Zeit als in anderen, doch wenn wir einem den Vorzug geben, um *das wahre Ich* zu identifizieren, schwächen wir den Zugang zu den unendlichen Variationen, die einen Einfluss darauf haben, wie und was wir wahrnehmen, und das wiederum führt dazu, dass unsere Gewohnheiten sich wiederholen.

Die *Reiche* können uns helfen, Emotionen als Bewegung und nicht als statische Aspekte unserer Persönlichkeit zu identifizieren. Statt zu sagen, *Das bin ich,* könnten wir in uns gehen und denken: *So fühle ich mich manchmal.* Einen Schritt zurückzutreten schafft Platz zum Manövrieren. Wut, Gier und Unwissenheit können uns umgarnen wie verlockende Touristenfallen, aber sie sind kein Wohnsitz fürs Leben. Der Begriff *Reich* steht für etwas Riesiges, obwohl er nicht größer oder kleiner als die Wahrnehmung ist, die wir ihm beimessen. Auf diese Weise kann *Reich* die geringe Bandbreite von *mir* ausdehnen. Um beispielsweise die Freiheit von der Hölle zu erfahren, müssen wir die Aggression sterben lassen. Wenn wir Wut so in uns wohnen lassen, als wäre sie die Haut unseres Körpers, dann fühlt es sich wie der Tod selbst an, wenn wir zulassen, dass sie sich umwandelt. Doch die Versuche, uns vor diesem Tod zu schützen, setzen eben dieses Leiden fort, das uns gefangen hält.

Der Geist erlebt den Übergang zwischen den Reichen – oder zwischen Atemzügen oder Gedanken – üblicherweise als ununterbrochen. Doch wenn wir das untersuchen, stellen wir fest, dass es immer eine Lücke gibt, einen winzigen Spalt zwischen diesen Vorgängen, die wir für ununterbrochen halten, genauso wie bei Atemzügen und Gedanken. Obwohl wir von einem ununterbrochenen *Hier und Jetzt* sprechen, bieten einige Momente gesteigerte Möglichkeiten, die Lücke zu erkennen und einen kurzen Blick auf die Leerheit zu erhaschen. Angenommen, wir atmen ein; jeder Moment entlang des Spektrums des Atmens ist ein weiterer *Jetzt*-Moment. Doch der Moment, der dem Ende des Einatmens am nächsten ist – der Moment, der an der äußersten Kante eines ausgeprägten Übergangs liegt –, intensiviert unsere Sensitivität für Veränderung. Deshalb birgt dieser Moment ein größeres Potenzial, der Lücken gewahr zu werden, die immer vorhanden sind. In diesem Augenblick befand ich mich inmitten einer großen Unterbrechung, einer offensichtlichen, absichtlichen Unterbrechung meiner Muster. Ich befand mich an der Grenze zwischen Einatmen und Ausatmen. Ich war noch nicht ganz fort, war aber gewiss noch nicht angekommen.

Die Sonne war aufgegangen; ich konnte nicht feststellen, wann sie aufgegangen war, sondern nahm nur zur Kenntnis, dass es geschehen war. *Ich bin im Bardo des Werdens,* dachte ich, *und durchlaufe verschiedene Reiche.* Bei Tagesanbruch hasteten bei jedem Aufenthalt noch mehr Chai-Verkäufer in die Waggons und versammelten sich vor den Fenstern. Noch mehr Plastikverpackungen der diversen Snacks müllten den Fußboden zu. Der Zug war wie üblich verspätet, würde aber bald in den Bahnhof von Varanasi einfahren. *Und ich bin im Bardo des Sterbens, versuche, mein altes Leben loszulassen, war aber noch nicht in mein neues hineingeboren. Wenigstens hänge ich nicht fest. Ich bin in Bewegung.*

KAPITEL 8

Der Bahnhof von Varanasi

Ich hatte mir überlegt, mein neues Leben im Bahnhof von Varanasi zu beginnen, ein paar Tage hier zu verbringen und auf dem Fußboden des Bahnhofs zu übernachten. Das schien definitiv ein guter Startpunkt zu sein. Doch diese Reise hatte Wurzeln, die bis in meine Kindheit zurückreichten, auch wenn der genaue Ursprung schwierig zu bestimmen war: Waren es jugendliche Fantasien gewesen, inspiriert von Milarepa, oder der Augenblick, als ich am Abend zuvor mein Zimmer verlassen hatte? Oder war es gewesen, als ich durch das Haupttor schlüpfte oder ins Taxi oder in den Zug nach Gaya einstieg? Jede Begebenheit war ein Anfang, und jede führte zu einem weiteren Anfang.

Irgendwann am Vormittag erreichte der Zug sein Ziel. Allein das Gefühl, die erste Nacht überlebt zu haben, gab mir Schwung und Energie. Auch wenn ich die ganze Nacht kaum mehr als zehn Minuten geschlafen hatte, war ich gespannt, was der neue Tag bringen würde. Zum ersten Mal, seit ich das Tor von Tergar hinter mir gelassen hatte, stellte sich Nervenkitzel angesichts der neuen Möglichkeiten wieder ein, und ich genoss den Duft der Freiheit. Doch als ich vom Bahnsteig in eine Bahnhofshalle trat, die fünfmal so groß war wie im

Bahnhof von Gaya, gab ich mich selbstbewusster, als ich war, als wollte ich die leise Vorahnung verschleiern, dass ich jeden Augenblick von zu viel Neuem überwältigt werden konnte, das Bewusstsein verlieren oder wie ein aufgeschrecktes Pferd Hals über Kopf die Flucht ergreifen könnte.

Ich spürte, wie mein Stresspegel anstieg. Ich beobachtete das, was mich erwartete, wie ein Gewitter, das von der anderen Seite des Tals aufzog. Ich registrierte das Unbehagen in meinem Körper. Ich begrüßte diese Empfindungen, gespannt darauf, was als Nächstes geschehen könnte. Ich kam mir wie einer dieser lebensgroßen Plastik-Schneemänner mit Gewichten an ihrer Unterseite vor. Diese Stehaufmännchen kann man von einer Seite zur anderen stoßen, nur umwerfen kann man sie nicht. Trotz meines Unbehagens war ich bereit, mein Abenteuer fortzusetzen.

Ich hatte eine Vorstellung davon, was es bedeuten würde, die Welt zu meinem Zuhause zu machen. Ich hatte mir immer ausgemalt, dass innere, mentale Ruhe sich auf *jeden* beliebigen Kontext erstrecken konnte, egal, ob mein Körper in einem internationalen Fünfsternehotel war, sich in brasilianischen Slums herumtrieb oder über den Times Square spazierte. Überall zuhause zu sein bedeutete, sich nicht von anziehenden oder abstoßenden Ansichten, Geräuschen und Gerüchen fesseln zu lassen. Es bedeutete, den Impuls loszulassen, mir das für mich Günstigste herauszusuchen und die Objekte, die ich sah, roch und hörte, auf sich beruhen zu lassen, wie sie sind, ohne auf sie zuzugehen, ohne mich von ihnen zurückzuziehen, sondern nur in der Klarheit des Gewahrseins zu bleiben und alle Phänomene um mich herum, welche es immer sein mögen, wie Wolken vorüberziehen zu lassen.

Ich hatte mir gewünscht, den Bahnhof von Varanasi mit der Ungezwungenheit zu betreten, mit der viele Menschen nach einem arbeitsreichen Tag nach Hause kommen. Ich dachte an Leute in meinem Alter, die im vergangenen Jahrzehnt damit beschäftigt waren, langfristige Pläne für ihr Berufsleben, ihre Beziehungen und ihren Lebensstil zu schmieden, ihre Nische zu finden und ihre persönliche Identität aufzubauen. Diese Nische könnte sich zu einem schützenden Refugium entwickeln, das sie von einer unpersönlichen, kalten Welt abschottet. Angenommen, Sie kommen nach einem stressigen Tag in der Arbeit oder nach einem langen Heimweg nach Hause. Sie treten über die Schwelle und sind so dankbar, Zuflucht vor einer nicht beherrschbaren Welt zu finden.

Sie kommen an einem heißen Vormittag im Juni in einen indischen Bahnhof...

So viele Ratten und Tauben. Das wird mit Sicherheit ein anderes Zuhause sein als alles, was ich bisher gekannt habe. Die meisten meiner Freunde leben nicht mit Ratten und Tauben zusammen. Und trotzdem frage ich mich, wie viele von ihnen sich in ihrem Zuhause wirklich zuhause fühlen. Ist es nicht das, was sie zur Meditation führt und dazu, mit mir zu sprechen? Wollte Saljay Rinpoche mir nicht genau das sagen, als ich mit elf Jahren in Indien war, meine Familie in Nepal vermisste und er mir erklärte, dass wir alle Heimweh haben, dass wir alle uns nach einem wahren Zuhause sehnen?

Wenn es um Freunde meines Alters geht, Mittdreißiger, die draußen in der Welt leben, habe ich bereits etwas von ihrer Mutlosigkeit mitbekommen. Zu oft wird das schützende Refugium zu einer Tretmühle, zu einem Hamsterrad ohne Ausgang. Die Errungenschaften, die einst Sinnhaftigkeit und Befriedigung versprachen, haben die in sie gesetzten Erwartungen nicht wirklich erfüllt. Das Büro mit der schönen Aussicht hat zwar Status verliehen, aber kein wirkliches Selbstvertrauen. Das Bankkonto mochte dicker geworden sein, aber es ist nie dick genug. So viel Mühe wird darauf verwendet, einen Landeplatz zu schaffen, doch das Räderwerk der Wünsche und Unzufriedenheiten dreht sich weiter. Die Enttäuschung ist den Erwartungen immer dicht auf den Fersen. Und meistens geht es dabei nicht ohne Schuldzuweisungen ab. Die Vorwürfe richten sich vielleicht gegen den Ehepartner oder einen Vorgesetzten, eine Stadt oder einen Präsidenten. Den Partner, die Arbeitsstelle oder die Wohnung zu wechseln erscheint dann als die perfekte Lösung, um ein Leben, das in einer Sackgasse gelandet ist, neu auszurichten. Die Schwierigkeit hier ist nur die, dass diese harmlos anmutende Wiederholung die Sehnsucht nach Freiheit knapp unter der Oberfläche hält. Und die so genannte *Normalität* im Hamsterrad hat zur Folge, dass die Menschen ständig vor sich selbst davonlaufen. Abgeschottet, aber zu ängstlich, allein zu sein. Sich im Kreis drehen, das beschreibt die Welt der Verwirrung.

Mein Tagesablauf war weder langweilig noch unbefriedigend geworden. Aber dieser Bahnhof fühlte sich definitiv nicht wie die sauberen, sicheren Räume in meinem Kloster an, und ich konnte nur beten, dass diese Reise lang genug dauern würde, damit ich herausfinden konnte, warum es so war, was mich bremste und was der Grund war, dass ich mich so angespannt und unbehaglich fühlte.

Den ganzen Tag lang wollen wir wissen: *Wo sind meine Kinder? Wo sind meine Schlüssel? Wo ist mein Telefon?* Wir tendieren eher weniger dazu, wissen zu wollen: *Wo ist mein Geist?* Wenn wir uns darauf trainieren können, einen Gang zurückzuschalten, unsere Gedanken zu beobachten, uns davon aber nicht forttragen zu lassen, sondern sie nur wahrzunehmen, werden wir erstaunt sein über die Universen, die wir von einem Augenblick zum nächsten durchlaufen. Im Allgemeinen schenken wir unserem Geist keine Beachtung und wissen nicht viel darüber, wie er funktioniert. Dabei stellen die Reichweite und die Mobilität unseres normalen mentalen Mäanderns unsere Vorstellungen auf die Probe, die darum kreisen, dass wir festgefahren seien oder glauben, unfähig für Veränderungen zu sein.

Wo war mein Geist, als ich mich in die Unermesslichkeit des Bahnhofs von Varanasi wagte? Mit Sicherheit nach außen gerichtet. In höchster Alarmbereitschaft machte ich einen Rundgang durch den fremden Bahnhof. Die Menschen hasteten kreuz und quer in alle Richtungen. Einige westlich gekleidete Geschäftsleute trugen Aktenkoffer, Teenager in engen Jeans, mit T-Shirts und langen, glatten Haaren schlenderten Arm in Arm herum, Eltern mühten sich mit ihren Habseligkeiten und Kindern ab, einige Reisende rollten Koffer hinter sich her oder liefen Trägern nach, und alle mussten immer wieder Beinahe-Kollisionen vermeiden.

Mein Gewahrsein blieb nicht an einem bestimmten Objekt hängen, sondern schweifte umher, als ich die einzelnen Bereiche meines neuen Lebensraums erkundete: wo die Obdachlosen schlafen durften, das Gewimmel direkt vor dem Bahnhof mit den Bettlern, dann die winzigen, schmierigen Essstände, die Zeitungskioske, die Eingänge zu den exklusiven Lounges, die Toiletten und die Polizeiposten und schließlich die Fahrkartenschalter und die Zugänge zu den Gleisen.

Dieser Rundgang im Bahnhof typisierte einen intermediären Geisteszustand. Es war mir gelungen, das Tor von Terga zu durchschreiten und die Stadt hinter mir zu lassen. Ich hatte an keinem öffentlichen Ort übernachtet und nicht um Essen gebettelt. Ich hatte mein Zuhause verlassen, war aber noch nicht obdachlos. Ich hatte mir gewünscht, die Robe abzustreifen, sah aber noch immer wie ein tibetischer Lama aus. Während ich langsamen, bedächtigen Schrittes herumwanderte, ging ich davon aus, dass sich irgendein Platz als sicherer Ort zum Bleiben erweisen und die Wellen der Unbehaglichkeit sich dann beruhigen würden.

So hatte ich mich auch gefühlt, als ich in das Taxi gestiegen war und als ich schließlich einen Sitzplatz im Zug ergattert hatte, als ob dieser Platz, ein x-beliebiger Ort, mein Gefühl der Entwurzelung lindern könnte. Das war nicht der Fall, aber oft geben wir uns der Illusion hin, dass das mentale Unbehagen, sich dazwischen zu fühlen, verschwindet, sobald wir einen vorher festgelegten Zielort erreicht haben. Das passiert, wenn wir die Kontinuität des Gewahrseins nicht kennen oder wenn wir sie kennen, trotzdem die Verbindung verlieren.

Innerhalb dieses Lebens bin ich im Bardo der Veränderung, des Übergangs, der Vergänglichkeit. Auf dem Weg nach Varanasi bin ich nicht gestorben, und die äußeren Formen, die Mingyur Rinpoche definiert haben, haben sich nicht aufgelöst. Auch war ich nicht genau dieselbe Person, die Tergar verlassen hatte. Ich hatte eine Nacht wie keine andere verbracht, aber das hatte mich nicht in einen Geist, einen transparenten Körper oder irgendeine andere Form verwandelt, die sich manifestieren könnte, nachdem mein Körper gestorben ist. Zwischen Bodh Gaya und dem Bahnhof von Gaya war ich dazwischen. Zwischen Gaya und Varanasi war ich dazwischen. In den letzten zwölf Stunden war meine Gelassenheit wiederholt auf die Probe gestellt worden. Doch wurde ich gestützt durch mein Vertrauen, dass Geisteszustände so vorübergehend sind wie das Leben selbst, wie der Atem selbst. Von dem Moment an, als ich Tergar verließ, war ich im buchstäblichen Sinn *dazwischen.* Selbst beim Einsteigen in den Zug und als ich einen Platz ergatterte, war ich dazwischen, genau wie jetzt, als ich den Rundgang durch den Bahnhof machte. Doch die wahre Bedeutung von *dazwischen* hat nichts mit physischen Bezügen zu tun. Es geht vielmehr um das mulmige Gefühl, entwurzelt zu sein, eine mentale Wohlfühlzone verlassen zu haben und noch nicht irgendwo angekommen zu sein, wo sich diese Leichtigkeit wieder einstellt.

In der wörtlichen Beschreibung der Bardos definiert *dazwischen* einen substanzlosen, immateriellen Zustand des Seins, das im Begriff ist, wieder zu Substanz zurückzukehren. Es strebt danach, sich wieder zu verfestigen und abermals *some-body,* also *körperlich* zu werden. Aus unseren stofflichen Formen heraus wissen wir bereits, dass es im Allgemeinen unerträglich ist, uns als *no-thing* – nicht dinglich – und *no-body* – nicht körperlich – zu erfahren. Wir Menschen können diese Möglichkeit schlicht nicht ertragen, es sei denn, wir wachen auf und erkennen, dass dieser vergängliche und fluide Zustand unser wahres Zuhause ist.

Doch wir sind immer in einem Zustand von Nicht-Wissen und Ungewissheit. Das ist die Natur der Existenz. Als tägliche Lebenserfahrung bringt der Bardo des Werdens einen erhöhten Zustand der Dislokation zum Ausdruck, des Auseinanderfallens, des Nichtwissens, was geschieht. Die Rahmenbedingungen aus den Zeiten, in denen wir Gewissheit erfahren oder auch nicht, verändern sich eigentlich nie. Die Verschiebung kommt von unserer Wahrnehmung. Als ich in Bodh Gaya ins Taxi stieg, flaute das mulmige Gefühl der Entwurzelung ab, obgleich die halsbrecherische Fahrt durch die Nacht mit einer Geschwindigkeit, die alle zulässigen Grenzen ignorierte, nicht gerade sicher war. Als ich auf dem Bahnsteig stand, ging ich davon aus, dass mein Unbehagen nach dem Einsteigen nachlassen würde. Aber die Zeit, die ich dann eingequetscht zwischen der Waggontür und einer menschlichen Mauer verbrachte, verstärkte noch dieses Unbehagen. Ich vermutete, dass es sich bessern würde, sobald ich einen Sitzplatz auf dem Fußboden fände, aber durch den ständigen Kontakt mit Fremden, die über mich stolperten, fühlte ich mich isoliert und aufgewühlt. Ich dachte, ich würde es bequemer haben, wenn ich einen Platz auf der Bank fände, doch kurz danach war ich beim Pfeifen der Zugsirene in Panik geraten.

Im Interesse eines vernünftigen, gesellschaftlichen Miteinanders sprechen wir von einem Beginn und einem Ende. Wir beginnen und beenden eine Zugfahrt, ein Telefongespräch, einen Tag. Wir beginnen ein Übungsprogramm und beenden einen Urlaub oder eine Beziehung. Wir sprechen vom Bardo dieses Lebens und vom Bardo des Sterbens, gefolgt von der traumähnlichen Passage, dem Bardo des *Dharmata,* und dann vom Bardo des Werdens. Doch wenn wir uns über die Annehmlichkeit von Sprache und Kategorien hinausbewegen, manifestiert jede Sekunde den Bardo des Werdens. Werden und Werden. Alle Phänomene sind immer nur im Werden. So funktioniert die Realität. Wenn wir uns für die subtilen Übergänge von Emotionen, körperlichen Veränderungen, Verschiebungen der gesellschaftlichen Verhältnisse oder Veränderungen der Umwelt sensibilisieren, wie etwa für Unterschiede von Landschaft und Licht, oder Entwicklungen der Sprache, Kunst oder Politik, dann erkennen wir, dass alles sich ständig verändert, stirbt und wird.

Ich hatte mir vorgestellt, dass ich über Nacht ein *Sadhu*, ein Wanderjogi, werden und alle äußeren Rollen auf einmal abwerfen könnte. Aber ich hatte nicht richtig eingeschätzt, auf welche Art und Weise diese Identitäten in meinem Körper eingebettet waren. Ich hatte immer noch Vertrauen zu meinem Vorhaben, Öl ins Feuer zu gießen und die Wiedergeburt dadurch zu erlangen, dass ich den Einfluss des anhaftenden Selbst auf die Sinne den Flammen übergebe. Ohne Vertrauen auf die Fähigkeit, uns zu regenerieren, können wir nicht das Beste aus dem täglichen Sterben herausholen. Als ich mir überlegte, wohin ich mich setzen sollte, hatte ich nicht die geringste Illusion, einen sicheren Platz zu finden, um mich wieder zu sammeln. Ich würde einen Sitzplatz finden, aber er wäre kein Refugium. Ich wanderte weiter im Bahnhof herum, während ich mir – des Paradoxons durchaus bewusst – die ganze Zeit vorsagte, dass der Zyklus des *Samsara* nicht vorbestimmt ist und wir nicht zu unglücklichen Wiederholungen verurteilt sind.

Ich dachte über Freunde nach, die lebensverändernde Umwälzungen erlebt hatten, ohne dass sich ihre Welt auf den Kopf gestellt hatte. *Aber auch ich hatte meine Welt nicht auf den Kopf gestellt,* überlegte ich. Es war offensichtlich, dass ich meine Welt absichtlich auf den Kopf gestellt hatte, doch letztendlich hatte ich einen Prozess verfeinert, der mich schon mein ganzes Leben beschäftigt hatte. *Ja, ich gieße Öl ins Feuer, doch dieses Feuer brennt schon seit vielen Jahren. Ich ändere nicht die Richtung. Ich werde die äußeren Identitäten verbrennen, doch dieses Retreat ist für alles, was mir innerlich wichtig ist, eine Erweiterung, ein Vertiefen derselben Bestrebungen, die mein ganzes Leben bestimmt haben.*

Ein etwa gleichaltriger Freund hatte ständig seine Jobs gewechselt, manchmal hatte er selbst gekündigt, manchmal war er gefeuert worden. Ich hatte ihn ein paar Jahre nicht gesehen, und dann hatte er mich kurz vor Beginn meines Retreats besucht. Inzwischen leitete er ein erfolgreiches Hubschrauberunternehmen. Zunächst hatte er die Pilotenlizenz erworben. Dann hatte er einen Hubschrauber gemietet und sich selbst für Charterflüge angeboten. Inzwischen gehörten ihm sechs Hubschrauber, und er hatte zehn Mitarbeiter. Ich fragte ihn, was ihm nach so vielen Fehlschlägen den Erfolg gebracht hatte. Er erzählte mir, dass er immer zu stolz gewesen war, ein Scheitern zu riskieren. *Erst als ich bereit war, zu scheitern und richtig auf die Schnauze zu fallen, konnte ich etwas auf die Beine stellen.*

Als ich nun im Bahnhof von Varanasi umherwanderte, fragte ich mich, ob ich bereit war, zu scheitern und buchstäblich auf die Schnauze zu fallen. Aber außer in mein Kloster zurückzukehren konnte ich mir nicht recht vorstellen, wie so etwas aussehen sollte. Ich dachte auch an eine Frau, die mit einem Alkoholiker verheiratet war. Nach vielen schrecklichen Jahren unterzog sich ihr Mann einem zwölfstufigen Entzugsprogramm und wurde trocken. Sie war so optimistisch, was ihr neues Zusammenleben betraf. Ein Jahr später trennten sie sich. Sie erklärte es so: *Solange er Alkoholiker war, war ich immer besser als er; als er dann trocken wurde, konnte ich ihm nicht mehr alles in die Schuhe schieben und mich überlegen fühlen.* Dann erzählte sie mir, dass sie immer noch engen Kontakt zueinander hatten und darüber gesprochen hatten, wieder zusammenzukommen.

Was müsste geschehen, damit es dazu kommt?, wollte ich wissen.

Sie sagte zu mir: *Ich müsste akzeptieren, dass ich es wert bin, von jemandem geliebt zu werden, der kein Alkoholiker ist.*

Ich fragte: *Und jetzt?*

Sie sagte: *Ich arbeite daran.*

Mir hatte ihre Antwort gefallen, und nun dachte ich*: Ich auch. Ich arbeite daran.* Daran, zu erkennen, auf welch vielfältige Weise ich als etwas Besonderes behandelt worden war, und das dann innerhalb des Gewahrseins einfach sein zu lassen. *Nicht wegschieben. Nicht heranziehen.* Und auch das Bedürfnis nach Schutz zu erkennen, den mir Diener und Betreuer gewährt hatten, obwohl ich gerade erst dabei war, herauszufinden, wie abhängig ich davon geworden war.

Meine Orientierungslosigkeit nahm auch nicht ab, als ich mir den Grundriss des Bahnhofs eingeprägt hatte. Ich schaute auf meine Uhr. Es war fast elf. Bald würden sie den Brief entdecken, den ich geschrieben hatte:

> *… In meinen ersten Jahren praktizierte ich auf sehr unterschiedliche Art und Weise. In der Zeit, die ich mit meinem Vater verbrachte, erhielt ich ein rigoroses Meditationstraining, war aber insofern nicht im strengen Retreat, als ich mit anderen Menschen zu tun hatte und kommen und gehen konnte, wie ich wollte. Mein Dreijahresretreat im Kloster von Sherab Ling verlief hingegen in vollkommener Isolation. Eine kleine Gruppe von uns lebte auf einem*

abgeschlossenen Gelände und hatte bis zum Ende des Retreats keinerlei Kontakt mit der Außenwelt. Dies sind zwei Möglichkeiten zu praktizieren, aber es sind nicht die einzigen. Wie der große Jogi Milarepa demonstriert hatte, gibt es auch eine Tradition, von Ort zu Ort zu wandern, ohne Plan oder festgelegte Agenda in abgelegenen Höhlen und heiligen Stätten zu wohnen und nur mit dem unerschütterlichen Bekenntnis zum Pfad des Erwachens. Das ist die Art von Retreat, die ich in den nächsten Jahren praktizieren werde.

Wenige Minuten nach Entdecken meiner Abwesenheit würde man sofort meinen Bruder Tsokyni Rinpoche und meinen einzigen noch lebenden Lehrer, Tai Situ Rinpoche, informieren. Ich stellte mir meinen mittlerweile dreiundneunzig Jahre alten Großvater vor, wie er mit zahnloser Zustimmung grinste, als er von meinem Verschwinden erfuhr. Um ihn machte ich mir keine Sorgen, denn ich wusste, dass er sich auch keine Sorgen um mich machte. Seine Sicht der Welt, weit wie das Firmament, konnte nichts erschüttern. Die Nachricht würde Kreise ziehen, die Menschen besorgte Fragen stellen: *Wohin ist er gegangen? Was wird er essen? Wer wird es meiner Mutter sagen?*

Ich setzte mich auf den Steinfußboden in dem Abschnitt, der den Menschen zugewiesen war, die ihre Tage und Nächte dort verbrachten. Die Bettler mussten vor dem Bahnhof bleiben. Einige der Menschen hier hatten keine andere Möglichkeit unterzukommen, andere dagegen waren in Varanasi auf der Durchreise und verbrachten ein, zwei Nächte hier, um ihre Zugverbindungen zu organisieren. Indian Rail ist so preiswert, dass ganze Familien Tausende Kilometer weit zu Begräbnissen und Hochzeiten reisen können, wo es vielleicht reichlich zu essen gibt.

Ich saß mit gekreuzten Beinen da, den Rücken gestreckt, das Gepäck im Schoß, die Hände auf den Oberschenkeln und vermittelte das perfekte Bild eines disziplinierten Mönchs. Nur dass ich mir jetzt erlauben konnte, meine Anhaftung an diese Rolle zu bemerken. Innerhalb von Minuten bemerkte ich allerdings auch, dass ich abermals ziemlich unruhig wurde. Die Polizei beäugte mich misstrauisch. Die Leute um mich herum starrten mich an. Meine kastanienbraune Robe erregte Aufmerksamkeit. Als ich die Bettler in Bodh Gaya beobachtet hatte, dachte ich: *Das kann ich auch!* Ich verbrachte Stunden damit, mir vorzustellen, wie ich die Almosenschale halten, mich nicht waschen und auf Steinfußböden oder in den Wäldern schlafen würde. Aber die Beklemmung, gesellschaftlich nackt zu sein, die mich zum ersten Mal im Bahnhof von Gaya befallen hatte, war in meiner Vorausplanung nicht vorgesehen gewesen.

Ich hatte mich auf das Fehlen von Dingen wie Essen, saubere und bequeme Matratzen, Seife und heiße Duschen konzentriert. Natürlich hatte ich mir diese Entbehrungen aus der Behaglichkeit meiner aufgeräumten Wohnung heraus vorgestellt, während ich meine Lieblingsgerichte speiste und von Menschen umgeben war, die ich liebe und die mich lieben. Was mich kalt erwischte, war die Verlegenheit, keinen Ort zu haben, wo ich mich verstecken konnte, wo ich nicht angestarrt wurde, wo ich nicht das Gefühl hatte, von meiner Befangenheit aufgefressen zu werden. Ich hatte meinen Platz unter den Menschen gekannt, und sie kannten ihn ebenfalls. Wenn ich reiste, tat ich das als Abgesandter einer ausgewählten gesellschaftlichen Schicht, und so wurde ich auch behandelt. Die Befangenheit aus meiner Kindheit hatte ich nie vollständig abgelegt. Ich war in der Öffentlichkeit nicht immer entspannt oder pflegte etwa einen lockeren gesellschaftlichen Umgangston, doch die intensive Verlegenheit, die ich nun empfand, passte zu der Welle, die über mich hereingebrochen war, als ich in der vergangenen Nacht zum ersten Mal in den Zug gestiegen war. Meine Entfremdung mir gegenüber übertrug sich auf eine Entfremdung gegenüber anderen. Binnen Minuten war ich nicht mehr unter den Schwachen und Mittellosen, sondern jemand, der von Verrückten angestarrt wurde. Auf meiner Wanderung durch den Bahnhof hatte ich Menschen gesehen, die auf die Gleise sprangen, dort urinierten oder sich entleerten.

Nun begann ich den gleichen Scan wie im Zug, um meinen Körper zu entspannen, jedenfalls versuchte ich es. Ich begann am Oberkopf und tastete mich bis zu den Fußsohlen. Nach etwa fünf Minuten konzentrierte ich mich auf das Erspüren von Veränderungen in meinem Körper.

Ich lenkte mein Gewahrsein zur Stirn.

Ich saß still da und versuchte, irgendeine Empfindung an dieser Stelle zu spüren, Hitze vielleicht, ein Kribbeln oder eine Vibration.

Subtile Empfindung gibt es immer, doch ich war zu angespannt, um sie zu registrieren.

Nach einer Minute oder zwei hob ich die Hand zum Kopf, die Handfläche etwa einen Zentimeter von der Stirn entfernt, ohne sie zu berühren. Dann spürte ich die Hitze auf der Handfläche, die von innen kam, und auch ein leises Kribbeln.

Ich ließ die Hand wieder sinken und brachte mein Gewahrsein abermals zur Stirn. Ich behielt es dort, bis die Empfindung sich verlagerte: von Hitze zu Druck zu Entspannung.

Ich blieb dieser Empfindung gewahr, die sich immer ändert. *Lass sie los. Lass sie einfach geschehen. Auch wenn sie noch so angenehm ist: Halt sie nicht fest.* Ich versuchte in der Erfahrung des ruhigen Gewahrseins zu ruhen.

Dann richtete ich meine Aufmerksamkeit auf den Oberkopf und hielt dabei das ruhige Gewahrsein aufrecht. Ich wollte an irgendeine Empfindung andocken. Ich spürte Anspannung in den Nerven, in den Muskeln, in der Haut. Mein Geist schwebte über dem Kopf, zuckte zwischen Vergangenheit und Zukunft hin und her. Ich lenkte meinen Geist wieder in den Kopf. In den Körper. *Versuche, die Empfindungen zu spüren.* Wenn ich die Empfindung nicht spüren konnte, versuchte ich dabei zu bleiben: beim Gewahrsein keiner Empfindung.

Stell fest, ob die Empfindung sich als angenehm, unangenehm oder neutral bemerkbar macht. Dann ruhe.

Ich wanderte hinunter zum Gesicht, zu den Kiefermuskeln, zum Mund, zu den Lippen. *Verweile bei allem, was geschieht,* sagte ich zu mir, *und stelle fest, ob du Veränderungen deiner Empfindung und deiner Reaktion erkennen kannst.*

Ich wollte mich nochmals versichern, dass jedes Atom Körperoberfläche, jedes Jota Haut und jede Pore sensorische Rezeptoren sind, die sich ständig verändern.

Ich musste die Kontinuität der Veränderung neu erfahren, mir in Erinnerung rufen, dass jeder Augenblick eine Chance birgt, den fixierten Geist, den Nährboden für Angstzustände und Stress zu transzendieren. Zwischen jedem Atemzug und jedem Gedanken gibt es Lücken, die vollkommen frei sind von Konzeption und Erinnerung, doch unsere mentalen Gewohnheiten vernebeln diese Information.

Da der Scan mir die Möglichkeit gab, Veränderungen zu registrieren, bestätigte er, dass mir dieses aktuelle, intensive Unbehagen nicht vorbestimmt war. Aber ich konnte mich nicht entspannen und blieb mit sturer, eigensinniger Entschlossenheit sitzen. Mein Stolz, diese Geißel im Reich der Götter, verhinderte, dass ich mich bewegte, nur weil Ratten zwischen den auf dem Fußboden hockenden Menschen herumhuschten.

Im Rückblick ist es leicht zu verstehen, weshalb ich so viel Aufmerksamkeit auf mich zog. Ich war zu gepflegt, um mich einzufügen. Meine Robe sah immer noch gebügelt aus, mein Gesicht und mein Kopf waren frisch rasiert, die Fingernägel geschnitten und die Brillengläser noch nicht zerbrochen. Meine Anwesenheit musste den Eindruck vermittelt haben, als wollte jemand aus der Mittelklasse sich einmal interessehalber unters gemeine Volk mischen. In gewisser Weise war das auch so. *Viele meiner jungen Schüler trampen mit Rucksack und wenig Geld. Sie haben ein Zuhause, in das sie zurückkehren können … aber das gilt auch für mich. Ich nehme an, dass die meisten von ihnen schon einmal allein im Zug, im Flugzeug und im Auto auf der Autobahn unterwegs waren. Mit Sicherheit haben sie schon Zugfahrkarten und Coffee-to-go gekauft, in Reiseführern geschmökert, auf öffentlichen Plätzen Essen bestellt und allein gegessen.*

Ich stand auf, um zur öffentlichen Toilette zu gehen, und als ich zurückkam, hatte sich eine Familie in der Nähe ausgebreitet. Zum ersten Mal sprach mich jemand an: Der Mann fragte: *Sind Sie aus China?*

Ich sagte zu ihm: *Ich bin aus Nepal.*

Seine Neugier erlahmte. Inder sind bei Fremden ausgesprochen wissbegierig, doch Nepal ist nicht fremd genug, und es lohnt sich nicht, Nepalesen kennenzulernen. Trotzdem war er freundlich und wollte sich unterhalten.

Er trug ein zerlumptes Dhoti und ein ärmelloses, geripptes Unterhemd. Er hatte einen Schnurrbart, war aber sonst glattrasiert. Niemand in seiner Familie hatte Schuhe an. Die Frau trug einen verknitterten, hellen Baumwollsari in einem verwaschenen Orange, dessen Ende sie lose um den Kopf geschlungen hatte. Die Haare der Kinder sahen verfilzt aus. Offenbar waren sie schon länger nicht gewaschen worden, und ihre Kleider saß schlecht. Zwischen ihren Bündeln gab es einen großen Sack Reis und eine kleine Kochstelle. Der Mann erzählte, dass sie von ihrem im Osten gelegenen Dorf zu ihren Verwandten unterwegs waren, die weiter unten im Süden lebten, und dass sie hier einen Zwischenstopp eingelegt hatten. Sie verbrachten viel Zeit in der billigsten Zugklasse, und hier im Bahnhof kannte sich der Mann ziemlich gut aus. Dann empfahl er mir die besten Stände für Tee, Erdnüsse und Kekse. Ich unterhielt mich gern mit ihm, aber bald drehte ich meinen Körper ein wenig von ihm ab; er verstand die Botschaft, dass ich wieder gern still dasitzen wollte.

KAPITEL 9

Leerheit, nicht »Nichts«

Einer meiner englischen Freunde schenkte mir ein Souvenir von einem ganz anderen Bahnhof, der Londoner U-Bahn. Eine leuchtend rote Kappe mit der goldenen Aufschrift *Mind the Gap.* »Mind the Gap« ist eine Mahnung an die Passagiere, auf den Spalt zwischen dem Bahnsteig und dem Zug zu achten, damit sie nicht in diesen Zwischenraum treten und sich womöglich ein Bein brechen.

Mind the gap, sagte ich zu mir, denn auch zwischen den einzelnen Bardos, zwischen Gedanken und Emotionen gibt es einen »gap«, eine Lücke. Doch im Gegensatz zur Lücke zwischen dem Bahnsteig und dem Zug ist diese Lücke alles andere als offensichtlich, schwierig zu erkennen und leicht zu übersehen. Bei einem Besuch in Singapur wurde ich einmal in ein schickes Restaurant im obersten Stockwerk eines sechsstöckigen Warenhauses ausgeführt. Als wir mit der Rolltreppe hinauffuhren, hatte ich einen seltsamen Tagtraum über diese Lücken. Ich stellte mir vor, dass ich mich im Keller eines großen Warenhauses verirrt hatte. Verwirrt und ängstlich lief ich zwischen Generatoren, zischenden Heizungskesseln, Dampfleitungen, ratternden Kolben und lärmenden, hydraulischen Triebwerken herum. Keine Fenster. Keine Luft. Keine hübschen Sachen zu kaufen. Keine Hinweise auf Ausgänge. Im Kontrast zu dieser gruseligen Atmosphäre gab es in der obersten Etage rosa Marmorfußböden, Glaswände und Terrassen mit blühenden Pflanzen. Vierundzwanzig Stunden am Tag, sieben Tage die Woche fahren die Rolltreppen aus dem Reich der Höllenwesen im Keller hinauf zum Wohnsitz der Götter und wieder zurück und spiegeln so die kontinuierliche Fluidität mentaler Übergänge wider.

Als ich auf der Rolltreppe stand, sah ich, dass wir nicht in einem durch von unten nach oben oder andersherum fahren können. In jedem Stockwerk müssen wir aussteigen und die nächste Rolltreppe nehmen. Mit anderen Worten: Es gibt eine Lücke. Mit Training ist es möglich, des *Zwischenraums* gewahr zu werden, des Raums zwischen unseren Gedanken, unseren Stimmungen, unseren Wahrnehmungen und unseren Atemzügen.

Was macht diese Lücke so kostbar? Angenommen, wir schauen auf einen bewölkten Himmel. Manche Wolken sind heller oder dunkler als andere; sie bewegen sich schnell oder langsam, zerstreuen sich, verändern ihre Gestalt und lösen sich ineinander auf. Dann gibt es plötzlich ein Loch, und einen Augenblick lang erhaschen wir einen Blick auf die Sonne. Dieses Loch in den Wolken ist die Lücke. Die Wolken repräsentieren den gesamten, normalen Inhalt des undisziplinierten Geistes, das endlose Gebrabbel über unseren Tag, unsere Mahlzeiten, Termine, Beschwerden, unsere früheren Probleme, unsere Projektionen. Dazu kommt noch, dass diese Gedanken von unserer psychologischen Geschichte und unserer sozialen Konditionierung gefärbt sind und nun, geprägt von Sehnsucht, Gier, Wut, Eifersucht,

Stolz und so weiter durch unseren Geist ziehen. Eine Wolke nach der anderen driftet gemächlich oder stürmisch in den Geist hinein, aus dem Geist heraus, schafft Überraschungen und flößt Angst ein. Wir können uns in den Geschichten, die wir uns erzählen, so sehr verfangen, dass wir nicht einmal den Versuch machen, einen Blick hinter die Wolken zu werfen. Oder wir könnten diesen Strom der dahinziehenden Gedankenwolken mit dem natürlichen Geist verwechseln, der darunter liegt. Aber wenn wir aufpassen, können wir die Lücke erkennen, den flüchtigen Raum zwischen Gedanken.

Einmal sagte ein Schüler: *Ich möchte einfach den Hahn zudrehen.* Das beschreibt die übliche Erfahrung unseres Affengeistes: eine ununterbrochen in Kaskaden auf uns herabstürzende Gedankenflut. Aber durch das Gewahrsein können wir erkennen, dass zwischen den Momenten selbst dann eine Lücke vorhanden ist, wenn das Gebrabbel kein Ende zu nehmen scheint: Es gibt leere Räume, die empirische Gelegenheiten bieten, den aufgeräumten Geist zu erkennen. In diesen Lücken erfahren wir reine Wahrnehmung. Ohne Zeit, ohne Richtung, ohne Wertung. Die Wolken des Gebrabbels und der Erinnerung klaren auf, und die Sonne scheint wieder.

Die Lücke zwischen Gedanken – wie auch die Lücke zwischen Atemzügen und Stimmungen – ermöglicht es uns, einen Blick auf den nackten Geist zu erhaschen, den Geist, der nicht verdunkelt ist von vorgefassten Meinungen und Erinnerungsmustern. Es ist jener frische Schimmer, der uns zum Wachsein aufrüttelt und uns mahnt, dass Wolken vorübergehende, oberflächliche Sorgen sind und dass die Sonne scheint, egal, ob wir sie sehen oder nicht. Wenn wir die Lücke erkennen, werden wir an den Geist herangeführt, der nicht nach einer Geschichte von Verlust oder Liebe greift oder nach einem Kennzeichen für Ruhm oder Schande oder nach einem Haus, einer Person oder einem Haustier. Es ist der von diesen Fehlwahrnehmungen befreite Geist, der uns in wiederkehrenden Zyklen festhält.

Lücke ist ein anderes Wort für *Bardo*. Eine Unterscheidung zwischen dem Bardo dieses Lebens und dem Bardo des Sterbens zu treffen bietet einen Ansatz dafür, die Phasen des Seins zu studieren. Doch diese Phasen haben keine scharfen Kanten oder Grenzen, kein Ende und keinen Anfang. Alles ist im Fluss. Ständig entsteht etwas, verändert sich, wandelt sich, tritt hervor und verblasst. Wenn unser Geist nicht in einem bestimmten Reich hängenbleibt oder an einer begrenzten Zahl von Identitäten angehaftet ist und wenn er Bewegung auslösen und darauf reagieren kann sowie Transienz zu würdigen weiß, dann schaffen wir eine innere Atmosphäre, die dem Erkennen von Lücken förderlich ist.

Die Klarheit, die durch die Lücke zugänglich ist, ist das natürliche, ungekünstelte Wachsein, das mich in den Höllenreichen des Bahnhofs von Gaya und in den Götterreichen meines vorigen Lebens begleitet hatte. Sie war auch da, als ich mich vor den überlaufenden Toiletten ekelte, als ich mich nach Schutz sehnte und durch ein Zugsignal in Panik geriet. Dieses Wachsein hängt nicht von den Umständen ab. Es existiert jetzt. In diesem Augenblick. Es nimmt durch gütige oder grausame Handlungen weder zu noch ab. Was wir *die Lücke* nennen, bezieht sich auf einen flüchtigen Augenblick nackten Gewahrseins, eine Öffnung von einem Sekundenbruchteil, die uns an unseren ursprünglichen Geist heranführt und uns einen Geschmack der Freiheit von Verwirrung beschert.

Der Widerstand des anhaftenden Selbst, sich aufzugeben, kann ziemlich heftig sein. Seine Aufgabe ist es, die Kontrolle zu behalten. Das Ego dieses Abtes hatte eine ereignisreiche Nacht hinter sich. Selbst als ich in der Lage war, die Fehlwahrnehmungen zu durchbrechen, fügten sie sich wie ein aufgeschnittener Mochi, diese klebrigen, japanischen Reiskuchen, wieder zusammen. Man kann die Mochis auseinanderschneiden und dann zusehen, wie sie wieder zusammenflutschen. Das ist die Tyrannei des anhaftenden Egos. Aber sogar der Geschmack der Freiheit kann dazu führen, dass wir die Richtung ändern.

Solange wir kein gewisses Verständnis für die vielen unterschiedlichen Aspekte des Geistes entwickelt haben, sind flüchtige Einblicke in die Leerheit nicht unbedingt von Vorteil und können manchmal zu Ratlosigkeit führen. Die Menschen wissen einfach nicht, was sie damit anfangen sollen. Eine amerikanische Freundin erzählte mir einmal von einem Tag am Strand, als sie ein Teenager war. Es war Sommer, sie hing mit Freunden herum, und plötzlich »verschwand« sie. *Alles war da: die Freunde, der Strand, das Wasser, und alles schimmerte und funkelte. Ich konnte sehen, ich konnte hören, nur ich selbst war nicht da.* Das Ganze dauerte höchstens zwei Minuten, und sie sagte von sich aus, dass sie noch nie halluzinogene Drogen genommen hatte. Gegenüber ihren Freunden verlor sie kein Wort darüber. Dieses Erlebnis war ihr unerklärlicherweise so peinlich, dass sie sich niemandem anvertraute. Sie meinte, buchstäblich *den Verstand verloren* zu haben und dass dieser Vorfall vielleicht ein Hinweis auf eine Geisteskrankheit war. Die Assoziation zwischen einer Psychose und diesem Bruch/dieser Lücke verfolgte sie über Jahre, bis sie zu meditieren begann.

Erst dann war sie in der Lage, diese spontane Erfahrung zu nutzen, um tiefere Wachseinszustände zu erreichen.

Diese Frau erzählte mir auch, dass sie Jahrzehnte später Freunden von diesem Vorfall berichtete, die ebenfalls den Weg zur Meditation gefunden hatten. Viele von ihnen erzählten ihr daraufhin von ähnlichen Momenten spontaner, kurzer Einblicke und auch von ihrer Angst, davon zu erzählen. Diese Geschichten wurden mir nur durch Menschen zugetragen, die weiterhin Meditation praktizierten. Doch sie verweisen auf die universelle und inhärente Natur unseres ursprünglichen, unverfälschten Geistes.

Während der nächsten acht Stunden hatte ich das Gefühl, als wollte der Bahnhofsfußboden mich verschlingen. Mein Po und meine Knie schmerzten vom Sitzen auf dem harten Marmor. Ich hatte nicht daran gedacht, diese letzten Monate ohne Sitzkissen zu praktizieren. Ich war ziemlich müde geworden und merkte, wie erschöpft und zugleich verstimmt ich war. Die Menschen um mich herum kamen mir so unfreundlich vor. Schließlich entschied ich mich, ins Hostel im oberen Stockwerk des Bahnhofs zu gehen.

Ich hätte meinen Plan, auf dem Fußboden im Bahnhof zu übernachten, auf Biegen und Brechen durchziehen können. Trotz oder gerade wegen der Hindernisse steckte noch eine Menge Enthusiasmus in mir, die Herausforderungen anzunehmen. Tief in meinem Inneren wusste ich seit nunmehr vielen Jahren um das Erkennen des Gewahrseins, und selbst wenn ich die Verbindung verlor, vertraute ich auf die Weisheit der Leerheit. Auch wenn die Wellen stärker gewesen waren, als ich erwartet hatte, und ich deshalb ständig nach Luft ringen musste, verlor ich nie ganz den Blick auf den großen, weiten Geist. Und das stützte mich. Ich zweifelte eigentlich nie an meiner Fähigkeit, beim Erkennen des Gewahrseins zu bleiben oder nach einigen echten Brüchen wieder dazu zurückzukehren. Das hätte es mir ermöglicht, auf dem Fußboden zu übernachten, wenn ich gewollt hätte. Aber ich traf eine andere Wahl. Ich wollte nicht den Superman spielen. Ich war nicht darauf aus, meine Heldenhaftigkeit zu beweisen. Und ich wusste, dass sich mein fixierter Geist verheddern würde, wollte ich den Plan starrsinnig durchziehen. Es würde eine Menge Mühe kosten, und ich würde gegen mich selbst in den Krieg ziehen. Das war es nicht wert. Also beschloss ich: *Wenn ich mich nicht über Nacht ändern kann, ist das in Ordnung*. Ich bezahlte für zwölf Stunden 100 Rupien (etwa 1 Euro 50) und bekam in einem Zimmer eines von zwanzig Feldbetten zugewiesen. Der Raum sah weder freundlich noch sauber aus, es war ziemlich heiß und roch auch nicht gut. Aber nach dem Bahnhofsfußboden sank ich auf meine Pritsche wie in den Schoß der Götter.

Die Unannehmlichkeiten in Kauf zu nehmen und im Hostel zu übernachten deckte sich eher mit meinen Absichten, das Feuer zu schüren, um besser zu erkennen, was in mir vorging. Ich wollte alles über diese Verlegenheit herausfinden und dieses Gefühl nicht ausschalten, nur um so zu tun, als sei es bequem, auf dem Fußboden zu schlafen, was einfach nicht stimmte. Ich wusste, dass eine Emotion, bevor sie umgewandelt werden konnte, zunächst größer als normal, klarer und sichtbarer werden musste. In den Übungen, die ich auf der Reise gemacht hatte, gab es immer einen Zeugen: So arbeitete *ich* hier drüben beispielsweise mit diesem Geräusch, das dort drüben ist. Das bezeugende *Ich* verschwand nie. Es gab immer einen Beobachter. Jetzt im Hostel musste ich fragen, wer dieses verlegene Gefühl erlebt. Wer war das »Ich«, auf das der Mönch Nagasena in einer meiner liebsten Lehrgeschichten aus der Kindheit deutet?

Ich lag auf meiner Pritsche und schweifte zu der Geschichte über einen König und einen Mönch ab. Etwa hundertfünfzig Jahre nach dem Tod des historischen Buddhas begegnete ein König namens Menander dem hochverehrten buddhistischen Mönch Nagasena. Der König kannte diesen Mönch nicht und fragte nach dessen Namen. Der Mönch gab seinen Namen preis, fügte aber hinzu: *Das ist nur ein Name, eine Benennung, eine landläufige Ausdrucksweise. Es gibt keine einzelne Person, die sich dahinter verbirgt,* erklärte er dem König. *Nagasena ist nur eine Bezeichnung.*

Mingyur Rinpoche ist auch nur eine Bezeichnung. Ich bin nicht mein Name. Nicht mein Titel. Nicht meine Robe. Ich meditiere mit demselben Bestreben, das auf diese Pritsche in diesem Bahnhofshostel geführt hat, um mich mit dem Namen, den Titeln, der Robe zu des-identifizieren und mich so mit dem unbedingten Geist zu verbinden. Nur mit einem unermesslichen Geist kann ich anderen unermesslich dienlich sein.

Dann fragte König Menander: *Wer trägt die Robe, wer trägt sie mit Freude, wer meditiert, wer praktiziert?*

Der Mönch antwortete: *Die Bezeichnung Nagasena.*

Wer liegt hier im Bahnhofshostel?

Die Bezeichnung Mingyur Rinpoche.

Der König ließ nicht locker und fragte Nagasena: *Könnte es sein, dass die Haare auf deinem Kopf Nagasena sind?*

Der Mönch sagte: *Nein.*

Der König fragte, ob seine wahre Identität vielleicht in anderen Körperteilen zu finden sei, etwa in *Fingernägeln, Zähnen, Haut, Fleisch, Sehnen, Knochen, Mark, Nieren, Herz,*

Leber, Blase, Milz, Lunge, Darm, Bauch, Exkrementen, Galle, Auswurf, Eiter, Blut, Schweiß, Fett, Tränen, Speichel, Schleim oder Urin? In deinem Gehirn vielleicht?

Ich scannte meinen Körper wie damals als Kind, als ich nach mir selbst suchte. *Ich bin mit Sicherheit nicht meine Fingernägel, Zähne, Haut.*

Der Mönch erklärte dem König, dass seine Identität in keinem jener Körperteile zu finden sei.

Dann fragte der König, ob der Mönch dann vielleicht Folgendes ist: … *ein Gefühl von Freude oder Schmerzen, eine Wahrnehmung, ein Impuls oder ein Bewusstseinszustand*?

Es war einfacher, sicher zu sein, dass ich kein Körperteil war, als sicher zu sein, dass ich keine Wahrnehmung und auch kein Bewusstseinszustand war, denn mehrmals im Lauf des vergangenen Tages hatten meine Gefühle meine mentale Selbstbeherrschung überwältigt. Auf einer Ebene würde ich mein Leben verwetten, dass ich weder meine Verlegenheit noch mein Versagen, mein Stolz oder meine Panik war. Gleichwohl piesackten diese *Dinge*, wo immer sie sich verbargen, meine Gefühle.

Schließlich beschuldigte der König den Mönch, ihn belogen zu haben: *Du sagtest, dass du Nagasena bist, wo es eine solche Person gar nicht gibt.*

An diesem Punkt kehrte sich die Gesprächsrichtung um. Der Mönch fragte nun den König, wie er hierhergekommen sei. Der König berichtete, dass er mit dem Wagen gekommen sei.

Der Mönch stellte Fragen zum Wagen: *Ist er die Achse, die Räder, das Joch, die Zügel?*

War der Zug nach Varanasi die Räder, der Waggon, die Maschine, der Metallrahmen, der Motor?

Der König sagte, dass der Wagen keiner dieser genannten Teile war.

Dann fragte der Mönch, ob es einen Wagen getrennt von diesen Dingen gebe. Der König antwortete: *Nein.*

Dann behauptete Nagasena, dass der König ebenfalls gelogen hätte: *Sie sagten, Sie seien mit dem Wagen gekommen, aber Sie können nicht sagen, was ein Wagen ist.*

Darauf antwortete der König: *Ich lüge nicht, denn gerade wegen dieser Teile existiert ein Wagen als Name, als Benennung, als landläufige Ausdrucksweise.*

Genau, stimmte der Mönch zu. *Wegen meines Körpers, meiner Gefühle, meiner Wahrnehmung und so weiter existiert Nagasena tatsächlich als eine Benennung, eine landläufige Ausdrucksweise, ein Name. Aber letztendlich gibt es dahinter keine Person.*

Ich kam zum Ende des Dialogs, so wie er mir in Erinnerung war: *Nun gut, also war ich nicht meine Meditation, nicht meine Rollen, nicht mein besonderer Status. Wer wird von dieser Pritsche aufstehen? Wer war im Wartebereich so verspannt? Wo wohnen Paranoia und Verlegenheit? Wie entstehen sie? Wenn sie nicht geortet oder mit den Sinnen wahrgenommen werden können, wenn deren Form deren Größe und Gewicht – wie Wolken dahinzieht, dann werden sie durchziehen. Wo durchziehen? Meine Hände können sie nicht festhalten. Ach, mein Geist. Welche Probleme er machen kann!*

Leerer Geist, leerer Körper, leere Empfindungen, aber nicht Nichts. Die Wellen, die in Form von Emotionen, Sehnsüchten und Abneigungen auftauchen, sind ebenfalls leer, und ihre Kraft ist auch leer. Doch die leere Kraft der leeren Welle hat die leere Macht, einen Geist umzuhauen, der ebenfalls essenziell leer ist, es aber nicht weiß, und der mit Vorstellungen vollgestopft ist. Aber wenn wir keine Geschichte um die Welle herum erfinden, dann haben wir leeres Wasser, das sich im leeren Meer auflöst wie Wasser, das in Wasser gegossen wird. Kein Problem. Emotionen selbst sind nicht das Problem. Wie wir dazu stehen, darauf kommt es an.

Selbst wenn unsere Träume dazu führen, dass wir lachend, weinend, schreiend aufwachen, sagen wir, dass sie *nicht real sind*, während wir uns darauf versteifen, dass Angst, Panik, Stolz oder Verlegenheit *real* seien. Wir stellen uns in unsere Träume und sagen: Das ist nicht das *wahre Ich*. Wir stellen uns in unsere Ängste und Verwirrung und beharren darauf, dass sie das *wahre Ich* seien.

Ist dieser Körper real? Gibt es überhaupt so etwas wie ein »reales« Selbst oder ein »falsches« Selbst? Nagasena sagt, dass sein Name, sein Rang, seine Körperteile usw. nicht falsch sind. Ebenso sind mein eigener Name, mein Körper, meine Ängste oder Befindlichkeiten nicht falsch. Der Begriff Nicht-Selbst heißt nicht *falsches* Selbst. Und doch ist er so, wie wir ihn uns vorstellen, nicht *real*. Weder wir noch die Welt um uns herum sind aus den soliden, unabhängigen, dauerhaften Eigenschaften zusammengesetzt, wie wir es vermuten. Unsere Wahrnehmungen sind falsch. Die Objekte unserer Wahrnehmung sind weder falsch noch wahr.

Jedes Jahr sterben Millionen von Menschen, doch wenn bei uns oder bei jemandem, der uns nahesteht, eine tödliche Krankheit diagnostiziert wird, fragen wir: *Wie konnte das passieren?* Eine Frage, die sogar noch mehr verwundert, ist: Wie halten wir an solchen offensichtlichen Fehlwahrnehmungen fest? Wir können sie nicht mit unseren Händen greifen. Wir können sie nicht mit Ketten festbinden. Der Geist allein hat die Macht, vollkommen falsche Behauptungen darüber wegzusperren, wer wir sind. *Es gibt nur ein einziges Hindernis für das Erkennen meiner essenziellen Leerheit: die Geist-Wolke, die in der Beständigkeit der Verlegenheit oder in der Anhaftung an Rollen festhängt und die Unfähigkeit oder der Unwille, diese Wolken vorüberziehen zu lassen.* Die Erklärung konnte zwar keine Erleichterung schaffen, aber sie gab mir die Gelegenheit, meinen Enthusiasmus, Öl ins Feuer zu gießen, neu zu beleben.

Um zu erkennen, dass das Leben selbst Veränderung ist, brauchen wir nur uns und die Menschen zu betrachten, die uns am nächsten stehen. Das wird uns mehr Informationen liefern, als wir brauchen. Aber das wollen wir nicht sehen, und das Verleugnen erzeugt *Dukkha,* was so viel wie Leiden bedeutet. Dukkha reicht von Qualen und Schmerzen bis hin zu Unzufriedenheit, Stress, Unrast und Verstimmung. Jede Spielart spiegelt eine mentale Störung wider, die entsteht, wenn wir die Realität wie-sie-ist dadurch ersetzen, wie wir sie gern hätten.

Meine eigene Erfahrung hatte mich gelehrt, dass wir diese Lektion zwar lernen, dass sich dann aber wieder die alten Gewohnheiten einstellen und wir sie nochmals lernen müssen. Und nochmals. Auf welche Weise uns der gewohnheitsmäßige Geist hinters Licht führt, wurde mir durch einen ganz bestimmten Vorfall aus meiner Kindheit in Nubri klar. Unser Haus stand auf einem Hügel, und unterhalb davon lebten ungefähr gleichaltrige Jungs. Wenn wir uns heimlich treffen wollten, schlich ich mich aus dem Haus, legte die Hände um den Mund und imitierte einen Kuckuck. *Kuckuck, kuckuck.* Wenn sie mich hörten, riefen sie *kuckuck* zurück, und dann rannten wir zu einem versteckten Wäldchen mit hohen Bäumen. Die Stämme und Äste hatten sich mit zunehmendem Alter verdreht, manche bildeten Bögen, andere schlängelten sich umeinander oder beugten sich zur Erde.

In dem Wäldchen wetteiferten wir darum, wer am schnellsten und höchsten klettern konnte. Ich hängte mich wie ein Affe mit einer Hand an einen Ast und schwang mich dann auf den Ast darüber. Einmal schwang ich mich wieder von Ast zu Ast, als es plötzlich laut knackte und ich mit der Robe über meinem Gesicht hart auf dem Boden aufschlug. Den abgebrochenen Ast hielt ich noch immer in der Hand. Als ich meinen Kopf endlich befreit hatte, sah ich meine Großmutter, die auf mich herunterschaute. In Erwartung ihrer Standpauke, weil ich ausgebüxt war, blieb ich bewegungslos liegen. Stattdessen sagte sie nur ruhig zu mir: *Gib mir den Stecken da. Ich will dir etwas zeigen.* Ich setzte mich auf und gab ihn ihr. Sie sagte: *Du hast geglaubt, er sei stark und hart, aber guck mal.* Unter der Rinde war das Holz morsch und weich wie Erde.

In den folgenden Tagen dachte ich stundenlang über diesen Baum nach und versuchte zu verstehen, dass die Dinge nicht so waren, wie es den Anschein hatte. Meine Augen hatten mich getäuscht. Der Baum hatte mich betrogen. Wenn ich dem Anschein nicht trauen konnte, worauf konnte ich dann überhaupt noch vertrauen? Ich wollte Gewissheit. Ich wollte, dass der Ast mir versprach, nicht abzubrechen, mir versprach, dass ich nicht hinunterfiel. *Wie konnten wir in einer Welt ohne Gewissheit leben, in der nicht eine einzige Entität auch nur eine Sekunde lang verlässlich war?* Was für eine unerträgliche Vorstellung.

Wann immer ich danach mit den anderen Jungs wetteiferte, prüfte ich jeden Ast über mir, bevor ich den darunterliegenden losließ. Aber hauptsächlich leitete die Erfahrung eine Lektion ein, die ich immer wieder neu lernen musste. Was müsste passieren, um einen Baum als Prozess statt als Objekt wahrzunehmen, als eine lebende und sterbende Form, die wächst, altert, stirbt und sich umwandelt. Was ist mit dem Menschen, den wir am meisten lieben oder … was ist mit uns selbst?

Lektionen über Vergänglichkeit werden nicht über Nacht verinnerlicht. Dazu sind unsere Gewohnheiten viel zu sehr in uns verwurzelt. Wir lernen, haben Einsichten, aber wir wenden sie nicht an oder fühlen uns von ihnen zu sehr bedroht. Der Buddha identifizierte das Verwechseln von Vergänglichkeit mit Beständigkeit als einen der wichtigsten Gründe für Leiden. Buddha, der als *Höchster Arzt* bekannt war, bot ein Mittel für die Heilung der Krankheit *Samsara* an. Aber solange wir diese Krankheit nicht für uns selbst erkennen, werden wir das Heilmittel nicht annehmen.

KAPITEL 10

Wenn du etwas siehst, sag etwas

Am nächsten Morgen kehrte ich wieder zum Steinfußboden zurück, um dort zu übernachten. Nachdem ich die Nacht im Hostel verbracht hatte, fühlte sich der Weg nach unten wie ein abermaliger Abstieg in die Hölle an, wenngleich in eine weniger bedrückende Hölle mit mehr Luft, mehr Licht. Die Menschen sahen weniger wütend aus, sie machten nicht mehr so finstere Gesichter, die Polizei kam mir weniger bedrohlich vor, und der Lärm war nicht mehr so schlimm.

Seit meiner Abreise aus Tergar hatte ich zwar Wasser getrunken, aber nichts gegessen. Ich ging zu einem Kiosk und kaufte mir ein Paket Kekse und eine Tasse Masala-Tee, einen köstlichen, starken schwarzen Tee mit heißer Milch und Zucker. Normalerweise trinke ich den Tee ohne Zucker, aber an jenem Morgen dachte ich mir: *Alles verändert sich, es gibt nichts, was normal ist.*

Ich trug mein Frühstück zu einer Bank im Hauptwartebereich. Die Kekse bestanden aus Erdnüssen und gelben Linsen und schmeckten köstlich, aber salzig, und so ging ich bald wieder zum Kiosk und holte mir noch einen Tee. Und dann noch einen. Eigentlich hatte ich mir ein paar Kekse für später aufheben wollen, aber kurz danach hatte ich auch diese aufgegessen.

Ich kehrte wieder zu dem Steinfußboden von vorhin zurück, aber ich war so durstig von den salzigen Keksen, dass ich nach einer Weile abermals aufstand, den Bahnhof verließ und bei einem Straßenverkäufer Wasser kaufte. Ich erstand auch ein paar geröstete Nüsse, die in eine Tüte aus schmutzigem Zeitungspapier eingerollt waren. Dann ging ich wieder zurück in den Bahnhof. *Welcher Bettler kauft Wasser in Flaschen? Mir egal, wenn dieser Mönch wie ein Betrüger aussieht. Vielleicht wird mich jemand als verdächtiges Subjekt melden.*

Bei einem Besuch in New York hatte ich in Bahnhöfen Hinweise gesehen, auf denen stand: *If you see something, say something.* Damit war beabsichtigt, die Öffentlichkeit für verdächtige Aktivitäten zu sensibilisieren, etwa für herumlungernde Gestalten, wie ich im Augenblick eine war. Nur in Varanasi war ich einer von vielen. Dennoch waren bestimmte Dinge, die ich in New York City und in Varanasi sah, einander ziemlich ähnlich: dass wir von einem zum nächsten Augenblick physische Veränderungen verkörpern, jeden Tag verschiedene Reiche des Leidens durchlaufen und ständig endlose Veränderungen in unserem täglichen Leben und in der Umwelt durchmachen. Das Wetter verändert sich, unser Geist verändert sich, unser Körper verändert sich. Wir wechseln Jobs, Wohnungen, Standorte. Veränderung intellektuell zu akzeptieren ist einfach. Aber es sieht so aus, als mangelte es uns an einem soliden Verständnis dafür, was wir mit dieser Information anstellen, wie wir sie für die Bereicherung unseres Lebens und des Lebens anderer nutzbringend einsetzen. Mein Zuhause zu verlassen, niemandem zu erzählen, wohin ich ging, und auf der Straße leben zu wollen bestätigte die Wahrheit der Veränderung und machte sie sich auch zunutze. Ich brauchte nicht in meiner Mingyur-Rinpoche-Identität hängen zu bleiben. Das hatte ich auch nicht vor. *Was ich allerdings nicht erkenne: Was hält mich jetzt gerade zurück? Wie verwirrend, dass unsere Gewohnheiten so viel Behaglichkeit versprechen, auch wenn sie gegen uns arbeiten. Davon ausgehend, was ich sehe, sage ich, dass Widerstand gegenüber Veränderung uns mit der Realität in Konflikt bringt, und das schafft nie enden wollende Unzufriedenheit.*

Ich hatte erwartet, die Schreine, die Buddha-Bildnisse und die heiligen Texte des Tempellebens gegen Wälder und Dorfplätze einzutauschen und dass die anderen Passagiere meine *Sangha*, meine Begleiter, auf dem Pfad sein würden, dass dieser Bahnhof mein Schreinraum wäre, dass Reisende, die ihren Bestimmungsorten zustrebten, lebender Ausdruck der steinernen Bodhisattvas im Mahabodhi-Tempel wären. Aber in jenem Augenblick hätte ich gern durch ein Kaleidoskop geschaut und die Komposition dieses Traums durcheinandergeschüttelt, denn ich sah ihn nicht als ein Buddha-Reich. Ich konnte nicht erkennen, dass jede Person hier eine Buddha-Natur – die angeborene Fähigkeit zu Weisheit und Mitgefühl – hatte, und zwar in dem Maß, in dem ich sie hatte, nicht mehr und nicht weniger.

Gegen Mittag war ich ausgehungert. Essen hieß für mich Reis und Dal. Es kam nicht darauf an, was ich sonst noch aß: Solange nicht Reis und Dal auf dem Teller waren, hatte ich nicht gegessen. Und nun war es eineinhalb Tage her, seit ich Reis und Dal gegessen hatte. Ich schaute mich um und entdeckte den Mann, mit dem ich am Vortag gesprochen hatte. Ich bat ihn, mir eine gute Garküche zu empfehlen, wo ich Reis und Dal essen konnte. Er verwies mich auf eine Bude außerhalb des Bahnhofs. Ich fragte ihn, wo er zu Mittag aß. Er erklärte mir, dass er kein Geld hatte und er und seine Familie zum Abendessen selbst Reis kochen würden. Ich sagte zu ihm: *Heute lade ich Sie und Ihre Familie zum Essen ein.* Sie kramten ihre Habseligkeiten zusammen, und dann gingen wir zu fünft zum Stand, aßen reichlich und ließen es uns gut gehen. Dann kehrten wir alle zum Steinfußboden zurück.

Verschiedene Geisteszustände kamen und gingen wie durch eine Drehtür. Auf Momente der Ruhe folgten ähnlich wie im Zug Abneigung, Widerwille und Wertung. Dann übernahmen allmählich Geräusche als dominanter Auslöser von Qualen die Herrschaft, was insbesondere für die öffentlichen Ansagen galt, die aus Lautsprechern Gleisnummern plärrten.

Mir fiel ein Schüler aus Osteuropa ein, ein hochgewachsener Mann, der mich deutlich überragte. Er war ein wenig schroff, aber niemals unverschämt. Er erklärte, dass die intellektuelle Strenge des tibetischen Buddhismus ihn anspreche, die Tradition seinem Geschmack nach aber zu sehr der Kultur verhaftet und *religiös* wäre – ein Wort, das er mit besonderer Geringschätzung aussprach. Was ihn am meisten irritierte, waren die Chants, die jeden praktischen Abschnitt einläuteten. *Ich will mich einfach nur hinsetzen und meditieren,* beklagte er sich.

Auch gut, sagte ich zu ihm. *Kein Problem. Machen Sie das.*

Er versuchte es in unserem Gruppenretreat, scheiterte aber daran, dass es im Raum zu laut war.

Ich schlug vor, währenddessen Klangmeditation zu praktizieren.

Er versuchte es, konnte aber die Klangmeditation nicht praktizieren, weil ihn der Klang der Chants zu sehr irritierte.

Ich schlug ihm vor, diese Zeit zu nutzen und sich zu fragen: *Wann beginnt es mich zu irritieren?*

Er stellte fest, dass lange bevor er die Meditationshalle betrat, die Anhaftung an seine Abneigung so stark war, dass sein Geist keinen Raum für Erkundungen hatte.

Wo hatte meine eigene Irritation begonnen?

Jede Stunde, die ich mit der Planung dieses Retreats beschäftigt war, hatte mich mit Freude erfüllt. Ich hatte mich tief zuversichtlich gefühlt. In den Monaten vor meiner Abreise hatte es Augenblicke gegeben, in denen ich befürchtete, dass ich, begeistert wie ich war, mein Geheimnis ausplappern könnte, und hoffentlich nicht ausgerechnet dann, wenn mein Bruder Tsokyni Rinpoche in der Nähe war. Von allen meinen Brüdern ist er mir altersmäßig am nächsten, und ich habe in meinem Leben mehr Zeit mit ihm verbracht als mit irgendjemandem sonst.

Das Tor von Tergar zu durchschreiten traf mich so plötzlich wie ein Schock, wie ein Blitz, der in den Affengeist einschlägt, dass einen Moment lang alles Geplapper, alle begrifflichen Kommentare abrupt verstummt waren. Unterbrochen waren. Und das fühlte sich wunderbar an. Geist jenseits von Worten, jenseits von Begriffen. Erleuchtend, lebhaft. Aber dann war das Taxi nicht gekommen, und ich war im Schlamm ausgerutscht, hatte Angst, entdeckt zu werden, und war ohne Begleiter. *Aber das war nicht der Punkt, an dem meine Irritation begonnen hatte. Die Erklärung wäre zu einfach.* Ich wusste, dass ich nicht die Kennzeichnung Rinpoche war und auch nicht irgendein Titel. Aber ich hatte gedacht, dass diese illusorischen Realitäten einfacher abgelegt werden konnten, als es der Fall war: Letztendlich waren sie nichts als Vorstellungen. Sie waren nur leere Begriffe. Es gab sie nicht wirklich. Sie gehörten nicht zu meinem wahren Selbst. Ich hatte sogar vermutet, dass diese Identitäten vielleicht tiefer in mir wohnten, als ich in meinem Alltag erkennen konnte, aber ich hatte das Ausmaß nicht erkannt, in dem sie sich in meinem Körper eingenistet hatten. Da sie künstlich erzeugt, konstruiert und nicht angeboren sind, konnten sie umgewandelt werden, ja, aber mit mehr Aufwand, Zeit und Geduld, als ich vorausgesehen hatte. Sie ließen sich nicht einfach durch Willenskraft außer Funktion setzen, wie wenn man im Schatten den Sonnenhut absetzt. Das wäre, als ob man sagen würde: *Ich bin Leerheit, Essen ist Leerheit, Hunger ist Leerheit,* und dann zu verhungern, was niemandem nutzt.

Als ich auf dem Bahnhofsfußboden saß, war mir klar, dass ich mich angesichts dieser so aufwühlenden Empfindungen falsch wahrgenommen haben musste. Genauso funktioniert das Leiden: Unsere Fehlwahrnehmungen verwandeln uns zu Zielscheiben. Ich erinnerte mich, dass ich überall in Südostasien Menschen gesehen hatte, die in den Parks den Kampfsport Tai-Chi praktizierten. Ich hatte ihnen von der Seite aus zugesehen und war erstaunt, als ich entdeckte, dass die Verteidigung mehr auf Fluidität beruhte denn auf Gegenwehr. Bei Tai-Chi-Kampfsportmeistern findet der Schlag des Gegners keinen Landeplatz. Gleiches gilt für einen Meister des Geistes. Je unelastischer unser Selbstgefühl ist, umso mehr Angriffsfläche bieten wir den Pfeilen. *Wer bekommt diese Pfeile zu spüren? Wer fühlt sich von diesen lauten Geräuschen angegriffen? Wer sonst als der hohe Lama mit tadellosen Manieren ekelt sich vor dem Geruch stinkender Toiletten und Körperausdünstungen? Ich wünschte, ich könnte diese Nichtsesshaften mit der gleichen Liebe und Zuwendung betrachten wie meine Schüler … doch diese Leute bewundern mich nicht, sie verneigen sich nicht vor mir, und sie respektieren mich nicht.*

Du hast es so haben wollen! Ja, ja, ich weiß … aber … Ich trage immer noch meine erhabenen Hüte auf meinem erhabenen Kopf, nur dass niemand sie sehen kann. Diese Leute um mich herum, die blind sind für Mingyur Rinpoche, verhalten sich nicht angemessen, und das ist verwirrend, und ich weiß nicht, was ich machen soll.

Ich blieb ruhig sitzen, bis mein Atem sich auf einen normalen Rhythmus eingependelt hatte. Seit mehreren Jahren hatte ich eine zunehmende Anhaftung an meine Rolle als Lehrer festgestellt, die wie Seepocken wuchs. Unbemerkt war eine Muschel nach der anderen dazugekommen. Den Dharma weiterzugeben war zutiefst befriedigend. Das war es, was ich mehr als alles andere auf der Welt machen wollte. Aber allmählich hatte mich das leise Gefühl beschlichen, dass ich mich angesichts der Aufmerksamkeit und meiner bevorzugten Behandlung auf den Reisen um die Welt allmählich wie ein Pfau aufblies. Es fehlte nicht viel, dass ich mich den Lobhudeleien entgegenzustrecken begann wie eine Blume, die sich der Sonne zuneigt. Es war ein so wohliges und stärkendes Gefühl, bis mir allmählich die verborgenen Gefahren bewusst wurden und ich spürte, dass ich vom Kurs abkam. Mein Vater hatte mich oft gemahnt, meine Anhaftungen so schnell wie möglich loszulassen. Meine Anhaftung zu lösen, Lehrer zu sein, war einer der

Gründe gewesen, auf dieses Retreat zu gehen, obwohl ich dieses Gefühl noch nie zuvor mit solcher Schärfe empfunden hatte. Mein stiller Ausbruch gegen die Menschen um mich herum fühlte sich an, als wäre eine giftige Beule aufgebrochen. Nun konnte die Heilung einsetzen.

Ich musste mich bewegen und stand auf, um mir noch eine Flasche Wasser zu kaufen. Ich hing eine Weile am Stand herum. Ich lief ein paar Minuten durch den Bahnhof und kehrte dann in denselben Bereich zurück. Die Familie, deren Lunch ich bezahlt hatte, schlummerte glücklich und zufrieden, und die Kinder benutzten ihre Eltern als Kopfkissen. Ich vermisste meine Familie. Ich vermisste meine Betreuer, nicht den Schutz, den sie mir gaben, sondern auch ihre Zuwendung, und ich kämpfte mit den Tränen.

KAPITEL 11

Ein Besuch von der Panik, meiner alten Freundin

Nachdem ich etwa eine Stunde lang in relativer Ruhe dagesessen hatte, wuchs das Unbehagen abermals wie Dornen, die sich in meine Haut bohrten. Bald stellte ich fest, dass dieser schlechte Traum die Panikattacken übertraf, unter denen ich als Kind gelitten hatte. Ab einem Alter von neun Jahren kamen diese Attacken ungefähr fünf Jahre lang bei extremem Wetter wie Hagel, Blitz und Donner und auch dann, wenn ich unter fremden Leuten war. Mir wurde schwindelig und übel, und ich erstarrte wie ein Reh im Scheinwerferlicht. Meine Kehle war wie zugeschnürt. Ich begann, zu würgen und zu schwitzen. Ich konnte nicht mehr vernünftig denken. Ich ließ mich nicht beruhigen, war logischen Erklärungen vertrauter Erwachsener nicht mehr zugänglich. Ich konnte meinen Zustand nicht richtig einordnen. Mein Geist verkrampfte sich vor Angst, und solange das Unwetter tobte, saß ich wie ein Häufchen Elend zitternd in einer Ecke.

Als ich im Alter von dreizehn Jahren das traditionelle dreijährige Retreat begann und ausschließlich im Kloster lebte, hatte ich gehofft, diesen Attacken wie durch ein Wunder zu entwachsen. Aber sie kamen wieder und wurden oft in den Gruppensitzungen ausgelöst. Zweimal täglich versammelte sich die Gemeinschaft in einer Halle zu Gebeten und Zeremonien. Die Gesänge waren von langen und sehr lauten tibetischen Messinghörnern begleitet, von großen, scheppernden Zimbeln und großen und kleinen Trommeln. Wir waren etwa zwanzig Mönche, alle in einem Raum und alle eingehüllt in dichten, qualmenden Weihrauch. Das manifestierte mit Sicherheit ein Buddha-Reich des Friedens und des Gebetes, nur nicht für mich. Wenn sich an manchen Tagen der Lärm zu einem ohrenbetäubenden Crescendo aufbaute, schnürte sich meine Kehle zu, und ich floh aus dieser klaustrophobischen Abgeschlossenheit in die Abgeschiedenheit meines Zimmers. Die Angst konnte meinen Geist wie eine militärische Invasion überfallen, und ich hasste sie mittlerweile wie die Pest.

In einem privaten Gespräch mit Tai Situ Rinpoche, dem Abt des Klosters, erzählte ich ihm von diesen Attacken und der damit einhergehenden Angst und Sorge. Ich sagte ihm, dass die Gruppengebete mich verrückt machten. Er antwortete: *Wenn die Qual der negativen Emotionen wie Feuer prasselt, dann prasselt die Weisheit ebenfalls wie Feuer.* Das hörte sich ermutigend an, aber ich verstand ihn falsch. Ich verstand unter *Weisheit* einen geschickteren oder mühsameren Ansatz, die Panikattacken loszuwerden, und nicht die Weisheit, auf die wir zugreifen können, wenn unsere Qualen wie auf einer großen Leinwand am Himmel in die Luft gesprengt werden. Ich kam nicht auf die Idee, dass Panik und Weisheit vielleicht Seite an Seite existieren könnten.

Die schlimmste und letzte Attacke fand statt, als ich fast vierzehn Jahre alt war. Das erste Jahr des Retreats neigte sich dem Ende zu. Ich konnte nicht größer werden als das

Geräusch oder die Angst und empfand es als Schmach, mich als schwach und zerbrechlich wahrzunehmen und auch von anderen so wahrgenommen zu werden. Aber wie jeder in der Hölle des Hasses weiß, bindet uns nichts so sehr an das Objekt des Hasses wie die eigene Abneigung. Doch ich war entschlossen, die nächsten beiden Jahre im Retreat nicht so zu verbringen wie jetzt. Ich würde die Belehrungen und Praktiken nutzen, um sie auf diese Panik anzuwenden. Schließlich, überlegte ich, wenn der Baum mit dem abgebrochenen Ast nicht dauerhaft war, dann konnte bestimmt auch meine Panik nicht dauerhaft sein. Konnte es wirklich sein, dass Gewitter, Hagelstürme und fremde Menschen nicht das Problem waren? Dass dieses intensive Leiden in meinem Körper – und nicht ein Spielzeug oder ein Ast da draußen – auch ein Produkt mentaler Verwerfungen war? War es dann wirklich so, wie der Buddha lehrte, dass Leiden letztendlich selbst geschaffen ist?

Ich verbrachte drei Tage allein in meinem Zimmer und beobachtete meinen Geist. Ich beobachtete nur, kontrollierte nicht, manipulierte nicht. Beobachtete nur, um ganz sicherzugehen, dass nichts von Dauer war, dass alles in Bewegung war: Wahrnehmungen, Gefühle, Empfindungen. Nach und nach akzeptierte ich, dass ich dazu beigetragen hatte, diese Attacken mit den zwei Aspekten des Verlangens festzumachen: mit *Pushing,* was bedeutet, das Problem wegzuschieben, um es loszuwerden, was die Angst vor der Panikattacke und die Angst vor der Angst selbst nur noch schürte. Und mit *Pulling* insofern, als ich mir wünschte, dasjenige in mein Leben hineinzuziehen, was ich für das Gegenteil hielt: *Wenn die Panik nicht wäre, wäre mein Leben wunderbar.* Ich trennte die Welt immer noch in Gegensätze: gut-schlecht, hell-dunkel, positiv-negativ. Ich hatte noch nicht herausgefunden, dass Glücklichsein nicht in einem problemfreien Leben wohnt. Ich begann, ein Verständnis dafür zu entwickeln, dass ich selbst zu meinen Seelenqualen beigetragen hatte, aber es reichte nicht aus, um meine Muster abzulegen. Ich war in einer dunklen Panikwolke gefangen und konnte mich nicht aus ihr befreien. Die Panikattacken rollten wie Felsblöcke aus Eisen über mich und zermalmten meine Fähigkeit, etwas anderes zu spüren als ihr erdrückendes Gewicht. Aber sobald der Höhepunkt der Attacke überwunden war und ich herauszufinden versuchte, was passiert war, zerbrach eben jener Felsblock und verwandelte sich in Materie, so weich und luftig wie Rasierschaum. So konnte ich tatsächlich erkennen, wie sich meine Wahrnehmungen verschoben. Aber um mich nachhaltig zu überzeugen, war es notwendig, dass ich mich der Vergänglichkeit auf jede mir mögliche Weise abermals versichern musste.

Um das zu erreichen, wurde jedes Objekt und jedes Ereignis eine Chance, mir zu bestätigen, dass meine Panik vergänglich war: jeder Atemzug, jedes Geräusch, jede Empfindung. *Der Baum vor meinem Fenster wird alt werden und sterben, Saljay Rinpoche ist alt und wird sterben. Die Gemälde der Halbgötter im Schreinraum werden zerbröseln, die Welpen in der Nachbarschaft werden heranwachsen. Meine Stimme verändert sich. Die Jahreszeiten verändern sich. Die Monsunregen werden aufhören.* Je genauer ich die flüchtige Natur aller Phänomene untersuchte, umso zuversichtlicher wurde ich, dass meine Panik nur eine weitere temporäre Wolke war. Und nach einer Weile konnte ich sie nicht mehr als das Einzige auf der Welt identifizieren, das sich nicht verändern kann. *Nun gut, auch das kann sich ändern. Diese Wolke hat keinen Anker. Und jetzt? Nur weil es sich verändern kann, heißt nicht, dass es sich auch verändern wird.*

Inzwischen lernte ich etwas über das Ruhen im Gewahrsein, und ich lernte, der wissenden Qualität des Geistes jenseits von Begriffen mehr Vertrauen zu schenken. Den Geist zurückzuholen, damit er sich nicht in Sinnesobjekten oder Problemen verliert, bedeutete nicht, dass der Geist verschwand oder starb. Ganz im Gegenteil. Den Geist von seiner Beschäftigung mit einer endlosen Reihe von spezifischen Objekten, Gedanken oder Problemen zu nehmen machte ihn größer: weit, klar und jenseits von Einbildung.

Das verstand ich irgendwann: Wenn ich die Panik nicht verscheuchte und im Erkennen des Gewahrseins verweilte, würde ich feststellen, dass sie nur eine Darstellung meines Geistes ist. Auf diese Weise würde sich die Panik selbst befreien, was bedeutet, dass sie ebenso wie unsere Gedanken, Emotionen und Wahrnehmungen bereits in und von sich selbst frei ist. Befreiung entsteht durch Veränderung der Wahrnehmung. Unsere Probleme brauchen nicht von einer äußeren Macht befreit zu werden. Ich erkannte, dass die Befreiung nicht möglich ist, dass sie niemals möglich ist, solange wir uns auf die Panik oder irgendein anderes Problem konzentrieren und versuchen, es loszuwerden. Wir lassen es einfach geschehen, und dann rollt die nächste Wolke herein und wieder hinaus, und sanfte Wellen kommen, und unruhige Wellen kommen. Die Probleme des Lebens würden niemals verschwinden, und Menschen, die ich liebte, würden nicht ewig leben, und ich würde neuen Ängsten und Sorgen begegnen. Aber wenn ich beim Erkennen des Gewahrseins bliebe, hätte ich nichts zu befürchten. Ich würde mit den Wolken und Wellen umgehen können, auf ihnen reiten, mit ihnen spielen, von ihnen umgeworfen, aber nicht untergetaucht werden. Ich würde nicht in ihnen gefangen werden. Schließlich entdeckte ich die einzige, verlässliche Befreiung vom Leiden: nicht zu versuchen, das Problem loszuwerden. Dann wollte die Welle mich nicht mehr loswerden. Sie war da, aber sie war nicht mehr schädlich. Die wichtige Einsicht resultierte aus Betrachtungen zur Vergänglichkeit. *Meine Gedanken dauern nicht an, dieser Körper verändert sich, dieser Atem verändert sich. Meine Panik verändert sich, das Leben, das ich zu mir heranziehen möchte, wird sich verändern. Alles, was wir erleben, ist wie Wellen auf der Meeresoberfläche, die sich aufbauen und auflösen.* Und statt die Panik als unverrückbaren Eisenblock zu betrachten, konnte ich langsam eine weiter gefasste, unpersönliche Sicht auf die fortwährende Bewegung finden: Wolken, Pflanzen, Flugzeuge, Menschen, die kommen und gehen, die auftauchen und verschwinden, der Bauch dehnt sich aus und zieht sich wieder zusammen.

Statt meine Panik loswerden zu müssen, erkannte ich, dass ich mich mit dem starren Selbstempfinden vertraut machen musste, das ständig versuchte, alles an Ort und Stelle zu halten. Ich konnte zulassen, dass die Panik ein Eigenleben führt. Entweder würde sie sich endgültig auflösen oder vielleicht auch wiederkommen, vielleicht nochmals, aber so oder so könnte ich damit leben. Und ich erkannte: Selbst wenn ich meine Panik loswerden sollte, würden sich andere Wellen aufbauen, und es würden sich immer wieder schwierige Umstände ergeben, wie Kummer, Krankheit, Sorgen und starke Emotionen. Aber ohne einen fixierten Geist könnten diese Alltagsprobleme wieder im größeren weiträumigen, ozeangleichen Geist aufgehen. Zu versuchen, die Wellen zu stoppen, wäre so, als wollte man den Geist stoppen oder Luft mit den Händen greifen. Das ist nicht möglich.

Seit jener letzten Panikattacke war kein größerer Leidensdruck mehr aufgetreten, und ich hatte nicht geglaubt, dass es wieder so weit kommen würde. Das Wanderretreat hatte ich gerade wegen seiner Schwierigkeiten antreten wollen, doch nachdem ich die Panikattacken überwunden hatte, hatte ich angenommen, dass kein Hindernis mein Vorhaben mehr vereiteln konnte. Ich hatte einen Drachen getötet, weil ich seine wahre Natur erkannte, und mehr als zwanzig Jahre lang waren alle diese Dämonen weggeblieben, bis zum ersten Mal im Bahnhof von Gaya wieder unerträgliche Verlegenheit und Angst vor Zurückweisung über mich hereinbrachen, Emotionen, die sich hier in Varanasi noch verstärkten.

Als Kind hatte ich mich irgendwann damit abgefunden, dass schon die Angst vor einer Panik eine Attacke auslösen konnte, als ob die Kraft der Projektion den Anfall zwingend auslösen konnte. Deshalb wurde nicht nur die Panik selbst, sondern auch die Angst zum Feind, eine weitere Qual, die es galt, zurückzuweisen und abzulehnen. Die Merkmale, die ich an mir nicht mochte, wollte ich nur noch loswerden, als Müll entsorgen. Ihren Wert als Kompost für meine Gesundheit verstand ich nicht.

Und nun, als ich auf dem Fußboden des Bahnhofs saß, merkte ich, wie die Angst wie Dampf in den Raum zwischen mir und den anderen aufstieg. Sich als *anderer* in Beziehung mit anderen zu setzen machte sie zu Boten des Unheils. Um die Angst zu eliminieren, war es notwendig, dass ich der andere *wurde,* was das Gleiche war, wie als Mingyur Rinpoche zu sterben. Doch in diesem Augenblick, noch keine achtundvierzig Stunden von zu Hause weg und zum ersten Mal allein, hatten sich meine Identitäten trotz meiner naiven Erwartungen, sie sofort abzulegen, weiter verfestigt. *Aber ich hatte die Panikattacken losgelassen und den Jungen, der ich war, sterben lassen. Ich hatte einmal geglaubt, dass die Panik mich für den Rest meines Lebens quälen würde, aber es stellte sich heraus, dass auch sie essenziell leer war. Meine Rollen waren essenziell leer, aber meine Erfahrung mit ihnen zeigte, dass sie nicht nichts waren.* Sie hatten lange Zeit zufrieden geschlummert. Ich hatte nicht erwartet, schon ganz am Anfang meiner Reise schlafende Drachen zu wecken. Da ich sie nun aber an die Oberfläche gescheucht hatte, freute ich mich über die Chance, sie bei Tageslicht zu sehen. Das alles nahm ich zur Kenntnis und beschloss dann, dass ich aus diesem Tag das Beste gemacht hatte, was ich konnte. Statt die Nacht in der Bahnhofshalle zu verbringen, kehrte ich wieder in das Bahnhofshostel zurück und bezahlte abermals hundert Rupien für weitere zwölf Stunden.

Ich bin nicht meine Verlegenheit, sagte ich mir, *nicht meine Verwirrung oder Paranoia,* obwohl diese Gefühle sich so körperlich anfühlten, als könnte ich ihnen einen Klaps geben. Der Mönch Nagasena war sich mit mir einig. Er hatte erklärt: Wegen *meines Körpers, meiner Empfindung, meiner Wahrnehmung und so weiter existiert Nagasena tatsächlich als Bezeichnung, als landläufige Ausdrucksweise, als Name. Aber letztendlich gibt es keine Person, die sich dahinter verbirgt.*

Aber, aber …

In meiner zweiten Nacht in Varanasi lag ich wiederum auf einer Pritsche im Bahnhofshostel, diesmal in der mentalen Körperhaltung eines kleinen Boxers. Mit erhobenen Fäusten kämpfte ich gegen Nagasena, genauso, wie ich als Kind mit meinem Lehrer Saljay Rinpoche diskutiert und steif und fest behauptet hatte: *Ich bin hier. Ich existiere. Wie kann ich nicht hier sein?* Wieder und wieder hatte Saljay Rinpoche auf mich eingeredet: *Du bist hier, und du bist nicht hier. Sowohl als auch. Wie das Grasseil und das Ascheseil. Das Gleiche und doch unterschiedlich.*

Aufgerollte Seile aus Gras, auf die man in Indien und Nepal überall trifft, werden manchmal als Brennstoff zum Kochen verwendet. Während die groben Bestandteile abbrennen, verwandelt sich das Seil zu Asche. Die Form bleibt exakt die gleiche, ist aber von Masse entleert. Saljay Rinpoche verglich das Grasseil mit dem Selbst und den Aschezustand mit dem *reinen* Selbst. Dieses reine Selbst ist das voll funktionierende *Ich*, gereinigt von selbstsüchtigen Anliegen. Es ist das erwachte Selbst, befreit vom anhaftenden Selbst und deshalb befreit von der Anhaftung an Kennzeichnungen, welche unsere Identität ausmachen. Das ist das gesunde Selbst, das Anweisungen von seinem gesunden Verstand annimmt und sich nicht von anhaftenden Gewohnheiten tyrannisieren lässt. *Rein* unterwandert die Fehlwahrnehmung eines unveränderlichen Selbst, und *Rein-heit* wird eher zu einem Hologramm, einer sichtbaren Form, die nicht von gewohnheitsmäßigen Mustern der Anhaftung und von der Tendenz belastet ist, unsere Identitäten mit externen Phänomenen zu vermischen.

Wir alle haben die Körperteile, Emotionen und Wahrnehmungen, die Nagasena aufgezählt hat. Aber Nagasena geht es darum, dass sie zusammen kein kohäsives, inhärentes *Ich* ergeben. Deshalb ist es möglich, als das *reine* Ich zu funktionieren, als eines, das frei ist von falschen Vorstellungen über das Selbst und befreit von irrigen Ansichten und insbesondere von dem Missverständnis, dass das Zusammensetzen von Teilen etwas Reales und in sich Unabhängiges ergibt, welches nicht von Erzählungen und Lebenslagen abhängig ist. Wir alle sind die selbstverschuldeten Opfer einer falsch verstandenen Identität. Wenn wir all die Teilstücke mit einem essenziellen, unveränderlichen *Ich* verwechseln, dann geben wir die Kontrolle an das *Ego* ab. Aber wir können lernen, wie wir das *Ego* dazu bringen, in unserem Sinn auf gesunde, konstruktive Art zu handeln. Das *reine Ich* funktioniert ohne Anhaftung, es ist nicht ständig damit beschäftigt, die Welt zu seiner eigenen Zufriedenheit zu manipulieren.

Wir streben nach der Befreiung, die aus dem Erkennen des Selbst resultiert, welches nicht durch Anhaften definiert und deshalb imstande ist, seinen ursprünglichen Zustand zu erkennen. *Warum bin ich dann auf dieser Reise und wonach strebe ich? Im Augenblick strebe ich danach, die illusorischen Hüte loszulassen, die ich auf diesem illusorischen Kopf trage und die innerhalb dieses Geistes leben, der von Verwirrung verfälscht und von Fehlwahrnehmungen verwirrt ist. Es sind die Hüte, die nie existiert haben, die samt und sonders gefälschte Identitäten sind, von einem Geist mit einer gefälschten Identität geschaffen, durch ein künstlich hergestelltes, konstruiertes Selbst aufrechterhalten, durch verzerrte Wahrnehmungen bestätigt, aus Gewohnheit festgehalten … Und weil die Hüte nicht real sind, können sie vorüberziehen, ich hänge nicht an ihnen fest, und ich werde auch nicht an ihnen festhängen. Ich werde sie ebenfalls dem Feuer übergeben. Ich werde das aufgerollte Grasseil dieser Hut-Identitäten in die Flammen werfen. Und dann? Werde ich zu Asche werden, zum »reinen« Mingyur Rinpoche? Oder werde ich einfach eine Leiche sein, eine lebende Leiche oder eine tote Leiche? Am Leben zu sein, ohne in die Wahrheit der Leerheit aufzuwachen, ist, als würde man sich zu den lebenden Toten gesellen.*

Ich liege auf meiner Pritsche, nicht Seil, nicht Asche, sondern irgendwo dazwischen.

KAPITEL 12

Ein Tag an den Ghats

An meinem dritten Tag in Varanasi kam ich vom Hostel herunter, ließ den Fußboden im Bahnhof links liegen, ging zum Haupteingang hinaus und machte mich auf den etwa acht Kilometer langen Weg zu den Ghats. Ein Ghat besteht aus einer Reihe hoher, behauener Steinstufen, die zum Ganges hinunterführen. In Varanasi bildet die lange Reihe von achtzig Ghats das heilige Herz des Hinduismus.

Ich wählte eine Straße, die am Fluss entlangführt. Ich bewegte mich weder langsam noch schnell, doch bald verschmolz diese Bewegung mit dem entspannten Gefühl einer Gehmeditation. Ich erweiterte mein Gewahrsein, um mich in das Erlebnis der Bewegung zu vertiefen. Ich registrierte die Empfindungen in den wandernden Beinen und Füßen, das Schlurfen der Füße auf der staubigen Straße und die Farben und starken Gerüche um mich herum. Eine Weile nahm ich diese Empfindungen zur Kenntnis und ließ mein Gewahrsein mit ihnen wandern. Nach ein paar Minuten erweiterte sich mein Gewahrsein weiter und nahm die Gedanken und Eindrücke auf, die durch meinen Geist zogen. Gedanken sind beim Meditieren nicht unbedingt ein Hindernis: Im Gewahrsein können sie wie etwa der Atem die Meditation unterstützen. Ich öffnete meinen Geist und ließ all die Erfahrungen vorübertreiben wie Wolken unterschiedlicher Formen und Größen, die über den Himmel ziehen.

Meine Gedanken wanderten zu meinem letzten Besuch der Ghats, und die Bewegungen meines Körpers, anheben, bewegen, einen Fuß vor den anderen setzen, begleiteten die Bewegung meiner Gedanken. Ein paar Jahre zuvor war ich mit einem Tross von Mönchen und fünfzehn oder zwanzig Schülern hierhergekommen. Wir waren in einem Vier-Sterne-Hotel auf dem alten Ausbildungslager hinter den Ghats abgestiegen. (*Anheben, bewegen, aufsetzen.*) Am ersten Morgen unseres Besuchs war bei Tagesanbruch eine Bootsfahrt auf dem Ganges geplant. Als ich in die Lobby kam, begrüßten mich die Mönche und die Schüler mit einem Lächeln, mit aneinandergelegten Händen und tiefen Verbeugungen bis zur Taille. Einige von ihnen überreichten mir den weißen, traditionellen Schal. (*Anheben, bewegen, aufsetzen.*) Eine Limousine brachte mich zum Fluss, wo ein großes Ruderboot auf uns wartete. Die für mich reservierte Holzbank war mit einem bestickten Tuch und Kissen bedeckt. (*Anheben, bewegen, aufsetzen.*) Die Bootsleute legten gerade vom Ufer ab, als die aufgehende Sonne die Kalkstufen rosarot färbte und die Menschen sich am Flussufer zu ihren morgendlichen Waschungen versammelten. (*Anheben, bewegen, aufsetzen.*) Wir hatten Girlanden aus Ringelblumen gekauft, die wir in den Fluss legten, einige waren Opfergaben für jene, die erst kürzlich verstorben waren. Auf schwimmenden Palmenblättern opferten wir brennende Kerzen.

Pilger nehmen weite Wege auf sich, um in diesem Abschnitt des Ganges zu baden. Sie kommen, um ihre Seelen zu reinigen (*anheben, bewegen, aufsetzen*) und von den Kreisläufen des *Samsara* befreit zu werden. Die, die in Varanasi sterben, werden als gesegnet angesehen, und Gästehäuser verpflegen gläubige Hindus, die hier sterben und am Flussufer verbrannt werden wollen. Sofern sie es einrichten können, bringen Familien ihre Toten hierher, lassen sie auf hölzerne Scheiterhaufen legen und die Asche in das geweihte Wasser streuen. Der Geruch von Weihrauch und verbranntem Fleisch hängt in der Luft. Wir kehrten in unser Hotel zurück und setzten uns in einen wunderschön angelegten Garten an lange Tische, wo Kellner mit Turbanen auf dem Kopf Schüsseln mit frischen Früchten, Curd, Croissants und Lattes servierten. *(Anheben, bewegen, aufsetzen.)* Nun sinnierte ich, dass ich zwar erst ein paar Tage von Tergar fort war, die Erinnerung daran aber jetzt schon zu einem anderen Leben zu gehören schien. Dann dachte ich an einen meiner geliebten Lehrer, Nyoshul Khen Rinpoche. Niemand ging leichtfüßiger durchs Leben als er. Wenn er einen Raum durchquerte, tat er es mit der Anmut eines Eiskunstläufers. Es war, als bewegten sich seine Füße nicht auf und ab, sondern glitten dahin. Von meinen wichtigsten Lehrern hatte nur er als *Sadhu* auf der Straße gelebt. Er stammte aus ärmlichen Verhältnissen, hatte seine Flucht aus Tibet nur knapp überlebt, und das Betteln um Almosen war bestimmt nicht seine erste Erfahrung mit Hunger. Der Titel *Khen* bezeichnet einen fortgeschrittenen Praktizierer, der auch Meister für traditionelle Texte ist. Da er nicht als *Tulku,* als reinkarnierter Meister, erkannt worden war, hatte er keine Verantwortlichkeiten aus der Vergangenheit geerbt, und er hatte weniger formale Pflichten in der Verwaltung der Klöster als viele andere geehrte Lamas.

Wie außergewöhnlich Khen Rinpoche war, wusste ich von meinem Vater. Das hatte nichts mit dem zu tun, was mein Vater sagte. Allein die Erwähnung des Namens Khen Rinpoche erfüllte ihn ganz offensichtlich mit Freude, und sein Name war immer vom strahlenden Gesicht meines Vaters begleitet. Ich lernte Khen Rinpoche erst 1991 kennen, als ich siebzehn Jahre alt war. Ich legte gerade eine Pause zwischen dem ersten Dreijahresretreat und dem nächsten ein, in dem ich die Funktion eines Retreat-Meisters übernehmen sollte. Ich war nach Bhutan eingeladen worden, um an der Einäscherungszeremonie von Dilgo Khyentse Rinpoche, dem großen Meister des tibetischen Buddhismus, teilzunehmen. Da Khen Rinpoche in Bhutan seinen Wohnsitz hatte, wollte ich ihn dort aufsuchen. Damals erwähnte ich die Möglichkeit, bei ihm zu studieren, wozu es allerdings erst viel später kommen sollte. Bevor ich bei ihm zu trainieren begann, hatte er viele Jahre lang auf der Straße gelebt. Allerdings hatte ich schon, als ich aufwuchs, von seiner Geschichte und seinem Entschluss gehört, Bettler zu werden.

Irgendwann gegen Ende der sechziger Jahre hatten der sechzehnte Karmapa, das verehrte Oberhaupt der Karma Kagyu-Schule des tibetischen Buddhismus, und Khen Rinpoche andere hochrangige Lamas und Offizielle von Klöstern bei einer Konferenz in Delhi zusammengebracht. Die Zusammenkunft war einberufen worden, um das Schicksal Tibets und der Exilgemeinschaft zu diskutieren. Als die beiden einander über den Weg liefen, sah der Karmapa Khen Rinpoche mit großer Warmherzigkeit an und bemerkte scherzhaft: *Du bist ein Khenpo. Du solltest dich nicht mit Politik befassen.* Das nahm sich Khen Rinpoche zu Herzen. Bald danach bot ihm ein Kloster an, persönlicher Lehrer einer ihrer *Tulkus* zu werden, und Khen Rinpoche nahm die Stelle an. Der *Tulku,* damals um die zwanzig Jahre alt, musste nach Kalkutta und bat Nyoshul Khen, ihn zu begleiten. Der *Tulku* reservierte Zimmer für beide in einem Fünfsterne-Hotel. Nach zwei oder drei Tagen verkündete der *Tulku,* dass er in der Stadt zu tun hätte. *Du bleibst hier,* sagte er zu Khen Rinpoche. *Ich bin in ein paar Stunden zurück.* Aber er kam nie zurück. Khen Rinpoche hatte kein Geld, und die Hotelrechnung hatte mittlerweile schwindelnde Höhen erreicht. Nach einem oder zwei weiteren Tagen erklärte er dem Hoteldirektor die Situation. Der Direktor tobte, sagte aber schließlich: *Sie können Ihre Schulden mit Geschirrspülen abarbeiten.*

Nyoshul Khen sprach kein Hindi, aber die Arbeit machte ihm Spaß, und es machte ihm nichts aus, im Personaltrakt zu übernachten. Inzwischen machten sich die Leute zu Hause Sorgen über sein Verschwinden. Nach etwa drei Wochen hatten sie seine Spur bis zum Hotel verfolgt, beglichen die Rechnung und brachten ihn in ein Kloster. Da beschloss er, den sechzehnten Karmapa erneut zu besuchen, und machte sich auf den Weg zum Sitz des Karmapa nach Rumtek in Sikkim.

Der Karmapa sagte: *Khenpo, du hast wirklich Glück. Weißt du auch, warum du ein solches Glück hast?*

Khenpo antwortete: *Nein. Warum habe ich ein solches Glück?*

Weil du von diesem Tulku entlassen wurdest, sagte der Karmapa, *und jetzt bist du frei.*

Khenpo ging zurück in sein Zimmer und grübelte: *Warum habe ich Glück?* Er dachte über seine Zusammentreffen mit dem Karmapa nach. *Zuerst sagte er zu mir, dass ich kein Mensch für die Politik sei. Jetzt sagt er, dass ich Glück hätte.* Plötzlich überlegte er: *Ich habe mein ganzes Leben lang darauf trainiert, Hindernisse in Chancen umzuwandeln. Heute verstehe ich es endlich. Ich werde die Gelegenheit nutzen, keinen Job zu haben, kein Geld und keine Pflichten.*

In diesem Moment traf er die Entscheidung, zu wandern. Drei Jahre lang wechselte er zwischen Klöstern und einem Leben als *Sadhu* auf der Straße. Alles an Nyoshul Khen inspirierte mich: die anmutige Art, wie er sich fortbewegte und dabei ständig sein Gewahrsein aufrechterhielt, wie er lehrte und dass er als Bettler lebte. Er war zwölf Jahre zuvor gestorben, und er fehlte mir mehr denn je. Ich wünschte, ich hätte ihn noch fragen können, wie es war, als er noch auf der Straße gelebt hatte.

Ich wandte mich vom Fluss ab und streifte durch die engen Gassen, die zum oberen Ende der Ghats führten. Viele Läden in dieser Gegend verkaufen Stoffe, und in einem davon erstand ich ein *Sadhu*-Outfit. Ich kaufte zwei Bahnen safranfarbener Baumwolle, eine, um sie mir als eine Art Dhoti-Hose um die Taille zu wickeln, und die andere für die Schultern. Ich verzichtete darauf, den Laden in *Sadhu*-Kleidung zu verlassen, und legte die Stoffbahnen in meinen Rucksack. Auch wenn ich König Menander dreist erklärt hätte, *dass ich nicht meine Robe bin,* wurde es nun offensichtlich, dass ein Teil meiner Identität in zwei mal drei Metern rotbrauner Baumwolle lebte. Obwohl der Verzicht auf meine Mönchsrobe den Tod signalisiert haben könnte, den ich mir ersehnt hatte, war ich einfach noch nicht bereit. Ich fragte mich, ob Khen Rinpoche das Gewand eines Sadhu getragen oder ob er seine tibetische Robe behalten hatte. Ich wünschte, ich hätte ihn gefragt. Ich hätte gern gewusst, ob er Sandalen getragen hatte oder barfuß gelaufen war.

Ich stieg eine der Treppen zur Hälfte hinunter und entdeckte einen Teeladen, vor dem man draußen im Schatten sitzen konnte. Ich bestellte süßen Masala Chai, setzte mich und schaute zur Promenade hinunter, die die ganze Länge der Ghats entlangläuft. Für viele Touristen war es zu heiß, aber die Affen lauerten wie üblich darauf, gefüttert zu werden. Ein paar *Sadhus* und nackte, mit Asche eingeschmierte Shaivites – Hindus, die Shiva als obersten Gott verehren – bewegten sich in der brütenden Hitze in gemächlichem Tempo mit ihren bimmelnden Dreizacken.

Hier im Teeladen war ich nicht weniger dazwischen als zu irgendeiner anderen Zeit in den vergangenen zwei Tagen, zumal ich noch immer meine tibetische Robe trug. Aber ich war schon oft an den Ghats gewesen, und da ich hier alles kannte, war diese Teepause für mich ein besonders entspannendes Intervall, bevor ich zum chaotischen Bahnhof zurückkehrte und mein Retreat wieder aufnahm oder das Retreat fortsetzte, das ich begonnen hatte und das ich jetzt gerade machte. Allein auf mich gestellt zu sein, Tee zu bestellen und mit Geld umzugehen war mir immer noch unangenehm, aber ich genoss diesen Moment der Stille.

In der tibetischen Tradition achten wir auf drei Aspekte eines Retreats: außen, innen und geheim. Außen bezieht sich auf die physische Umgebung. Manches Ambiente ist förderlicher als ein anderes, um unsere wiederkehrenden Gewohnheiten zu durchbrechen und die Erforschung der inneren Vorstellungswelt zu unterstützen. Doch der Dharma-Pfad ermuntert uns, innewohnende, dauerhafte Qualitäten zu pflegen, die nicht von äußeren Situationen abhängig sind. Wenn wir Zugang zu förderlichen Begleitumständen haben: wunderbar. Das ist sehr hilfreich, insbesondere für Anfänger. Aber es ist eine Falle, Ambiente und Ausstattung als Notwendigkeit misszuverstehen. Was notwendig ist, ist eine Bereitschaft, die Tiefen des eigenen Geistes kennen zu lernen.

Die richtige Absicht unterstellt, war ich davon ausgegangen, dass der Bahnhof von Varanasi ebenso perfekt zum Meditieren geeignet wäre wie ein Schreinraum oder ein Blumengarten. Schließlich war ich kein Anfänger, überlegte ich, und die Wahrnehmung definiert den Kontext und nicht andersherum. Jedoch waren mir der Bahnhof von Gaya, die anschließende Zugfahrt und die Zeit, die ich unter Obdachlosen verbracht hatte, aufs Gemüt geschlagen. Zunächst musste ich meinen Körper an Orte bringen, die meinen Geist beruhigten. Und abermals machte es keinen Sinn, so zu tun, als sei ich in der Lage, mehr zu bewältigen, als ich tatsächlich konnte.

Innen bezieht sich auf den physischen Körper. Weil wir Leiden durch physische Handlungen und Sprache erzeugen oder verringern, bedeutet ein inneres Retreat, dass wir ein Umfeld schaffen, welches uns vor den gewöhnlichen Mustern von Klatsch und Verleumdung schützt oder vor Substanzen, die den Geist vernebeln, oder vor häuslichen Situationen, in denen sich Muster von Trägheit oder Ungeduld eingeschlichen haben.

Seit meiner Kindheit waren mir die Grundsätze eingetrichtert worden, die Verhalten und Sprache regeln, und ich stellte meine Disziplin nicht ernsthaft infrage. Ich wusste auch, dass ich eine Unterscheidung zwischen einer Verletzung kultureller Konventionen und wahrer Gelübde treffen musste. So wurde beispielsweise eine tibetische Sitte verletzt, wenn sich ein *Tulku* auf den Fußboden setzte. In manchen klösterlichen Traditionen wird nach dem Mittagsmahl kein Essen mehr serviert. In anderen ist Schlucken am Abend erlaubt, man darf einen Saft trinken oder eine Suppe schlürfen, Kauen ist aber verboten. Ich aß kein Fleisch mehr, aber in meinem Retreat würde ich alles annehmen, was man mir gab, und ich hatte keine Kontrolle darüber, zu welchen Stunden ich etwas zu essen bekam. Die wichtigsten Grundsätze, die sich darauf beziehen, keinen Schaden zuzufügen, nicht zu stehlen oder zu lügen und so weiter, waren nicht nur Regeln für ein spezifisches Verhalten, sondern hatten auch die Funktion, die Wachsamkeit zu fördern und für jene Tendenzen sensibilisiert zu werden, die zu Anhaftungen führen statt zum Loslassen. Beichten oder gestehen, wenn ein Grundsatz gebrochen wird, kann helfen, den Geist zu reinigen und das karmische Gleichgewicht wiederherzustellen. Aber wenn der Geist selbst nicht von Anhaftung gereinigt wird, tendiert negatives Verhalten zu Wiederholung.

Als ich klein war und noch in Nagi Gompa lebte, hatte mein Vater einen deutschen Schüler, der das teuerste Mountainbike besaß, das es zu kaufen gab. Mit diesem Mountainbike fuhr er von Kathmandu nach Nagi Gompa hinauf, aber nicht auf der schmalen, unbefestigten Straße, sondern mitten durch die Wälder. Er konnte mit dem Bike über Gräben und Flüsse springen, und manchmal jagte er hinauf auf den Gipfel des Shivapuri, der hinter dem Nonnenkloster aufragt. Manchmal sah es so aus, als blieben seine Räder nicht auf der Erde und als flöge er durch die Luft. Dieser Mann war ein so hervorragender Biker, dass er sich ab und zu Geld damit verdiente, dass er mit Nepalesen unten im Tal Rennen fuhr.

Einmal sagte er zu meinem Vater: *Ich habe zugehört, als Sie über die Bedeutung des Loslassens lehrten, und ich weiß nicht, was ich jetzt mit meinem Mountainbike machen soll.*

Mein Vater sagte: *Ich weiß, du liebst dein Mountainbike. Wenn du es weggibst, wird es nicht helfen, deine Anhaftung zu durchbrechen. Es könnte sie sogar verstärken.*

Der Mann war erleichtert, gleichzeitig aber auch verwirrt. Mein Vater erklärte, dass der Wunsch, *etwas loszuwerden*, auch vom fixierten Geist kommt. *Wenn du an diesem Bike anhaftest und es weggibst, wird dein Geist an deinem Bike kleben, ob du es nun besitzt oder nicht, und du könntest stolz auf deine Tat werden. Wenn du nicht mit dem Geist der Anhaftung arbeitest, wird der Geist an dem einen oder anderen hängenbleiben. Du musst die Anhaftung befreien, und dann kannst du dich entscheiden, ob du das Bike behalten möchtest oder nicht. Stoß es nicht fort, zieh es nicht zu dir heran. Arbeite von der Mitte aus, und nach und nach wirst du die Anhaftung in einen offenen Geist verwandeln, der dir die Möglichkeit gibt, passende Entscheidungen zu treffen.*

Was das innere Retreat betrifft, wusste ich, dass die Tatsache, allein auf der Welt zu sein, andere Optionen eröffnete, als ich bisher gekannt hatte, und dass in gewisser Hinsicht meine klösterlichen Gelübde durch meine buddhistische Robe gewährleistet waren. Die Robe gegen die neue Jogi-Kleidung auszutauschen bedeutete, den Schutz aufzugeben, den die Robe bot. Im Augenblick fühlte ich mich zu verwundbar, um das zu tun. Auch wenn niemand hier war, der zu erkennen gegeben hätte, dass er die Bedeutung der Robe oder ihren Status kannte, spielte sie tief in meiner Seele die Rolle einer Zeugin. Vorläufig würde ich sie weiterhin tragen.

Ein geheimes Retreat bezieht sich auf Intention. Ich habe mein ganzes Leben lang gelobt, fühlende Wesen von selbst geschaffenem Leiden zu befreien und sie ihrer eigenen Weisheit zuzuführen. Die Intention für dieses Retreat wich nicht von der Intention für irgendein anderes Retreat oder irgendeiner Praxis ab, die ich je gemacht hatte.

Ich war überrascht gewesen, als mich Leute aus dem Westen baten, ihnen die Vorteile eines Wanderretreats zu erklären. Sie hielten es für einigermaßen egoistisch – eine Sichtweise, die einem Tibeter nie in den Sinn käme. *Warum bleiben Sie nicht an Ort und Stelle und lehren wie bisher den Dharma, um anderen zu helfen, aufzuwachen? Sie könnten die Anstrengungen für das Reinigen des Grundwassers in Bodh Gaya unterstützen oder sich für die Bildung von Mädchen einsetzen. So viele lohnenswerte Gründe. Warum ganz allein auf ein Retreat gehen?*

Überall setzen sich Menschen enthusiastisch dafür ein, die Welt zu verbessern. Ihre Absichten sind bewundernswert, doch streben sie danach, alles zu verändern, nur nicht sich selbst. Sich selbst zu einem besseren Menschen zu machen heißt, die Welt zu einem besseren Ort zu machen. Wer entwickelt die Industrien, die Luft und Wasser mit schädlichen Abfallstoffen vergiften? Wie kommt es, dass wir menschliche Wesen gegen die Not von Flüchtlingen immun geworden sind oder herzlos gegenüber den Qualen der Tiere, die wir züchten, um sie zu schlachten? Solange wir uns nicht wandeln, sind wir wie ein wütender Mob, der lauthals nach Frieden schreit. Um die Welt zu bewegen, müssen wir in der Lage sein, darin stillzustehen. Mehr denn je lege ich meinen Glauben in Ghandis Ansatz: *Sei selbst die Veränderung, die du in der Welt sehen möchtest.* Nichts ist wichtiger im einundzwanzigsten Jahrhundert und darüber hinaus, als der persönliche Wandel. Er ist unsere einzige Hoffnung. Uns umzuwandeln *bedeutet,* die Welt umzuwandeln. Aus diesem Grund war ich auf dem Retreat, um meine Fähigkeiten dahingehend zu optimieren, andere anzuleiten, ihre eigene Weisheit und ihre eigenen Fähigkeiten für ein friedvolles Leben kennen zu lernen.

Ich dachte an einen Amerikaner, den ich kannte und der bei seiner ersten Reise nach Indien die Ghats besichtigt hatte. Als College-Student war er im Rahmen eines Austauschprogramms nach Indien gegangen und wurde in einem kleinen Ruderboot auf dem Ganges herumgeschippert. Er war schockiert und entsetzt, als er sah, dass unweit von der Stätte, wo Leichen verbrannt wurden und die Asche in den Fluss gestreut wurde, Menschen badeten und sich sogar den Mund ausspülten. Im Wasser trieb auch ein lebloser Körper vorüber, und die Intensität dieses Erlebnisses hatte ihn tief erschüttert. Bis dahin war er davon ausgegangen, dass auf dem spirituellen Pfad eine gewisse Reinlichkeit und Ordnung herrschten, dass er sauber, angenehm und besinnlich wäre. Er hatte ihn mit makellosen Zen-Klöstern und stillen Meditationen assoziiert. An jenem Tag lernte er, dass es keine vom täglichen Leben abgetrennte, spirituelle Realität gibt und dass er, um überhaupt etwas von Wert über sich und über das Leben auf der Welt zu erfahren, tief in sich hinein reisen musste.

Auf dem Rückweg zum Bahnhof wählte ich eine vom Fluss weiter entfernte Straße. Unterwegs machte ich einen

Stopp und kaufte eine Packung getrockneter Instantnudeln, die ich direkt aus der Plastiktüte aß. Die Straße wand sich durch eine ländliche Gegend mit grünen Feldern, weniger Menschen und weniger Autos. Inzwischen war es brütend heiß, und ich vermisste einen Schatten spendenden Sonnenschirm. Auf einem Feld abseits der Straße sah ich zwei kleine Pferde, blieb stehen und sah ihnen zu. Hinter ihnen erstreckte sich ein Feld mit saftigem Gras. Wie zum Beweis, dass das Gras *auf der anderen Seite* grüner ist, streckten sie ihre Hälse durch die Bretter des Weidezauns und mühten sich ab, das Gras auf der anderen Seite zu erreichen. *Genau wie wir! Ständig sehnen wir uns nach dem, was wir nicht haben. Das Gras dort drüben ist besser als dieses hier, und das machen wir den lieben langen Tag.*

Unsere ständige Unruhe deckt eine latente Unzufriedenheit auf, die abgesehen von ein paar Höhepunkten hier und da nie ganz verschwindet. Wenn wir wittern, dass etwas Besseres greifbar nahe, aber doch unerreichbar ist, macht uns das ruhelos. Es ist wie bei leichtem Fieber: Nicht besorgniserregend genug, um zum Arzt zu gehen, aber auch nicht ganz in Ordnung. Wir lassen uns nicht davon abbringen, dass die perfekte Temperatur, der perfekte Partner oder Beruf gleich um die Ecke oder hinter dem Zaun auf uns wartet. Wir stellen uns vor, dass unsere inneren Zwänge sich abschwächen, dass wir unseren unreifen Sehnsüchten entwachsen oder dass uns irgendeine neue Freundschaft oder ein Job vor dem zerfleischenden Selbsthass, vor Einsamkeit oder vor dem Gefühl retten wird, ständig Fehler zu machen. Unlogischerweise halten sich diese Träume von einer Veränderung zum Guten hartnäckig, auch über Jahrzehnte, während oft nur wenige oder gar keine von ihnen je Früchte tragen. Aber unsere Träume und Wünsche orientieren sich immer noch an Zufriedenheit und nicht an Unzufriedenheit.

Auch wenn unsere Sehnsüchte sich vielleicht nicht erfüllen, so deutet diese Orientierung hin zum Glücklichsein und weg von Unzufriedenheit auf eine innere Qualität. Selbst ein Verhalten, das fehlgesteuert oder destruktiv ist, wie etwa Geld zu stehlen, unangemessene sexuelle Beziehungen einzugehen oder süchtig machende Substanzen einzunehmen, wird von dem Wunsch getragen, glücklich zu sein. Die universelle Beständigkeit dieser Orientierung darauf, glücklich zu sein, spiegelt die grundlegende Gutheit in uns wider. So fehlgeleitet der Ausdruck von Glücklichsein auch sein mag: Unsere Sehnsucht stützt sich auf einen inhärenten Wunsch nach Fürsorge, Behaglichkeit und einem Gefühl des Wohlbehagens und zeigt, dass der Wunsch, glücklich zu sein, aus dem Kern unseres Seins kommt. Er konnte nicht aus einem Glauben an das Gute entstehen, aus der Auferlegung eines religiösen Dogmas oder sozialer Werte. Glaube und Werte sind Begriffe und deshalb Veränderungen und Launen unterworfen. Diese Orientierung darauf, gütig zu uns selbst zu sein oder darauf, was wir *grundlegendes Gutsein* nennen, ist genauso in uns wie das Gewahrsein, ob wir es erkennen oder nicht. Wir leben niemals ohne es.

Je besser wir das Gewahrsein erkennen, umso mehr Zugang haben wir zu unseren eigenen liebenden Qualitäten. Liebende Güte und Mitgefühl sind der natürliche Ausdruck des Gewahrseins, da der reine Ausdruck eines großen Herzens begriffliche Vorstellungen und Ansichten transzendiert und jenseits von Dualität, jenseits von Worten und Logik existiert. Dieselben Qualitäten treffen auch auf das Gewahrsein zu, und je mehr wir innerhalb des grenzenlosen Zustands des Gewahrseins ruhen, umso grenzenloser werden unsere Liebe und unser Mitgefühl sein.

Ich kannte die Belehrungen. Ich vertraute ihnen. Ich hatte sie in unterschiedlichem Ausmaß erlebt. Aber der Unterschied zwischen nie allein gewesen zu sein und nun festzustellen, dass ich vollkommen auf mich allein gestellt war, führte zu einem überraschend harten Bruch. Ich war so ängstlich und verspannt geworden, wie ich es seit Jahrzehnten nicht mehr gewesen war. In solchen Phasen verpuffen alle Illusionen, denen wir uns vielleicht hingegeben haben, dass wir mit unseren Füßen fest auf dem Bahnsteig eines Bahnhofs stehen oder auf irgendetwas, was uns vertrauenswürdig erscheint. Was machen wir nun? Können wir die ungebetene Gelegenheit ergreifen, dieses neue mentale Territorium einer nicht definierten Weite zu erforschen, die es in Wahrheit immer gibt? Wir neigen eher dazu, uns so schnell wie möglich wieder in die umschriebenen Grenzen der mentalen oder physischen Komponenten unserer bekannten Welt zu verkrümeln.

Der Bahnhof von Gaya bot eine besondere Chance, durch die aus einem Riss entstandene Lücke zu schlüpfen, das bedingungslose Selbst zu erfahren und die Realität zu erkunden, nachdem der anhaftende Geist durch Schockeinwirkung zerstört war und sich noch nicht wieder zusammengesetzt hatte. Eine Stunde bevor ich am Bahnhof von Gaya angekommen war, hatte meine Euphorie, dass ich die Treppe meines Hauses auf Zehenspitzen hinuntergeschlichen, den Blicken des Wachmanns entgangen und durch das Tor von Tergar geschlüpft war, auch meinen begrifflichen Geist erschüttert. In jenem Augenblick konnte ich jedoch den Zustand des Geistes ohne vorgefasste Meinung erkennen.

Dadurch konnten die leuchtenden, wissenden Qualitäten des nackten Geistes weiterbestehen, und das hatte zu einem würdigen Abgang beigetragen. Aber dann rutschte ich im Schlamm aus … und das Taxi kam nicht … und … dieser kurze Blick auf die Leerheit verblasste wie ein schwindender Regenbogen.

Ich konnte keinen Nutzen aus dieser Lücke ziehen. Ich konnte mir nicht zugestehen, in jenem formlosen Raum zu sein, und kämpfte stattdessen darum, mein *Selbstempfinden* wiederzuerlangen, was in jenem Moment bedeutete, meine Vorstellung von Mingyur Rinpoche so schnell wie möglich wiederherzustellen.

Diese Brüche in der mentalen Schleife können nicht willentlich erkannt werden. Wir können jedoch trainieren, empfindsamer auf deren Präsenz zu reagieren, insbesondere im Hinblick auf alltägliche Ereignisse, beispielsweise wenn wir niesen. Wenn jemand niest, reagieren wir in vielen Gesellschaften mit *Gesundheit!* oder *God bless you.* Damit wünschen wir dem Niesenden Schutz vor dem Eindringen böser Geister in den Körper. Oder wir glauben, dass die Seele beim Niesen aus dem Körper geschleudert wird. In diesem Fall soll die Reaktion die Seele zur Rückkehr an ihren angestammten Platz verhelfen. Bei allen diesen Reaktionen wird – wie auch beim tibetischen Training – das Niesen als eine Unterbrechung des gewohnheitsmäßigen Plapperns unseres Geistes gewertet, als eine Lücke. *Haaatschi*! Einen Sekundenbruchteil lang ist der Gedankenstrom unterbrochen. Der plappernde Geist ist zum Schweigen gebracht. Er kann nicht gleichzeitig mit dem Niesen existieren. Das ist der wahre Segen.

Sich plötzlich erschrecken, ein wildes Tier sehen, stolpern und hinfallen, eine lebensbedrohliche Diagnose bekommen, ein Naturschauspiel oder ein auserlesenes Kunstwerk betrachten: Alles, was unser Herz einen Schlag aussetzen lässt, funktioniert genauso. Doch wir neigen dazu, unseren Geist dorthin zu legen – auf die projizierte Quelle unserer Reaktion und nicht auf den Geist selbst. Ohne den Geist direkt anzuschauen, können wir seine klare, leere Natur in jenem Moment nicht erkennen. Dennoch ist es wichtig zu wissen, dass wir alle diese gewöhnlichen Momente des nackten Geistes haben. Und wir können lernen, sie zu erkennen.

Sobald wir anfangen, diese Momente zu untersuchen, und eine gewisse Akzeptanz für ihr gemeinsames Auftreten gewinnen, sind wir vielleicht erstaunt zu entdecken, wie häufig Momente im täglichen Leben unseren Geist anhalten. Dann können wir uns diese natürlichen Vorgänge zunutze machen, um an bemerkenswerte Informationen über die wahre Natur dessen zu kommen, wer wir sind. Mit diesem Aufflackern des nackten Geistes findet ein Mini-Tod statt. Einen Augenblick lang endet das Selbst, das wir als unsere eigentliche Existenz identifizieren. Das *Ich*, das unsere Identität definiert und unser Funktionieren steuert, stirbt vorübergehend. Aber wir sterben nicht in die Nichtdingheit; wir sterben in das todlose Gewahrsein.

Gähnen funktioniert im Wesentlichen ähnlich wie Niesen. Unsere Grenzen auszudehnen kann ähnlich funktionieren. Nach dem Joggen oder anderen Kraftanstrengungen unvermittelt aufzuhören kann sich so auswirken. Wenn wir einmal eine gewisse Vertrautheit zu physischen Vorgängen erworben haben, die den Geist stoppen, könnten wir ähnliche mentale Zustände erkunden, die in weniger eindeutigen Situationen auftreten, so zum Beispiel, wenn wir an einem Freitagnachmittag nach einer arbeitsreichen Woche das Büro mit einem beschwingten Gefühl verlassen.

Viele Menschen haben Angst, dass die Vernichtung des begrifflichen Geistes zur Nichtdingheit führt. In Wahrheit offenbart sie die lichthafte Leerheit des Geistes, die immer bei uns ist und die deshalb unsere Reise begleitet, wenn wir physisch sterben. Was wir lernen, wenn wir uns des Sterbens gewahr werden, bevor wir sterben, ist, dass das Sterben *tatsächlich* Wiedergeburt ist. Die lichthafte Leerheit zu erkennen ist *tatsächlich* ein Erkennen des Todes. Wenn wir uns nun mit der Leerheit vertraut machen, verringert das unsere Angst, unseren Körper zu verlieren, denn wenn wir unseren Körper verlieren, ist die Leerheit das Einzige, was fortdauert. Worauf basiert das? Auf der Tatsache, dass die Leerheit nie künstlich hergestellt worden ist. Alles, was konditioniert ist, verschwindet früher oder später. Das Vertrauen in die unkonditionierte Realität kann nur mit Erfahrung entstehen. Doch wenn wir beginnen, auf unseren alltäglichen Geist zu hören, fällt unsere fabrizierte Persönlichkeit auseinander; doch wir sterben nicht, und wir möchten vielleicht herausfinden, was noch übrig ist.

Im Westen ist die große Frage, die man sich stellt, ob etwas von uns fortdauert, wenn wir physisch sterben, oder nicht. Wenn wir uns mit irgendeinem Aspekt der Realität verbinden können, die jenseits der normalen Grenzen des denkenden Geistes liegt, dann müssen wir uns fragen, woher diese Realität kommt und wie sie überhaupt entstanden ist. Wenn wir uns durch Nachforschung beweisen können, dass sie keinen Anfang hat, dann können wir vielleicht akzeptieren, dass sie kein Ende hat. Wir brauchen keine dramatischen, lebensverändernden Erfahrungen mit der Lichthaftigkeit, um dieser Frage nachzugehen. Wir können mit Niesen oder Gähnen oder mit Meditationsübungen beginnen oder damit, das Ein- und Ausatmen im Detail wahrzunehmen. Alles ist geeignet, was automatisch eine Lücke aufweist. Aber um mit unseren Nachforschungen irgendetwas zu erreichen, müssen wir willens sein, unseren fixierten Geist zu entspannen und unsere Vorstellungen davon, was real ist, loszulassen. Das Loslassen selbst ist ein Beispiel für das Sterben. Aber das Erkennen dieses Sterbens ist es, was uns in die Lage versetzt, den fortlaufenden Zyklus des Sterbens und der Wiedergeburt mit innerer Ruhe zu leben.

Zusätzlich zu den Mini-Toden, die auftreten, wenn wir kurze Blicke auf die Leerheit erhaschen, liefert der Schlaf ein tieferes Erlebnis des Sterbens, bevor wir sterben. Das kann als eine Art von mittlerem Tod verstanden werden, der uns einen Schritt näher zum endgültigen, großen Tod bringt, welcher eintritt, wenn unser Körper versagt. Und wieder entsteht der einzige reale Nutzen im Erkennen und nicht allein im physischen Vorgang. Den Geist darauf zu trainieren, während des gesamten Vorgangs des Einschlafens gewahr zu bleiben, ist nicht einfach. Aber schon konzeptuelle Anpassungen vorzunehmen, wie wir mit diesen täglich wiederkehrenden Vorgängen umgehen, verschiebt unser Verhältnis zum Tod. Bei den Tibetern gibt es einen Brauch, ihre Tasse vor dem Schlafengehen umzudrehen. Damit zeigen sie nicht nur das Ende des Tages an, sondern das Ende ihres Lebens. Am Morgen denken wir als Erstes: *Ich bin am Leben, ich kann sehen, ich kann hören, ich kann fühlen.* Dann stellen wir die Tasse wieder richtig herum hin. *Mein neues*

Leben beginnt, und ich bin bereit, zu empfangen. Am Morgen ist der Geist sehr frisch, und schon ein winziger Augenblick der Wertschätzung, dass wir am Leben sind, kann unseren ganzen Tag gestalten und uns an den fortwährenden Zyklus des Lebens und des Sterbens erinnern.

Nachdem ich meinen langen Spaziergang in der Hitze beendet hatte, ging ich wieder in den Bahnhof, dankbar, der Sonne entflohen zu sein und die Sadhu-Stoffbahnen gekauft zu haben. Aber ich war auch ein wenig besorgt, denn nach den Regeln des Bahnhofshostels waren nur maximal drei Übernachtungen nacheinander erlaubt, und diese würde nun meine letzte sein. Im Schlafsaal legte ich mich müde und zugleich rastlos wieder auf eine Pritsche. Wie immer bereitete ich mich auf eine *Schlafmeditation* vor, die letzte tägliche Übung zur Schulung des Geistes. Ich war bereit, diesen Tag zu sterben und begierig festzustellen, was die morgige Wiedergeburt bringen könnte.

KAPITEL 13

Vom Schlaf und von Träumen

Ich leitete die Schlafmeditation mit einem Körperscan vom Kopf bis zu den Zehen ein, brachte so Gewahrsein in den Körper und spürte, wie sich Verspannungsknoten lösten. Dann legte ich den Geist sanft auf die Sinne, die allmählich schwanden: Sehen, Hören, Riechen, Fühlen …

Wir neigen dazu, den Schlaf als notwendige, biologische Unterbrechung des Lebens zu betrachten. Wir nehmen das Auflösen der Sinne als selbstverständlich hin und kümmern uns normalerweise nicht darum, was dabei geschieht. Wie Zugedröhnte oder Betrunkene verlieren wir einfach das Bewusstsein. Doch dieser Prozess des Auflösens entspricht dem physischen Sterben; tatsächlich erleben wir Nacht für Nacht einen Mini-Tod. Jede Nacht gehen wir mit einem stabilen Selbstgefühl zu Bett. Während unser Bewusstsein schwächer wird, verlieren die Bindungen, die den konventionellen Geist an Ort und Stelle fixieren, ihre Klebkraft. Das physische Abschalten des fundamentalen Versorgungsnetzes des Körpers absorbiert in diesen Prozess die fixierten Parameter des kleinen Selbst und entlässt uns automatisch in Universen weit jenseits der Grenzen unseres wachen Lebens. Der Inhalt von Träumen ist nichts anderes als Projektionen unseres Geistes, nur ohne die Steuermechanismen oder Manipulationen, die wir ihm während des Tages überstülpen.

Die meisten von uns können beim Einschlafen das Auflösen der Sinne nicht aufspüren: Irgendwann beim Einschlafvorgang sinkt unser Gewahrsein genauso in den Schlaf wie unsere Sinnesorgane. Um in der Lage zu sein, das Erkennen des Gewahrseins den ganzen Prozess hindurch beizubehalten, bedarf es einer Menge Praxis und eines außergewöhnlich empfindsamen Geistes, wie ihn Seine Heiligkeit, der sechzehnte Karmapa (Rangjung Rigpe Dorje, 1924–1981) entwickelt hatte. Wenn er von Gewahrsein sprach, meinte er pures, nicht-duales Gewahrsein, Gewahrsein ohne einen Beobachter.

Ich habe den sechzehnten Karmapa nie kennengelernt, aber einer meiner älteren Brüder war sein Assistent und erzählte mir eine bemerkenswerte Geschichte. Der Karmapa hatte ein Vier-Augen-Gespräch mit einem großen, keiner spezifischen Glaubensrichtung angehörenden, gelehrten Mönch arrangiert, der schon Seine Heiligkeit, den Dalai Lama, unterrichtet hatte. Der Karmapa wollte ein Problem im Zusammenhang mit seiner Meditation diskutieren. Mein pfiffiger Bruder servierte Erfrischungen, verbarg sich dann aber hinter der Tür und lauschte.

Der Karmapa berichtete, dass er sein Gewahrsein den ganzen Tag beibehalten und den Auflösungen so lange nachspüren konnte, bis er *fast* eingeschlafen war. Als er dann schlief, erkannte er sein Gewahrsein abermals. Doch jede Nacht gab es kurz bevor er einnickte ein paar Momente, in denen er das Erkennen des Gewahrseins verlor, und nun suchte er Rat, wie er diese Unterbrechung beseitigen konnte.

Der ehrenwerte Gast hörte ehrfürchtig zu. Noch nie war ihm ein so verblüffender Bericht über ein kontinuierliches Erkennen untergekommen, und augenblicklich machte er vor dieser verkörperten Weisheit Niederwerfungen. Dann sagte er zum Karmapa, dass er ihm keinen Rat geben könnte. Allerdings diskutierten sie Texte, die den Geist zum Thema hatten, der keinen Unterschied zwischen Tag und Nacht machte.

So inspirierend die Geschichte auch war: Mir war es noch nie auch nur annähernd gelungen, diese Stufe eines dauerhaften Erkennens zu erreichen. Meine Bemühungen, in meinem ersten Dreijahresretreat Schlafmeditation zu praktizieren, stellten sich als schwierig heraus. Im formellen Stundenplan hatten wir drei Monate Zeit, um diese Praxis zu erlernen. Als es auf die neunzig-Tage-Marke zuging, fiel ich Nacht für Nacht noch immer wie ein Stein in den Schlaf. Dann sollten wir uns einmal zu einer Gebetsstunde in der Haupthalle versammeln, die um fünf Uhr früh begann. Wir wurden angewiesen, um zwei Uhr früh aufzustehen, unsere Meditations- und Rezitationspraxis in unseren Zimmern zu machen und uns dann in der Haupthalle zu treffen. In jener Nacht schlief ich nicht gut. Kaum war ich in der Haupthalle, nickte ich ständig ein. Ich probierte alle Tricks, um mich wachzuhalten, verdrehte die Augen und bohrte meine Fingernägel in die Schenkel, aber ich dämmerte immer wieder weg. Dann dachte ich: *Also gut, dann versuche ich eben, Schlafmeditation zu praktizieren.* Zuerst hatte ich ein bisschen das Gefühl zu fallen; dann beruhigte sich mein Geist, und ich konnte etwa fünf Minuten lang im meditativen Gewahrsein ruhen, bis ich diesen Zustand wieder verlor und wie üblich einschlief. Nach ein paar Minuten wachte ich auf und war dann, als ich abermals einschlief, zum ersten Mal in der Lage, meinem Gewahrsein zu folgen.

Als ich aufwachte, fühlte ich mich sehr ausgeruht, sehr leicht, und mein Geist war in Meditation. Friedlich, entspannt. Offen mit Klarheit. Das war das erste Mal. Für mich ist die beste Zeit zum Praktizieren der Schlafmeditation immer noch während einer Meditationssitzung, wenn ich sehr müde werde und einschlafe, oder während einer dieser unbeschreiblich langen, langweiligen Zeremonien.

In meiner letzten Nacht im Bahnhofshostel konnte ich lange nicht einschlafen, und irgendwann verlor ich mein Gewahrsein. Dann hatte ich einen Traum, der keinen Trost spendete: Ich war auf dem Weg in mein Heimatdorf in Nubri, ein Marsch, den ich schon oft gemacht hatte. Zu Fuß dauert diese Tour etwa acht Tage und führt vor dem Panorama der glitzernden Gipfel des Himalayas über gefährlich schmale Pfade bergauf. An einigen Stellen windet sich der Pfad bedenklich zwischen einer fast senkrechten, mehr als dreihundert Meter hohen Wand und einem tosenden Fluss darunter. Wenig vertrauenerweckende Felsblöcke ragen aus der Wand heraus. Falls jemand vom Pfad abrutschte und hinunterfiel, wäre seine Leiche für immer verloren.

In meinem Traum war ich auf dem Pfad, als plötzlich von oben ein ohrenbetäubendes Krachen die Luft erfüllte und die Felsblöcke über mir herabstürzten und mich erschlugen. Erschrocken wachte ich auf und setzte mich auf die Kante meiner Pritsche. Mein Herz raste und mein Mund war wie ausgetrocknet. Ich warf einen Blick über die Reihen der Pritschen mit schlafenden Männern, von denen einige laut schnarchten. In dem Traum, in dem ich von Felsblöcken erschlagen wurde, war ich nicht aufgewacht und bei klarem Verstand, wie ich es trainiert hatte. Ich hatte wie ein hilfloses Opfer reagiert. Ich war erleichtert, aus dem schlechten Traum heraus zu sein, aber immer noch den Tränen nah, und versuchte mich zu überzeugen, dass dieser Traum irrationale Ängste widerspiegelte und nichts mit meiner Reise zu tun hatte. Wenn wir Traummeditation praktizieren, trainieren wir, im Traum aufzuwachen und zu wissen, dass wir träumen. Wir sprechen oft von Erleuchtung im Sinne von *Aufwachen,* was bedeutet, die Dinge direkt so zu sehen, wie sie sind. Tag und Nacht ist die Botschaft die gleiche: Wach auf! Wenn Felsblöcke auf uns herabstürzen und wir erkennen: *Das ist ein Traum,* dann können wir zur Seite springen oder von der Klippe in den Fluss springen, ohne dass wir uns verletzen. Wir wissen bereits, dass in Träumen alles geschehen kann: fallen, fliegen, die Toten wiedersehen, die Gestalt verändern und so fort. Wir wissen, dass die Traumrealität keine Grenzen und Beschränkungen kennt. Doch selbst wenn wir anerkennen, dass unser Traumkörper aus unserem eigenen Geist entsteht, beharren wir darauf, dass unsere Träume *illusorisch* sind, nicht *real.*

Träume können nützliche, psychologische Informationen aufdecken, die unserem Geist tagsüber nicht immer zugänglich sind. Doch wenn wir Träume verwenden, um die Realität zu untersuchen, dann versuchen wir nicht, ihre Bedeutung zu interpretieren oder zu verstehen oder nach Hinweisen und Symbolen zu suchen. Wir arbeiten mit der direkten Erfahrung, die uns das Träumen bietet, um unsere Annahmen in Frage zu stellen und unsere Wahrnehmungen zu erweitern. Ein starrer Geist verlangt, dass alles, auch die Träume, seinen Erwartungen entspricht. Wenn wir also von lieben Verstorbenen, vom Ertrinken oder vom Fliegen träumen, schlussfolgern wir sofort, dass der Traum nicht real ist. Die Traumrealität wird verworfen, und unsere statischen und verwirrten Wahrnehmungen bleiben der Prüfstein für Realität. Doch diese Sichtweise verschiebt sich, sobald wir unsere Erkundungen des Nicht-Selbst beginnen, und das Erkennen der Vergänglichkeit beginnt, unser Festhalten an Fixationen zu vertreiben. Dann können wir die Träume mit neuen Augen sehen, denn sie stellen das genaue Gegenteil eines geschlossenen, starren Geistes dar. Traumbilder tendieren dazu, substanzlos, duftig, durchscheinend, wie Fata Morganas zu sein – außerhalb unserer Kontrolle, aber nicht außerhalb unseres Geistes. Unsere Träume könnten uns fassungslos machen, wir könnten versuchen, aus Alpträumen aufzuwachen oder Informationen zu unterdrücken, die wir für tabu halten. Doch unsere Träume sind wir selbst, denn diese Bilder können nur aus unseren Projektionen entstehen.

In Träumen gibt es nichts, was sehr stabil scheint. Häufiger ist alles flüchtig oder verschiebt sich. Am Tag setzen wir ein individuiertes und kontrollierendes *Selbst* voraus, während sich in Träumen eben dieses Selbst in jede denkbare – und nicht denkbare – Art von Phänomen verflüssigt.

Die Übergangsperiode zwischen Träumen und Wiedereintritt ins normale Leben am Tag liefert ein weiteres Beispiel für den Bardo des Werdens. Wir mögen angstvoll oder desorientiert aufwachen, wie es bei mir war, als ich von den herunterkrachenden Felsblöcken träumte. Statt dann aber bei diesen Gefühlen zu bleiben, um mehr darüber herauszufinden, was sie uns sagen wollen, beeilen wir uns normalerweise, uns nach unserer Realität vom Vortag wiederherzustellen: *Das ist mein Bett, mein Zimmer, mein Körper.* Wieder einmal schiebt uns unsere Besorgnis, entwurzelt zu werden, fort von dem, was vorübergehend, unbekannt und substanzlos ist, und hin zu vertrauten Bildern, die stabil und beständig erscheinen. Wir wollen zu dem zurückkehren, was unseren Erwartungen am besten entspricht. *Gott sei Dank war dieser Traum nicht real. Mein Partner hat mich nicht verlassen. Mein Kind ist nicht in dem brennenden Haus. Ich ertrinke nicht. Ich bin wieder der, der ich bin, der ich tatsächlich bin.* Wir nehmen vor der Angst Reißaus und suchen Behaglichkeit in dem, was uns vertraut ist. Doch da das, wovor wir davonlaufen, aus unserem eigenen Geist kommt, laufen wir vor uns selbst davon, und das wird als Strategie zum Glücklichsein niemals funktionieren.

Ich wurde nicht von Felsblöcken erschlagen. Das macht mich nicht körperlich. Ich lebe. Und ich sterbe Tag für Tag. Ich stelle immer noch die Frage meines Vaters: Bist du Mingyur Rinpoche? Bist du derselbe Mingyur Rinpoche oder ein anderer als der im Traum? Ich kann meinen Arm berühren, mein Gesicht. Wenn ich nun den Arm ausstrecke, um das Traum-Ich zu berühren, werde ich nichts spüren. Die Felsblöcke haben mich nicht verletzt. Sollte die Zimmerdecke in diesem Moment herabstürzen, könnte sie mich erschlagen. Ich könnte bluten. Dasselbe oder anders? Nagasena sagte, dass er nur als ein Kennzeichen, eine Benennung, eine landläufige Ausdrucksweise, ein Name existiert, dass er nicht sein Blut sei. Aber er könnte immer noch bluten. Wer blutete dann?

Träume sind wie jeder andere Aspekt unserer Existenz: Sie geschehen, wir erleben sie, aber sie sind nicht real. Ihr Auftreten ist trügerisch, und es fällt uns leicht, diesen nicht-realen Aspekt unserer Träume zu erkennen. Deshalb sind Träume so wertvoll für das Verständnis des Leerheitsaspekts der Realität. Alles ist von Leerheit durchdrungen, und das schließt unseren Körper und unser Blut mit ein, unsere Felsblöcke, unsere Namen und unsere Träume. Tagsüber *scheint* es, als seien Phänomene dichter. Das macht den Tag, in dem wir etwas über Leerheit erfahren wollen, zu einem schwierigeren Schulzimmer. Es ist viel einfacher, die Leerheit in Träumen zu erkennen. Die Redewendung *Das Leben ist ein Traum*, anerkennt die unendliche, grenzenlose Qualität der Leerheit in uns, in den uns Nahestehenden, in unseren iPhones, Flugzeugen, Lebensmitteln, in unserer Wut, Lust, in unserem Reichtum. In allem. Phänomene haben keine inhärente Existenz; alles entsteht aus der Leerheit und trennt sich niemals von der Leerheit. Doch es ist um ein Vielfaches einfacher, das in nächtlichen Träumen wahrzunehmen, als unsere eigene Leerheit anzuerkennen, wenn wir in den Spiegel schauen.

Als ich erwachte, wusste ich, dass ich gerade meine letzte Nacht im Bahnhof von Varanasi verbracht hatte. Ich fragte mich, wo ich heute Nacht sein würde, wo ich übernachten würde. Die Ungewissheit war ein wenig beängstigend, aber auch ein wenig aufregend.

KAPITEL 14

Schwimmen lernen

Als ich das Bahnhofshostel zum letzten Mal verließ, kehrte ich zum Steinfußboden im Bahnhof zurück. Bald wurde ich unruhig, denn ich wusste, dass ich nicht in den Schlafsaal zurückkehren konnte. Ich wollte nicht in der Stadt Varanasi bleiben, denn sie war sogar in der Sommerhitze bei Pilgern und Touristen nur allzu beliebt. Ich war nicht bereit, in dem Bereich zu übernachten, der für die Obdachlosen vorgesehen war. Ich hatte mich danach gesehnt, ohne Plan zu leben und ohne ständig auf die Uhr zu schauen. Nun verwirrte mich dieser offene Horizont. Ich musste, wie schon bisher, Entscheidungen treffen.

Ich dachte über die letzten drei Tage nach und versuchte, meinen Widerstand, meine Verletzlichkeit und meine Aversion gegen die Menschen um mich herum genauer unter die Lupe zu nehmen. Ich war nicht nur angewidert gewesen, sondern hatte mich geschämt, dass ich angewidert war. Ich wollte diese Gefühle nicht noch einmal erleben. Ich wollte nicht zur Verwirrung zurückkehren. Dieser Bahnhof war noch immer nicht mein Zuhause, aber ich empfand die intensive Entfremdung von mir und von anderen nicht mehr so stark wie vorher. Ich begann, mich aus meiner Deckung herauszuwagen, wenigstens so weit, um mich den Menschen auf dem Fußboden um mich herum mit einer wissbegierigen und freundlichen Einstellung zu nähern.

Ich konnte erkennen, dass alles, was ich tat – von einem Blinzeln zu einem Atemzug, zum Tee kaufen, sogar bis hin zu meinen negativen Projektionen –, dass all dies einem Wunsch nach Veränderung entsprang und dass diese Sehnsucht sich immer danach orientierte, glücklich zu sein. Über jemanden zu urteilen, weil er unsauber aussieht, schlecht riecht, laut ist oder *was immer*, ist eine ziemlich neurotische Art, nach Glück zu streben, aber es liefert uns einen Steigbügel, an dem wir uns hochziehen und eine Zeit lang der Illusion hingeben können, besser zu sein als jemand anderer. Es geht nie nur darum: *Die anderen sind schlecht.* Es geht auch darum: *Deshalb bin ich gut.* Ich erkannte, dass ich mich selbst in den Zeiten, in denen ich mich am meisten abschottete, trotzdem danach sehnte, mich mit meinem eigenen, wahren Selbst und mit anderen zu verbinden. Selbst die Verwerfungen und Projektionen waren mit dem Wunsch verbunden, innerlich frei zu sein, indem ich die Negativität aus mir herausdrückte, sie von mir wegschob – alles ungeschickte Mittel zum Glücklichsein, aber die Intentionen waren im Grund genommen vernünftig.

Im Zug war mein Körper starr und verschlossen gewesen, was die Wellen groß und stark machte, aber ich wusste nicht, wie ich mit dieser starken Brandung umgehen sollte. Es gelang mir nicht, auf tief empfundene, einfühlsame Art mit anderen in Kontakt zu treten. Ihre Sehnsucht nach Glück konnte ich so lange nicht erkennen, mit Körper und Geist vollkommen erkennen, solange ich nicht meine eigene Sehnsucht danach akzeptiert hatte.

In Nubri freute ich mich immer über den Wandel der Jahreszeiten, wenn sich das grüne Sommergras braun verfärbte, die dicht belaubten Bäume im Herbst ihre Blätter fallen ließen, der tiefblaue Himmel sich zum grauen, schneeverhangenen Himmel des Winters wandelte und mit Beginn des Frühlings die neuen Knospen kamen. Unser Haus hatte einen mit Steinplatten gepflasterten Hof und eine Umrandung aus Blumen, die mein Großvater liebevoll hegte und pflegte. Mit großer Spannung wartete ich darauf, dass die Blumen endlich zu blühen begannen, insbesondere die üppigen Dahlien, der ganze Stolz meines Großvaters. Kaum kamen die Knospen heraus, schaute ich täglich nach den Pflanzen. Einmal im Frühling blühten zwei Dahlien, und einige Tage lang standen sie im Mittelpunkt der Aufmerksamkeit aller. Ungeduldig wartete ich, bis auch die übrigen Knospen aufgingen. Dann hatten wir einen unerwartet späten Schneesturm, und die Temperaturen sackten ab. Am nächsten Morgen waren alle Pflanzen im Garten erfroren. Ich brach in Tränen aus. Mein Großvater versuchte mir zu erklären, dass alles vergänglich sei, und meine Großmutter schenkte mir Bonbons, aber ich war untröstlich. Dann erinnerte mein Großvater mich daran, wie gern ich den Wechsel der Jahreszeiten verfolgte. *Diese Freude,* sagte er, *kommt von der Vergänglichkeit, die Sommerbeeren, die du so magst, kommen von der Vergänglichkeit. Alles entsteht aus der Vergänglichkeit. Im nächsten Frühling werden wir neues Wachstum und neue Pflanzen erleben – wegen der Vergänglichkeit.*

Wenn wir erkennen, dass die Samen für Erneuerung innerhalb der Veränderung existieren, dann können wir besser damit zurechtkommen, jeden Tag zu sterben – zu sterben, bevor wir sterben, uns über die Sandburgen zu freuen, die fortgespült werden. Wir können den Vorgang der Auflösung und des erneuten Zusammensetzens akzeptieren. Wir können unsere Gedanken über Schlafen, Träumen und Aufwachen neu gestalten. All die Chancen dieses Moments beruhen auf der Vergänglichkeit.

Das ist kein Projekt von heute auf morgen. Alte Gewohnheiten lassen sich nur schwer ablegen, aber sie lassen sich ablegen. Im Zug hatte ich mich immer wieder darauf besonnen, dass es bei dieser Reise um Veränderung und Transformation ging und dass die Samen der Erneuerung bereits wuchsen. *Und nein, sie werden nicht in der Knospe sterben wie in den Dahlien meines Großvaters,* sagte ich mir.

Möge ich glücklich sein. Möge ich frei sein.

Ich wiederholte diesen Refrain, bis ich spürte, wie der Sinn nach und nach wie zäher Sirup durch meine Kehle glitt, langsam mein Herz, meine Lunge umschloss, in meinen Bauch tropfte, meine Beine in Besitz nahm und in die Füße sickerte. *Möge ich glücklich sein. Möge ich frei sein.*

Das wiederholte ich, bis der Sinn dieser Worte mein ganzes Sein vollsaugte, bis ich aufweichte und mein Herz sich öffnete, nicht so weit, wie ich es aus anderen Zeiten kannte, aber so viel weiter als in den letzten Tagen, dass ich aus Dankbarkeit zu weinen begann. *Möge ich glücklich sein. Möge ich frei sein.*

Nach etwa einer halben Stunde fühlte ich mich in meiner Beziehung zu mir so stabilisiert, dass ich diese Sehnsucht auf andere ausdehnen konnte. Anders als im Zug, als ich die Mahnungen repetierte, würde ich nicht auf eine Masse von *anderen* schauen, sondern mein Gewahrsein auf eine bestimmte Person richten. Ich wählte die Frau des Mannes, mit dem ich mich unterhalten hatte und die am Tag zuvor mit uns beim Mittagessen gewesen war. Sie war schüchtern gewesen, hatte die Augen gesenkt und nicht viel gesprochen, doch ihre Art war freundlich und sanft gewesen. Ich sah sie so lange an, bis ich mir ihr Gesicht eingeprägt hatte, senkte dann den Blick und wiederholte: *Möge sie glücklich sein, möge sie frei sein.* Ich dachte über ihr Leben, ihre Entbehrungen nach. *Möge sie zu essen haben, möge sie ein Obdach haben. Mögen ihre Kinder gesund sein. Möge sie glücklich sein, möge sie frei sein.*

Das wiederholte ich, bis ich ihre Liebenswürdigkeit, ihre liebenswerten Eigenschaften spürte, spürte, dass sie es wert war, ebenso geliebt und respektiert zu werden wie ich. Uns verband die gleiche fundamentale, leuchtende Leerheit. Jenseits von Dualitäten leben wir in der gemeinsamen, grenzenlosen Umgebung unbedingter Liebe und unbedingten Gewahrseins. Mitgefühl, das durch Empathie entsteht, anerkennt, dass Unwissen Leiden verursacht. Nicht das Leiden von Armut oder Obdachlosigkeit, sondern das Leiden durch Fehlwahrnehmung, dadurch, Phänomene auf eine Weise als real anzusehen, die nicht wahr ist. *Die Frau ist so kostbar wie ich, aber es gibt keine Hinweise darauf, dass sie weiß, wie sie ihren Geist von Fehlwahrnehmung befreien kann.*

Ich verharrte so lange bei dem Bild der Frau, bis ich wusste, dass ich sie bedingungslos liebte. Ich liebte ihren Mann und ihre Kinder. Ich wünschte ihnen, genauso glücklich zu sein und frei von Leid wie den Kindern meiner eigenen Familie und den kleinen Mönchen in Tergar. Ich erweiterte meine Liebe auf all die Menschen im Bahnhof, auf die auf dem Fußboden, auf die, die vorüberhasteten, auf die Händler, die mir Reis, Dal und Tee verkauft hatten, auf den

Manager des Hostels. Ich dehnte meine Liebe auf alle im Zug aus Gaya aus, auf diejenigen, die auf mich getreten und über mich gefallen waren, und ich wusste ohne jeden Zweifel, dass auch sie glücklich sein wollten. Das galt für alle auf der ganzen Welt, für jedes Haustier, jedes Wildtier, jedes Insekt, jede Ratte, die vorbeihuschte und ihr Glück in einer Brotkrume suchte.

Ich ruhte. Still und ruhig. Ich bildete mir nicht ein, dass mit dieser Verschnaufpause meine Schwierigkeiten verschwinden würden, aber sie linderte meine Sorgen, keinen Platz zu haben, wohin ich gehen konnte. Ständig tauchten Bilder aus der Zeit auf, als ich schwimmen lernte. Die starken Strömungen und insbesondere die Verletzlichkeit, die durch das Alleinsein noch zunahm, hatten mich von meinem inneren Schutzmechanismus abgetrieben. Ich hatte den Kopf über Wasser gehalten, war aber am Kämpfen. Nun hatten die Gezeiten gewechselt, und die Flut kam herein. Ich stellte mir einen guten Schwimmer vor, dem das Wasser keine Angst einjagte. Nein, nicht nur keine Angst. Es reichte nicht aus, die Angst nur zu negieren. Ein guter Schwimmer würde raues Wasser als Herausforderung annehmen. In diesem dreckigsten Bahnhof von ganz Indien würde ich schwimmen lernen. *Ja, das schaffe ich!*

Ich hatte mein Zuhause verlassen und den Plan, nach Varanasi zu fahren, in die Tat umgesetzt. Nun hatte ich keine Pläne mehr. Aber ich konnte meine Zukunft steuern. Ich hatte viele Möglichkeiten. Ich konnte nach Bodh Gaya oder Kathmandu zurückgehen und sogar nach Norden in mein Kloster in Tibet. *Nein. Diese Art von Obdach reizt mich trotz der Schwierigkeiten der letzten Tage nicht. Ich möchte als Wanderjogi wiedergeboren werden. Ich treffe diese Ent-*

scheidung freiwillig, bewusst. Die Chance, dieses Retreat zu machen, ist ein Geschenk vorausgegangener Praktiken. Dies sind meine karmischen Samen, und ich werde sie nicht verschleudern. Die Freude und Begeisterung über dieses Retreat erwuchsen aus meiner Praxis. Meine Zuversicht und mein Mut sind die Früchte meiner Ausbildung: Gewahrseins- und Einsichtspraktiken, Schlaf- und Traummeditationen, Leerheitspraktiken, Mitgefühlspraktiken, alles.

Ich gebe nicht auf. Die Verlegenheit ist immer noch da. Der Schock in meinem Körper ist bei mir. Aber ich kann noch immer meine Zukunft steuern und nicht ohne diese ungebetenen Begleiter weitermachen, sondern mit ihnen. Unveränderliches Gewahrsein inmitten von Turbulenzen. Ich weise diesen Körper an, mit der Verlegenheit und mit dem Schock, allein zu sein, weiterzumachen, mit Sonne und mit Wolken zusammen. Nackt und bekleidet. Mit den Wellen schwimmen zu lernen.

KAPITEL 15

Memento Mori

Da die Bahnhofsvorschriften es mir verwehrten, in das Hostel zurückzukehren, war es Zeit, den Steinfußboden zu verlassen. Ich musste mir meinen nächsten Schritt überlegen. Ich bemerkte eine Gruppe von Menschen aus dem Westen, die in der Nähe standen und zu mir herüberschauten. Schnell senkte ich den Blick, blieb regungslos sitzen und taxierte sie mit zusammengekniffenen Augen. Männer und Frauen, vielleicht ein wenig jünger als ich, Weiße, unterhielten sich auf Englisch, vielleicht Amerikanisch. Lässig, aber ordentlich gekleidet. Sie hatten Karten und Reiseführer und wollten zunächst Varanasi und dann Sarnath besuchen, wo der Buddha zum ersten Mal gelehrt hatte. Im Gegensatz zur Familie neben mir nahmen sie eine Menge Raum ein, gestikulierten mit Händen und Armen, die förmlich von ihren Körpern wegflogen, oder stemmten die Hände mit gespreizten Ellbogen in die Hüften. Sie waren extrovertiert, selbstbewusst, vielleicht auch arrogant. Ich schaute einem jungen Mann nach, der selbstbewusst auf einen Teestand zuging, obwohl er Ausländer war. Doch sie waren hier, weil sie offensichtlich etwas von dieser heiligen Ecke der alten Welt mitnehmen wollten, was sie in ihrem modernen Leben nicht finden konnten. Vielleicht strebten sie nach innerer Transformation. *Ich hoffe, sie finden etwas, wovon sie profitieren können: ein wie auch immer geartetes Verständnis von der Welt und ihrem Platz darin, was einen positiven Einfluss auf ihre Richtung nehmen kann und was sie mit ihren Freunden zu Hause teilen können. Ich hoffe, dass sie nicht der modernen Maschinerie von Gier, Geld und Macht verfallen, die im Begriff ist, unseren Planeten zugrunde zu richten. Sie sind entschlossen, die Ghats zu besuchen, wo die öffentlichen Rituale für die Sterbenden den Lebenden eine intensive spirituelle Erfahrung bieten. Besucher kommen hierher, um zu den Ghats zu gehen. Ich frage mich, was sie von dieser Stätte mitnehmen werden.*

Einmal hörte ich eine Geschichte über einen Mann, der in den französischen Alpen beim Skifahren war. Ohne Vorwarnung kam ein heftiger, dichter Schneesturm auf, der das Skigebiet einhüllte und ihn von seinen Freunden trennte. Stundenlang irrte er in dem wütenden Blizzard herum, bis er zufällig auf ein abgelegenes katholisches Kloster stieß. Es war ziemlich spät und schon dunkel, und er konnte kein Zeichen von Leben entdecken. Laut schlug er an die Pforte, bis schließlich ein älterer Mönch herbeieilte und ihn hineinließ. Er bekam einen Teller heißer Suppe und wurde dann in eine Zelle mit einem Einzelbett gebracht. Über seinem Kopf hing ein Bild von Jesus Christus. Gerade war er in einen tiefen Schlaf gesunken, als er ein lautes Pochen hörte. Er öffnete die Tür. Draußen stand ein Mönch mit einer Laterne. Der Mönch sagte: *Memento mori*. Dann setzte er seinen Weg über den Korridor fort und klopfte an jede Zellentür. *Gedenke, dass du sterblich bist.* Der erschöpfte Skifahrer schaute auf die Uhr. Er vermutete ein mitternächtliches

Ritual und schlief bald wieder tief und fest. Eine Stunde später kam dasselbe Klopfen, derselbe Mönch und dieselbe Botschaft: *Memento mori*. Jede Stunde, die ganze Nacht. Diese Mönche durften nicht vergessen.

Die jungen Leute aus dem Westen machten sich zum Abmarsch bereit. Stündlich an den Tod erinnert zu werden könnte – besonders bei Menschen, die so aussahen wie sie – kein größerer Kontrast zur vorherrschenden Ansicht sein, dass es morbid sei, sich Gedanken über den Tod zu machen, und unhöflich, darüber in der Öffentlichkeit zu sprechen. *Vielleicht werden sie jetzt gleich zu den Ghats gehen. Wenn sie Glück haben und ihr Timing stimmt, werden sie eine brennende Leiche am Flussufer sehen, den Geruch verbrannten Fleisches einatmen und zweifellos realisieren, dass sie sterben werden.*

Als sie losgezogen waren, stand ich auf, wanderte im Bahnhof herum und versuchte mir zu überlegen, wohin ich als Nächstes wollte. An einem Zeitungsstand holte ich mir einen Reiseführer für Indien, in dem es ausgezeichnete Karten mit Wegstrecken und Entfernungen zwischen verschiedenen Städten gab sowie eine spezielle Tour zu den vier wichtigsten buddhistischen Pilgerstätten. Der linearen Konvention folgend, begann die Tour in Lumbini, dem Geburtsort des Prinzen Siddharta Gautama, des späteren Buddhas, das heute im Süden Nepals gelegen ist. Da ich nicht wusste, was ich sonst machen sollte, vertiefte ich mich in die Lebensgeschichte Buddhas, als wäre ich zum ersten Mal darüber gestolpert.

Das Buch beschrieb die Prophezeiung bei der Geburt Buddhas, dass er zu einem einflussreichen Politiker oder spirituellen Führer heranwachsen würde. Der Gedanke, dass er ein spiritueller Führer werden könnte, beunruhigte seinen Vater, das Oberhaupt des Shakya-Clans. Fest entschlossen, seinem Sohn sein politisches Vermächtnis zu übergeben, ließ der Vater einen Vergnügungspalast mit Sinnesfreuden und Lustbarkeiten bauen, um Siddharta mit dem Leben, das er kannte, zu berauschen und ihm die Neugier auf alles andere auszutreiben. Jeder Anblick, der als unerfreulich, belastend oder angsteinflößend befunden wurde, wurde aus dem Palast verbannt. Dieser Plan scheiterte nicht nur, sondern ging grandios nach hinten los. Siddharta fand den Weg in ein nahegelegenes Dorf, wo er einen vom Alter gezeichneten Menschen sah, einen Schwerkranken, einen Toten und mitten unter ihnen einen stillen, in sich gekehrten Asketen. Er verlor seine Scheuklappen, und bald floh er in die Wälder auf der Suche nach der Wahrheit.

Bei einem Besuch in Mumbai hatte ich Gelegenheit, mir das Set eines Bollywood-Films anzusehen, das wie eine Vorstadtsiedlung aufgebaut war. Nun dachte ich: *Was, wenn ein moderner, späterer Buddha aus dem künstlich perfektionierten Leben, der eindimensionalen Kinoversion einer Vorstadtidylle, einem Palastgefängnis, fliehen würde und nach Varanasi käme?* Vielleicht lebten die Leute aus dem Westen, die ich gerade gesehen hatte, in Städten wie dieser, in der jedes Haus gleich aussah, jedes Stück Garten gleich aussah, perfekt getrimmt, aber ohne Leben. Varanasi war der beste Platz, um mit Krankheit, Alter und Tod in Berührung zu kommen. Aber was war mit der vierten Begegnung Siddhartas in dem Dorf mit dem ruhenden, in sich gekehrten Asketen in seiner Robe, der mir vielleicht ähnlich gesehen hatte? *Wozu könnte ich anregen, der ich mir die Zeit mit der Nase in diesem Reiseführer vertreibe, weil ich nicht weiß, was ich machen, wohin ich gehen soll?*

Als der Prinz das Anwesen seines Vaters verließ, starb er als Gautama. Er gab sein Luxusleben auf, um den asketischen Prinzipien der Waldjogis zu folgen. Er aß selten, wusch sich nie, schlief auf dem Boden – Praktiken, die dem Körper Annehmlichkeiten versagten, um den Geist zu erwecken. Aber nach sechs Jahren hatten auch extreme Entbehrungen nicht zu einem befreiten Geist geführt. Um seinen Pfad zu verfolgen, musste er auf die Askese verzichten.

Im Reiseführer ging es dann mit Bodh Gaya weiter, wo Gautama im heutigen Mahabodhi-Tempel unter dem Bodhi-Baum saß. Hier ist es, wo Siddharta als der Buddha, *der Erwachte*, wiedergeboren wurde. Es war unerheblich, dass ich Bodh Gaya besser kannte als der Reiseschriftsteller. Ich wollte mit brennender Faszination weiterlesen. Ich würde die Geschichte meines Vermächtnisses so lange lesen, wie es nötig war, denn der nächste Schritt erforderte, dass ich den Bahnhof verließ.

Im Text stand, dass der Buddha unter dem Bodhi-Baum Erleuchtung *erlangte*. Ich begann, Korrekturen anzubringen. Zu oft wird Erleuchtung als irgendein neues Bewusstseinsstadium verstanden, das erreicht wurde, als sei es ein Objekt, das erlangt werden müsse, oder etwas, was wir außerhalb von uns anstreben könnten. Doch der Buddha erkannte, dass das Problem sein anhaftender Geist war. Er hatte die Realität auf den Kopf gestellt. Nach jahrelangen Versuchen, den Geist zu kontrollieren und seinem Körper die fundamentalsten Bedürfnisse zu verweigern, traf er die Entscheidung, nicht mehr erleuchtet *werden* zu wollen. Also setzte er sich einfach hin und schaute in seinen eigenen Geist hinein, um zu sehen, was er aus der direkten Beobachtung seiner Erfahrung im gegenwärtigen Augenblick lernen konnte.

Das war es, was er unter dem Bodhi-Baum machte. Was er herausfand, war, dass unsere wahre Natur schon längst erwacht ist, schon perfekt ist wie-sie-ist, und dass das, was er ursprünglich zu erlangen strebte, längst in ihm war.

Die Einsicht, die der Buddha entdeckte, ist so simpel und doch so schwierig anzunehmen. Seine Belehrungen machen uns mit einem schlafenden, verborgenen, unverwirklichten Teil von uns bekannt. Das ist das große Paradox des buddhistischen Pfades: dass wir praktizieren, um zu erfahren, was wir schon sind, und deshalb nichts *erlangen*, nichts *bekommen*, nichts *erreichen*. Wir versuchen aufzudecken, was schon immer vorhanden war.

In Sarnath, nur etwa elf Kilometer von Varanasi entfernt, lehrte der Buddha zum ersten Mal. Der Reiseführer erläuterte, dass seine erste Belehrung die Wahrheit des Leidens erörterte. Schön und gut, dachte ich, aber ohne eine weitere Erklärung hat diese singuläre Behauptung die Menschen in der ganzen nichtbuddhistischen Welt dazu verleitet, diese Tradition fälschlicherweise als nihilistisch, ja sogar morbid zu bezeichnen, und hauptsächlich mit mentalen Seelenqualen beschäftigt.

Woraus entsteht Leiden? So zu tun, als ob unser eigenes Leben und das uns Nahestehender ewig währt, ist definitiv eine Fehlwahrnehmung. Zu glauben, dass wir niemals von Familie oder Partnern getrennt werden, ist eine irrige Vorstellung. Zu glauben, dass unsere Beziehungen, unsere Gesundheit, Finanzen, Reputation und so weiter, stabil seien, ist ein ungeheurer Fehler. Das haben viele von uns durch Verlust und abrupte Veränderung bereits erfahren. Selbst jetzt, nachdem die Türme des World Trade Centers eingestürzt sind, die Titanic auf den Grund des Meeres gesunken ist und die Buddhas von Bamiyan in die Luft gesprengt wurden, bilden wir uns noch immer ein, dass Strukturen Bestand hätten: je größer, umso haltbarer.

Die Wahrheit des Buddhas ist: Ja, das Leben ist Leiden, und die Natur unseres Lebens, wie wir es kennen, ist ein Leben der Unzufriedenheit, der Frustration und allen möglichen Unbehagens, solange wir in unseren Fehlwahrnehmungen hängenbleiben. Doch diese Fehlwahrnehmungen sind nicht festgelegt. Sie sind an nichts gebunden. Deshalb haben wir eine Wahl. Wenn wir unseren inneren Dämonen – unserer Angst vor Veränderung und vor dem Tod, unserer Wut und unserer Eifersucht – aus dem Weg gehen, werden diese Widrigkeiten noch mehr Macht gewinnen. Je öfter wir davonlaufen, umso weniger haben wir die Chance, davonzukommen. Wir müssen uns dem Leiden stellen, uns darauf einlassen. Nur dann können wir frei davon werden. Das ist die erste edle Wahrheit.

Plötzlich erkannte ich, dass ich lange hierbleiben könnte, denn ich hatte meine Rolle als Lehrer wiedergefunden. Ich steckte wieder in meiner alten Haut, die mir so vertraut wie die Robe war, die ich trug. *Wo war mein Pilgergeist – der Geist, der voranschreitet, den Kopf in Demut gebeugt, das Herz in ergebener Erwartung dessen, was immer geschieht? Ich kann nicht ewig hierbleiben.*

Die letzte Hauptsehenswürdigkeit ist Kushinagar, wo der Buddha um 487 v. Chr. starb. Hier endete die Tour. Zweitausendsechshundert Jahre später fing meine vom Buddha inspirierte Tour gerade erst an. *Oder hatte bereits begonnen. Oder wird beginnen, wenn ich meine Mönchsrobe abgelegt habe. Oder wenn … ich nicht mehr auf diesem Fußboden festgenagelt bin. Auch wenn ich stillstehe, zirkuliert, klopft und atmet mein Blut, mein Herz und meine Lunge, meine Zellen sterben und regenerieren sich, meine Organe altern. Wenn ich wüsste, wohin, würde ich vielleicht losziehen.*

Es stellte sich heraus, dass Kushinagar nur achtzig Kilometer von hier im Nordwesten liegt. Ich war erst einmal dort gewesen, vor vielen Jahren mit meinem Bruder Tsoknyi Rinpoche. Normalerweise bekommt Kushinagar nicht dieselben Pilgerströme ab wie die anderen buddhistischen Sehenswürdigkeiten, die ich alle häufig besucht habe. Angesichts der Temperaturen, die im Juni auf fast 50 °C klettern, bleiben sogar die Gläubigen weg, vor allem die Tibeter, die in ihrem Exil immer noch Anpassungsschwierigkeiten an das südliche Klima haben. Das war ein nützliches Detail, da ich nicht erkannt werden wollte. Ich kaufte eine Fahrkarte für den nächsten Zug nach Gorakhpur, und von dort aus würde ich einen Bus nach Kushinagar nehmen.

Etwa fünfhundert Jahre nach dem Dialog zwischen dem Mönch Nagasena und dem König wurde der gleiche Rückbau des Selbst vom indischen Meister Shantideva im 8. Jahrhundert neu formuliert, mit dem Unterschied, dass er ihn einen Schritt weiterführte:

Die Zähne, die Haare, die Nägel sind nicht das »Ich«,
Und »ich« sind nicht die Knochen oder das Blut;
Der Rotz aus der Nase und der Schleim sind nicht das »Ich«,
Und keines von beiden ist aus Lymphe oder Eiter gemacht.

Das »Ich« ist nicht das Körperfett oder der Körperschweiß.
Lunge und Leber begründen es genauso wenig.
Ebenso wenig sind die inneren Organe »ich«.
Noch das Exkrement und die Ausscheidung des Körpers.

Um zu demonstrieren, wie das verblendete Selbst sein eigenes Leiden schafft, fragt Shantideva:

Wenn so etwas wie »Ich« wirklich existiert,
Dann werden Ängste es quälen. So viel ist sicher.
Aber da überhaupt kein »Selbst« oder »Ich« existiert,
Was bleibt den Ängsten dann noch zu terrorisieren?

Dieses *Ich* namens Mingyur Rinpoche hatte im Bahnhof von Varanasi unter Stress gestanden. Und Shantideva hatte dieses *Ich* wie jeden von uns gefragt: *Was bleibt den Ängsten dann noch zu terrorisieren?* Oder anders ausgedrückt: *Wer bin ich?*

Wenn wir bei Nagasena und Shantideva bleiben, wenn auch nur in Form eines intellektuellen Wortspiels, dann ist es leicht, darauf zu kommen, dass dieses Ich – dieser Empfänger von Angst und Schrecken – nicht existiert, jedenfalls nicht in irgendeiner essenzialisierten Form. *Und doch … dieses Ich, das nicht vorzufinden ist, das genauso essenziell transparent und flüssig ist wie Wasser, kann dennoch so sehr verletzt werden.*

Ohne Training hätte ich vielleicht zum Schluss kommen können, dass der Bahnhof und nicht mein Geist das Problem war. Es ist richtig, dass dieser Bahnhof etwas gegen die Rattenplage unternehmen und für effizientere Reinigungsdienste für den Müll und die Hinterlassenschaften hätte sorgen können. Das wäre nett gewesen. Aber wenn wir unser Leben als

Angehörige der Mittelklasse oder das Leben derjenigen betrachten, die ungezieferfrei leben, über ausreichend Nahrung und weiche Sitzgelegenheiten verfügen, dann treffen wir dort nicht auf viel Zufriedenheit. Der Buddha lehrte, dass der Geist die Quelle von Leiden ist und die Quelle von Befreiung. Als ich moderne, industrialisierte Länder zu bereisen begann, bestätigte nichts auf der ganzen Welt diese fundamentale Wahrheit eindrucksvoller als Begegnungen aus erster Hand mit den Gequälten und Schikanierten, die Seite an Seite mit dem Prunk des Reichs der Götter existieren. Wenn wir uns nicht persönlich verändern und einen gewissen Sinn für Demut entwickeln – auch im Hinblick auf die Welt als solche –, stoßen uns Gier und Zorn in den Abgrund. Wenn wir nicht anerkennen wie sich jeder von uns selbst aufstellt, um die Pfeile zu empfangen, werden wir, so scheint es, einfach damit weitermachen, sie aufeinander zu schleudern – und dabei nehmen wir die Quelle unserer Qualen fälschlicherweise als außerhalb von uns selbst befindlich wahr.

Als ich diesmal in den Zug stieg, kam ich mir in der dritten Klasse schon wie ein alter Hase vor und ließ mich vom Schieben und den Rempeleien nicht mehr so einschüchtern. Statt gegen mein Unbehagen anzukämpfen, wurde ich anpassungsfähiger. *Ich bin also angespannt, na und? Ich mag es nicht, wenn Leute mich argwöhnisch beäugen: Das ist okay. Registriere es, verstell dich nicht, lass es geschehen.* Obwohl Varanasi sich als unerwartet schwierig herausgestellt hatte, reiste ich mit einem weniger verwirrten Gefühl ab als bei meiner Ankunft. Ohne ein gewisses Grundvertrauen in die Wahrheit der Veränderung wäre ich vielleicht nach Bodh Gaya zurückgekehrt.

Mit einem entspannteren Geist als auf meiner ersten Zugfahrt sahen die Mitreisenden zwar genauso bettelarm aus wie beim letzten Mal, aber sie waren keine fremde Menschenmasse mehr, und sie zeigten nichts von der Feindseligkeit, die mir zu Anfang in Varanasi begegnet war. Ich bemerkte, wie oft sie lächelten, wie sie ihre mageren Essensrationen untereinander teilten, wie liebevoll sie ihre Kinder in den Arm nahmen. Abermals kam ich zu dem Schluss, dass moderne Stadtmenschen wohl angespannter und hektischer sind als arme Menschen vom Land. Materieller Komfort führt offenbar dazu, dass Menschen besonders raffgierig werden, weil sie mehr Angst haben, ihren Besitz zu verlieren. Sie wollen immer mehr und sind nie zufrieden. Benachteiligte Menschen in Nepal und Indien mit deutlich weniger Erwartungen waren anscheinend zufriedener mit dem Wenigen, das sie hatten. Mir wurde allmählich bewusst, dass die Probleme, die moderne Menschen auf dem Höhepunkt ihres Familien- und Arbeitslebens befallen, eng mit den Problemen zusammenhängen, die weltweit bei Menschen am Ende ihres Lebens auftreten: eine Unfähigkeit, die Vergänglichkeit anzuerkennen, nach etwas zu greifen, was sie nicht bekommen können, und nicht loslassen zu können.

So viele Ängste in der modernen Welt basieren auf der Angst vor dem Tod, davor, was geschehen wird und wie es geschehen wird. Wird es schmerzhaft sein? Wird es schwierig sein? Wird es zu Schuldgefühlen, Reue, Buße führen? Überall auf der Welt haben die Menschen Angst vorm Sterben, doch die Angst vor dem *Tod* und das Verleugnen des Todes werden anscheinend durch materielle Werte verstärkt, durch unsere Tendenz, uns an das Leben zu klammern, das wir kennen.

Ich fragte mich, wie sich das Sterben als Mingyur Rinpoche auf mein Verhältnis zu zukünftigen Veränderungen auswirken würde, auf mein Arbeiten mit der Vergänglichkeit und dem physischen Tod, gesetzt den Fall, ich könnte das wie geplant durchziehen. Ich fragte mich, auf welche Weise die Meister der Generation meines Vaters Öl ins Feuer gegossen hatten. Viele Lehrer der älteren Generation hatten wie mein Vater ein Wanderretreat antreten wollen. Doch nach der Invasion Chinas in Tibet in den 1950er Jahren herrschte bei den Lamas und insbesondere bei den *Tulkus* und Linienhaltern ein enormes Verantwortungsbewusstsein dafür, die Tradition zu bewahren. Der Wiederaufbau der Klöster im Exil und die Ausbildung junger Mönche hatten Vorrang vor persönlichen Retreats. Ich hatte sehr viel Glück, dass ich in Nepal auf die Welt gekommen war und nie die gefährliche Flucht aus Tibet durchmachen musste. Auch hatte ich das Glück, dass zu der Zeit, als ich auf ein ausgedehntes Retreat gehen wollte, sich der tibetische Buddhismus in Nepal und Indien recht gut stabilisiert hatte. So war es möglich, meinen Verantwortlichkeiten gegenüber meiner Linie und den Klöstern fernzubleiben, die ich durch meine Inkarnation übernommen hatte. Die Arbeit der älteren Generation tibetischer Meister, die die Klöster wiederaufbaute, hatte dieses Retreat ermöglicht. Nun, da ich unterwegs war, erinnerte ich mich mit wiedererwachter Wertschätzung der Opfer, die sie dargebracht hatten.

In den Wochen vor meiner Abreise türmte sich alles, was zurückblieb, wie ein goldener Berg vor mir auf, der all das widerspiegelte, worauf ich vertraute und was ich in Ehren hielt. Wochenlang war mein Geist hin- und hergerissen zwischen begeisterter Erwartung auf das, was vor mir lag, und einem etwas betrübten Blick zurück. Ich hatte viele Momente des Zweifels durchlitten, ob ich diesen Plan bis zum Ende durchhalten konnte. Selbst im Zug nach Gorakhpur schwankte ich zwischen fester Entschlossenheit und Zweifeln, ob ich den Mut aufbringen konnte, die strahlende Wärme dieser gewaltigen Liebe gegen die fragliche Gastfreundschaft der Straße einzutauschen. Wenn ich spürte, dass das Pendel zu sehr in Richtung Dunkelheit ausschlug, rief ich mir Geschichten in Erinnerung, um mein Selbstvertrauen anzukurbeln. So viel von meinem Einstieg in den Dharma hatte wie bei allen tibetischen Kindern unvergessliche Geschichten hervorgebracht. Speziell in einer ging es um einen Verwandten meines Vaters.

Dieser Mann um Mitte zwanzig wollte als junger Mönch Patrul Rinpoche (1808–1887) aufsuchen, einen der größten aller tibetischen Meister. Patrul Rinpoche zog es normalerweise vor, allein zu reisen, und versuchte oft, sich um die klösterlichen Pflichten zu drücken. Nichts wünschte er sich mehr, als unerkannt in den Bergen zu leben. Er kam so bettelarm daher, mit einer so abgetragenen, schäbigen Robe, dass man ihn oft für einen Bettler hielt. Er war sogar an den Pforten derjenigen Klöster abgewiesen worden, die ihn eingeladen hatten, dort zu unterrichten. Patrul Rinpoche lehrte vom Sitz des Abtes aus oder wurde gemieden, er bekam die besten Mahlzeiten serviert oder nur eine Handvoll Gerstenmehl, bevor er wieder fortgejagt wurde. Ihm war alles recht. Ich fragte mich, ob ich meinen Geist darauf trainieren konnte, in allen Lebenslagen auch so stabil zu sein und alles hinzunehmen, wie es sich ergab.

Wie mein Vater erzählte, holte dieser junge Mönch Patrul Rinpoche auf einer Reise ein, die der hochverehrte Meister in Begleitung mehrerer anderer Lamas unternahm. Eines Nachts schliefen sie auf einem Feld am Fuß eines hohen Passes. In der Nacht ging das Gerücht um, dass Patrul Rinpoche in der Nähe sei, und die Pilger wachten von den Rufen begeisterter Anhänger auf, die aus ihren Dörfern die Bergpfade heruntergelaufen kamen, um Niederwerfungen zu machen und Spenden zu offerieren. Ein Mann trat mit einer außergewöhnlich großen, schweren Goldmünze vor. Er berichtete Patrol Rinpoche, dass ein Familienmitglied gerade gestorben war. Er hielt ihm die Münze hin und bat um Gebete. Patrul Rinpoche antwortete, dass er gern Gebete sprechen wollte, aber keine Verwendung für die Münze habe. Der Mann bestand darauf und erklärte, dass er die Gebete nur annehmen konnte, wenn Patrul Rinpoche die Münze annahm. Das ging eine Weile so hin und her, bis Patrul Rinpoche sagte: *Also gut, ich werde die Münze annehmen. Und nach den Gebeten gebe ich sie dir wieder zurück.* Der Mann war einverstanden. Aber nachdem Patrul Rinpoche die Gebete gesprochen hatte, weigerte er sich, die Münze zurückzunehmen.

Während die beiden noch immer diskutierten, packten die übrigen Anwesenden die Bettrollen und das Kochgeschirr zusammen. Patrul Rinpoche sagte schließlich: *Lassen wir die Münze doch auf diesem Felsblock hier liegen.* Alle hielten das für eine gute Lösung und machten sich auf den Weg. Nur der junge Mönch blieb zurück. Er konnte den Blick nicht von der großen Goldmünze wenden, und er konnte nicht glauben, dass alle anderen sie einfach liegengelassen hatten. Er rechnete damit, dass einer aus dem Dorf zurückschleichen und sie sich schnappen könnte, wenn er sie nicht an sich nähme. Den Diebstahl versuchte er damit zu rechtfertigen, dass er sich all die selbstlosen Dinge vorstellte, die er mit einem solchen Vermögen anstellen könnte. Er blieb bei der Münze, bis Patrul Rinpoche und die anderen die Passhöhe schon fast erreicht hatten, und noch immer war keiner der Dorfbewohner zurückgekommen. Schließlich lief auch er zum Pass, hielt unterwegs nochmals an und drehte sich um. Die Morgensonne war über die Berge gestiegen, und nun prallten die Sonnenstrahlen auf die Münze und ließen sie strahlen wie die Sonne selbst. Abermals fixierte er seinen Blick auf diese Münze, dann noch einmal, und schließlich rannte er los, um die anderen einzuholen.

Sooft mein Vater mir diese Geschichte erzählte, so oft versicherte er sich, dass ich die wichtigsten Punkte verstanden hatte: *Du wirst tausend Gelegenheiten haben, dich zwischen einer negativen und einer positiven Richtung zu entscheiden,* oder anders gesagt, das Leiden für dich selbst und andere zu vergrößern oder zu verringern. Und: *Wenn du wirklich danach strebst, dich von deinen Anhaftungen zu trennen, dann kannst du das unabhängig von den gegebenen Umständen tun, aber es wird immer etwas geben, das dich in die andere Richtung zurückzieht. Es wird nie einfach sein, aber es ist möglich.*

Ich hatte verstanden, dass es notwendig ist, den *Pull* dessen zu spüren, was ich wertschätzte und liebte und was mir vertraut ist, um mich von meinen Anhaftungen zu trennen. Ich erkannte auch allmählich, dass der Tod des alten Selbst und die Wiedergeburt als etwas Neues nicht über Nacht geschehen. Ich befand mich nicht im vertrauten Umfeld des Klosters, war aber immer noch zu sehr ich selbst, zu sehr mein Mingyur Rinpoche-Selbst, um bequem mitten unter Fremden auf dem Fußboden zu sitzen. *Aber das wird sich ändern. Dessen bin ich mir sicher.*

Ich schaute aus dem Zugfenster. Ich hatte mir gerade Patrul Rinpoche in der kühlen, frischen Bergwelt Tibets vorgestellt. Nun sah ich flache Felder unter einer brennenden Sonne. Hätte ich in diesem Augenblick mit meinem Vater sprechen können, was hätte er wohl gesagt?

Ami … hör mir zu …

Und dann was … Was wären seine nächsten Worte gewesen?

Eingelullt von den Zugbewegungen döste ich ein.

TEIL ZWEI

Nach Hause zurückkehren

KAPITEL 16

Wo der Buddha starb

Die Busfahrt von der Bahnstation Gorakhpur nach Kushinagar dauert etwa eineinhalb Stunden. Mit Geld zu hantieren fiel mir allmählich leichter, aber ich musste immer noch jeden Rupienschein auf seinen korrekten Wert überprüfen. Ich setzte mich auf eine Holzbank an einem geöffneten Fenster. Die Landstraße führt durch immer verlassenere und ländlichere Gegenden – immer weniger und kleinere Dörfer zwischen längeren Abschnitten grüner Felder. Ins Joch gespannte Ochsen, die alte Männer in fadenscheinigen, weißen Dhotis von hinten antrieben, trotteten gemächlich über die Felder und wedelten mit ihren Schwänzen die Fliegen von ihren Hinterteilen fort. Ich sah ganze Familien gemeinsam bei der Arbeit. Der Bus teilte sich die Fahrspur mit Autos und Lastwagen, aber auch mit Karren, die Menschen, Vögel in Käfigen oder Plastiksäcke mit Getreide transportierten und von kleinen Pferden gezogen wurden. Andere Fuhrwerke beförderten Berge frisch geschnittenen Blumenkohls oder Stapel langer Holzstangen, die wie Baumaterial aussahen.

Ich war erleichtert, aus Varanasi heraus zu sein. Die letzten paar Tage waren schwierig gewesen. Dennoch hatte ich den Enthusiasmus für dieses Retreat noch nicht verloren. Ich war der Turbulenzen in meinem Geist gewahr geblieben, die oberflächlich noch vorhanden waren. Tiefer in mir war ich hellwach, zuversichtlich, ja sogar zufrieden. *Ich weiß, dass die Turbulenzen nicht das wirkliche Problem sind. Ich möchte noch immer als sorgenfreier Wanderjogi wiedergeboren werden. Ich möchte nicht wie ein Prinz leben, der in einem keimfreien Umfeld eingesperrt ist. Wenn es bei der Meditation nur darauf ankäme, negative Emotionen loszuwerden, hätte ich kein Interesse daran, sie zu praktizieren.*

Überall liefen Straßenköter herum; Kühe, Hühner und Schweine hatten die Köpfe zur Erde gesenkt und fraßen oder suchten nach Essbarem. Krähen krächzten von Ästen, und Kuhreiher saßen bewegungslos wie Säulen auf dem Boden oder hockten auf den Rücken der Kühe. Je tiefer wir in diese friedliche ländliche Gegend eindrangen, umso leichter fühlte ich mich. Dieser Anblick der Felder und Tiere muss ungefähr dem entsprochen haben, was der Buddha gesehen hatte. Zu Buddhas Zeiten war Kushinagar die Hauptstadt der Malla, einer kleinen Dynastie, gewesen. *Damals hatte es gewiss mehr Wälder mit gefährlichen Schlangen, Leoparden und Tigern gegeben. Ich nehme an, dass der Buddha barfuß auf unbefestigten Wegen unterwegs gewesen war. Ich frage mich, ob er jemals Angst hatte.*

Pilger kommen nach Kushinaga, um den Parinirvana Park zu besuchen, die Stätte, die an Buddhas Tod erinnert. Dem Reiseführer zufolge, den ich im Bahnhof von Varanasi gelesen hatte, umfasst diese Sehenswürdigkeit eine weitläufige, manikürte Rasenfläche, auf der eine Stupa steht und ein daran angrenzendes Gebäude aus dem neunzehnten Jahrhundert mit einer etwa sechs Meter langen Statue des sterbenden Buddhas, der auf der rechten Seite ruht und dessen Kopf nach Norden weist. Eineinhalb Kilometer weit entfernt liegt die Ramabhar Stupa, bekannt als Einäscherungs-Stupa, errichtet für die Aufnahme der Reliquien aus dem Einäscherungs-Scheiterhaufen des Buddha. Hauptsächlich aber ist Kushinagar immer noch ein unbedeutendes indisches Dorf.

Der Eingang zum Park liegt direkt an der Überlandstraße und von Gorakhpur aus gesehen vor dem Busbahnhof. Der Fahrer war freundlicherweise einverstanden, mich in der Nähe des Eingangs abzusetzen. Ich stieg aus und steuerte auf den Park zu, glücklich, hier und aus Varanasi heraus zu sein. Es hatte gerade zu regnen aufgehört, die Luft roch sauber, und das Gras glitzerte noch.

Zwei uniformierte Wächter saßen am Eingang. Sie überprüften meine nepalesischen Ausweispapiere und winkten mich weiter. Ich ging direkt zum ruhenden Buddha, um ihm meine Reverenz zu erweisen. Ich stellte meinen Ranzen ab, führte drei volle Niederwerfungen aus und setzte mich dann in kniender Position auf den Fußboden. Ich betete darum, mit dem zeitlosen Gewahrsein verbunden zu bleiben, welches die wahre Essenz aller turbulenten Emotionen ist. Ich betete darum, dass ich Gefühlen von Unbehagen und insbesondere von Verlegenheit erlaubte, sich selbst zu befreien, dass ich die Gefühle geschehen ließ und sie innerhalb des Gewahrseins hielt. Ich betete um den Mut, negative Emotionen willkommen zu heißen und zu versuchen, mit meinen negativen Emotionen zu arbeiten. Ich betete darum, die Wellen nicht als Monster oder andere bedrohliche Hindernisse zu sehen, sondern als Ausdruck erleuchteter Aktivität, welche die wahre Natur meines eigenen Geistes widerspiegelte. Ich betete darum, mein Verständnis zu vertiefen, damit ich fühlenden Wesen von größerem Nutzen sein konnte.

Ich hob meinen Rucksack wieder auf, trat von dem ruhenden Buddha zurück und drehte mich erst wieder von ihm weg, als ich durch den Eingang hinaustrat. Dann umrundete ich ein paarmal den Park, freute mich an der Ruhe und sah mich nach Plätzen um, wo ich am folgenden Morgen vielleicht sitzen wollte. Auf dem Weg hinaus kam ich an den Wachleuten vorbei und wanderte langsam zu einem fünf Minuten vom Park entfernten Areal mit mehreren Gästehäusern. Unterwegs kaufte ich bei einem Straßenhändler eine Tüte geröstete Maiskörner für fünf Rupien und bei einem anderen fünf Bananen für nur eine Rupie das Stück und wunderte mich, dass Bananen so billig waren.

Ich nahm mir ein Zimmer in einem eingeschossigen Gästehaus. Sein Name *Dharamsala* bedeutet Unterkunft für Pilger und wies auf die einfachste und billigste Übernachtungsmöglichkeit hin. Der Besitzer, ein freundlicher Mann mittleren Alters führte mich zu einem Zimmer von zweieinhalb auf zweieinhalb Meter. Es hatte ein schmales Bett, einen Deckenventilator, ein eigenes Bad mit Dusche und kostete ohne Verpflegung zweihundert Rupien pro Tag (ungefähr drei US-Dollar).

Das würde mein Zuhause sein. Von hier aus würde ich am Morgen losziehen, um einen Vorgeschmack auf das Leben eines Obdachlosen zu bekommen, und dorthin würde ich am Abend zurückkehren. *Du hast keine Eile*, sagte ich zu mir. *Ich werde das so lange als Überbrückung nutzen, wie ich brauche, um obdachlos, ein Bettler und ein Sadhu zu werden und mich mit diesem neuen Leben vertraut zu machen.*

Das Hostel im Bahnhof von Varanasi war meine sichere

Basis gewesen. Mit diesem Gästehaus in Kushinagar würde es genauso sein. Dieses Retreat würde meine Grenzen so weit über den Rand dessen ausdehnen, was ich über mich selbst wusste, bis kein *Ich* mehr übrig war, das gehemmt sein konnte. Es gäbe keine Rollen zu spielen, keine Erwartungen zu erfüllen und keine Titel, die respektiert werden mussten. Aber ich war mir vorausgeeilt. Mein Vater hatte mich immer gemahnt, nicht so ungeduldig zu sein. Trotz aller Bemühungen, ihm Freude zu bereiten, hatte ich diese Lektion nicht gelernt. Ich hatte fälschlicherweise angenommen, Öl ins Feuer zu gießen sei ein Ereignis, statt es als einen Prozess zu verstehen. In meiner Vorstellung hatte ich das tropfenweise Zugießen von Öl mit dem Entzünden eines Freudenfeuers durcheinandergebracht.

KAPITEL 17

Was ist Ihr Wunschtraum?

In jener ersten Nacht im Gästehaus hatte ich einen weiteren, aufwühlenden Traum. Ich war im Freien, an einem Ort, den ich nicht benennen konnte. Es war Abend. Dämmerung. Bilder entfalteten sich in körnigem Schwarz-Weiß. Plötzlich entstand ein Aufruhr. Polizisten umzingelten mich, stießen mich in ein Auto und schafften mich zurück in ein Kloster. An mehr kann ich mich nicht erinnern. Beim ersten Aufwachen war mir nicht klar, ob meine Rückkehr in ein Kloster Wunsch oder Grauen ausdrücken sollte. Das Kloster stand für Schutz für meinen Körper und Befreiung für meine Seele. Aber als sich die Traumlandschaft herausschälte, ähnelte sie mit Sicherheit Filmen, in denen böse Buben ins Gefängnis eingeliefert werden und Häftlinge in Zellen wohnen.

Weniger als eine Woche war vergangen, seit ich selbst mich wie ein Knacki aus Tergar herausgeschmuggelt hatte. Nun hatte die Polizei einen Flüchtigen festgesetzt, einen gefährlichen, meistgesuchten buddhistischen Abt, mit Leerheit bewaffnet, der es darauf anlegte, noch tiefer in die Leerheit einzudringen. Wie bei dem schlechten Traum im Bahnhof von Varanasi stellte ich fest, dass ich im Traum nicht aufgewacht war. Da ich die Traumbilder für real gehalten hatte, hatte ich zugelassen, dass die Angst erneut die Oberhand gewann. Nun, da ich wach war, dachte ich: *Das war ein seltsamer Traum. Ich habe keine negativen Assoziationen zu Klöstern. Ich liebe meine Klöster und meine Mönche und Nonnen, aber ich möchte nicht, dass mein Retreat unterbrochen wird, und ich möchte nicht zurückkehren. So oder so war es nur ein Traum – gut, schlecht: Lass ihn geschehen. Ohnehin bin ich mehr daran interessiert, auf welche Weise Träume die Leerheit bestätigen, wie ihr transluzentes Auftreten unsere eigene essenzielle Leerheit widerspiegelt.* Obwohl ich gespürt hatte, wie die Polizei meinen Körper ins Auto stieß, hatte ich weder in meinem eigenen noch in ihrem Körper ein Gefühl von Masse empfunden. Ich war zwar mit der Gefahr einer Bedrohung aufgewacht, doch sie hatte keine Gestalt und war nicht mehr oder weniger zuverlässig real als die intensive Verlegenheit, die ich in den Bahnhöfen gespürt hatte. Dennoch waren sowohl die Verlegenheit in den Bahnhöfen als auch die Angst in den Träumen verkörperte Erfahrungen. Real, aber nicht wahr.

Was ist Ihr Wunschtraum?

Diese Frage stellte ich einem Mann, den ich einmal in Kalifornien kennengelernt hatte. Mehrere Jahre zuvor hatte er einen exzellenten Job in einem High-Tech-Unternehmen in Silicon Valley gekündigt. Er hatte Bücher über die Leerheit gelesen und war zu dem Schluss gekommen, dass sein Job leer war – leer von Bedeutung und Wert – und dass auch Dinge wie der Arbeitsplatz, der Status und das Geld essenziell leer waren. Er befand, dass sein Leben keine Bedeutung hatte, und kündigte seinen Job, um etwas zu tun, was er schon sein ganzes Leben lang hatte tun wollen: Er wollte Maler werden.

Er sprach mit ernster Stimme, führte oft die Hand zum Mund, als wollte er die Genauigkeit seiner Wortwahl prüfen. Sein schwarzes Haar und sein Bart wurden allmählich grau, und er war lässig, aber sorgfältig gekleidet. Mehrere Jahre lang hatte er in seinem Studio als Künstler gearbeitet und ein erfülltes Leben geführt. Dann hatte er meine Belehrungen besucht, die ich über die Leerheit hielt. Nach einer Veranstaltung suchte er das Gespräch mit mir. *Mir gefallen diese Belehrungen über die Leerheit, sagte er, aber es gibt ein Problem. Ich hatte schon vorher Bücher über die Leerheit gelesen und festgestellt, dass mein Job Leerheit war, also ließ ich ihn los. Ich bin wirklich gern Künstler, aber nach Ihrer heutigen Belehrung erkenne ich, dass sogar meine Kunst Leerheit ist. Und jetzt muss ich vielleicht meine Kunst loslassen. Aber wenn ich das mache, habe ich kein Geld mehr.*

Ich sagte zu ihm: *Leerheit bedeutet nicht nichts.*

Er war einigermaßen schockiert. Ich sagte zu ihm: Alles kommt aus der Leerheit. Sie ist voll von lebendigem Potenzial, voll von Chancen.

Dann fragte ich ihn: *Was ist Ihr Wunschtraum?*

Er sagte: *Ein Haus am Strand zu haben.*

Okay. Nehmen wir an, dass Sie eines Tages einen schönen Traum träumen, in dem Sie das Haus am Strand haben. Dann sind Sie sehr glücklich, richtig?

Ja, natürlich.

Dann brennt plötzlich Ihr Haus nieder, und Sie haben keine Traumversicherung. Wie geht es Ihnen dann?

Es wird mir das Herz brechen.

Ich fragte: *Ist dieses Haus real oder nicht?*

Er antwortete: *Natürlich ist es nicht real. Es ist ein Traum!*

Ich sagte: *Wenn Sie ein großes Problem haben, also dass beispielsweise Ihr Strandhaus abbrennt, was wäre dann die beste Lösung?*

Er dachte sorgfältig nach und meinte: *Dass ich im Traum vielleicht aufwache.*

Genau. Wenn Sie wissen, dass Sie träumen, dann kann der Tiger sie nicht fangen, und das Feuer kann Sie nicht verbrennen. Wenn Ihr Haus niederbrennt, können Sie ein anderes bauen. In unserem Leben am Tag leugnen wir nicht, dass wir das Haus oder die Karriere haben wollen. Aber wenn wir die essenzielle Leerheit der Phänomene erkennen, dann können wir unsere Wünsche genießen, ohne an den Fehlwahrnehmungen anzuhaften, die Leid erzeugen.

Sie und ich sind in diesem Augenblick das Gleiche wie das Traumhaus am Strand. Nicht real. Aber wir sind nicht nichts. Viele Leute glauben, dass Leerheit nichts ist. Aber alles kommt aus der Leerheit. Wenn Sie das Traumhaus in dem Traum erkennen und Ihr Traumhaus ansehen, dann wissen Sie, dass es nicht real ist. Aber das Traumhaus ist immer noch da. Real und nicht real zugleich.

Wenn Menschen von der Leerheit hören, denken sie oft, dass es etwas Negatives bedeutet, wie es der leitende Angestellte des High-Tech-Unternehmens gesehen hatte, der in seinem Beruf keinen Sinn mehr erkennen konnte. Das ist ein übliches Missverständnis. Leerheit ist keine Vorstellung und auch keine Geschichte. Sie ist eine verkörperte Erfahrung, die entsteht, wenn wir die Erfahrung selbst erkunden und herausfinden, dass die scheinbare Festigkeit und Dauerhaftigkeit der Phänomene nicht wirklich existieren.

Träume sind ein perfektes Beispiel. Das Traumhaus taucht im Traum auf. Wir sehen es und fühlen es. Doch es existiert nicht. Es fällt uns leicht zu akzeptieren, dass Träume aus unserem Geist entstehen. Der leitende Angestellte anerkennt, dass das Traumhaus von Substanz entleert ist und nicht wirklich existiert. Aber das heißt nicht, dass er es nicht erlebt. Wenn es im Traum niederbrennt, wird es das Herz des Mannes dennoch brechen.

So funktioniert das Leben. Unser Geist erschafft unsere Erfahrungen von einem Moment zum nächsten, und wir erleben diese Erschaffungen als real, als so real, dass wir fälschlicherweise davon ausgehen, dass wir unabhängig von unserem Geist die Realität da draußen sehen. Aber das Objekt der Wahrnehmung kann nicht vom Geist getrennt werden, der es wahrnimmt. Wir können unsere Träume nicht spüren. Wir können die Leerheit weder spüren, schmecken noch berühren. Wir können nicht wissen, woher sie kommt. Wir können nicht wirklich sagen, dass Leerheit existiert. Aber das negiert sie nicht. Sie ist so real wie ein Traum. Alles entsteht aus dieser unkennbaren Grundlage der Leerheit. Dinge erscheinen, aber sie existieren nicht in der Weise, wie wir es vermuten. Worauf wir hinweisen, ist jenseits von Worten und Sprache und kann vom begrifflichen Geist nicht erkannt werden. Wir haben gelernt, in Dualitäten zu denken: real versus nicht real; Tagträume versus nächtliche Träume; gut – schlecht; leben – sterben. Wenn wir auf Erfahrungen treffen, die nicht in diese Dualitäten passen, dann tendieren wir dazu, sie zu verwerfen. Sie machen uns nervös. Wir können sie nicht in unserer dualistischen Logik unterbringen. Wenn die konventionelle Welt sich einig ist, dass das, was der Geist mit seiner gewöhnlichen Wahrnehmung weiß, alles einschließt, was gewusst werden kann, dann wird es schwieriger, nach der Wahrheit zu streben.

Wenn wir einen besseren Einblick in die Qualitäten des Geistes am Tag und in der Nacht gewinnen, erlangen wir mehr Selbstvertrauen, die Grenzen der Konsensrealität zu akzeptieren. Durch Nachforschen können wir erkennen, dass das soziale Gefüge durch Konsens zusammengehalten wird. Je mehr Menschen den Konsens teilen, umso realer wird er und umso schwieriger ist es, ihn zu ändern oder auseinanderzunehmen.

Diese Lektion lernte ein Maharadscha im alten Indien auf die harte Tour. Das heutige Indien bestand früher aus eigenständigen Fürstentümern mit jeweils einem König oder Maharadscha. Die aneinandergrenzenden Regionen wurden oft von Feindseligkeiten heimgesucht. Nach einem besonders schweren Monsunregen, als alle Brunnen bis zum Rand vollgelaufen waren, fielen einmal Mitglieder eines Fürstentums in das Territorium ihrer Feinde ein und schütteten Gift in jeden Dorfbrunnen. Nur den Brunnen des Maharadschas ließen sie unangetastet, da er von Wächtern beschützt wurde.

Das Gift verursachte überschäumende Glückseligkeit. Alle hörten zu arbeiten auf. Die Felder und das Vieh wurden vernachlässigt. Die Dorfbewohner tanzten die ganze Nacht auf den Straßen, sangen und flirteten, was das Zeug hielt. Der Maharadscha wusste, dass sein verfeindeter Rivale diese Vergiftung angezettelt hatte, um sein Königreich zu zerstören. Er ging auf die Straße und informierte die Leute, dass sie dem Feind in die Falle gegangen seien. Aber die Menschen waren sich einig, dass der Maharadscha verrückt geworden war. Mehrere Tage lang versuchte der Maharadscha, die Leute, die den Verstand verloren hatten, zur Vernunft zu bringen. Abgeschnitten von den Menschen, die er liebte, und allein in seinem Elend, trank er schließlich auch aus deren Brunnen und gesellte sich zu den Feiernden.

Der Maharadscha litt unter der Isolation. Das können wir uns ersparen. Mit Hilfe von Meistern, weisen Texten und mit unserer eigenen Intelligenz können wir gegen den Strom schwimmen. Händler und Jäger, die Milarepa im Winter ohne Stiefel und Kleider durch schneebedeckte Gebirgslandschaften hatten wandern sehen, hielten ihn für vollkommen irre. Milarepa seinerseits hielt die Leute für verrückt, weil sie in ihren selbst errichteten Gefängnissen eingesperrt waren, obwohl sie den Schlüssel zu ihrer Befreiung in Händen hielten.

Ich steckte ein paar Rupien und meine Ausweispapiere in die Tasche meines Hemdes, ließ den Rucksack im Gästehaus und machte mich im Morgengrauen auf, um meinen eigenen Wunschtraum zu verfolgen. Mein erster Meditationstag im Freien! Mein bedrohlicher, nächtlicher Traum wurde von meinem Enthusiasmus weggefegt. Die Luft dieses frühen Morgens war erfrischend und nicht allzu heiß. Im Sommer ist der Parinirvana Park für die Öffentlichkeit von sechs Uhr morgens bis sechs Uhr abends geöffnet. Ich kam gerade an, als die Wärter das Tor öffneten. Sie überprüften abermals meine nepalesischen Ausweispapiere und winkten mich weiter. Ich setzte meinen Weg zur gegenüberliegenden Seite des Parks fort. Im Schatten eines Hains legte ich die äußere Schicht meiner Robe ab und breitete sie auf dem Boden als Sitzmatte aus. Ich begann, über meine Motivation nachzusinnen.

Meine Motivation war dieselbe wie auf dem Fußboden des Bahnhofs von Varanasi und dieselbe, wenn ich vor irgendeinem Schrein saß: frei zu werden von selbst geschaffenem Leiden, um andere befreien zu helfen. An jenem Morgen begann ich damit, über die Frage zu reflektieren, weshalb die buddhistische Tradition der Motivation eine solche Gewichtung beimisst. In den letzten Tagen hatte meine Motivation nie nachgelassen, auch wenn ich in meinen Meditationen häufiger abgelenkt wurde als sonst. In der Meditation gibt es immer ein Auf und Ab. Wenn wir uns darauf festlegen, was nach unserer Meinung eine *gute* Meditation ist, werden wir mit Sicherheit enttäuscht. Uns darauf einzulassen, mit dem Geist zu arbeiten, heißt, an der Absicht, am Bestreben festzuhalten. Wir versuchen es immer wieder. Fortwährendes Bestreben bringt auf längere Sicht mehr als kurzfristige Resultate, auch wenn sie noch so positiv sind.

Während der nächsten Stunden machte ich nur eine einfache Praxis und ließ den Geist im Gewahrsein ruhen. Und dann beendete ich die Sitzung mit der Widmung des Verdienstes. Dies ist der letzte Schritt jedes formellen Praxisabschnitts. Wir wollen keine Tugend behalten, die wir vielleicht für uns selbst angehäuft haben. Aus diesem Grund geben wir sie an andere weiter. Ich widmete den Verdienst den Familienmitgliedern, den Lehrern, der Welt, allen fühlenden Wesen. Widmung ist eine Art von Teilhabe, eine Funktion, die wir *spirituelle Großzügigkeit* nennen.

Nach den ersten Stunden im Hain wich die Frische des frühen Morgens drückender Hitze. Weniger Besucher kamen in den Park, und ich genoss die relative Isolation. Doch in einer neuen Umgebung allein zu sein versetzte meine Sinne in höchste Alarmbereitschaft, obwohl ich mich abermals auf einem abgeschlossenen Gelände befand, das durch Tore und Wachleute gesichert war. Ich freute mich über diesen geschützten Ort, erkannte aber auch die Ironie. Es war für mich der perfekte Ort, um mein neues Leben auszuprobieren. Nicht in der freien Natur, keinen Raubtieren ausgeliefert, zurückgezogen, aber nicht isoliert. Der Park war für mich irgendwo in der Mitte zwischen neu und vertraut, ein Ausdruck der buddhistischen Religion in einer hinduistischen Stadt … *genau wie ich* …

Ich stand auf und legte die äußere Schicht meiner Robe wieder an. Trotz der Hitze wollte ich den Brauch fortsetzen, eine Robe zu tragen, die die linke Schulter bedeckt, die rechte aber freilässt. Dieses Ritual würde sich nicht ändern – noch nicht. Ich hatte schon mehrere Tassen gezuckerten Tee hinter mir, was meiner normalen Ernährung vollkommen zuwiderlief, aber das mit der Robe war eine andere Sache. Sie war mein einziger kostbarer Besitz, und ich würde mir Zeit lassen, bis ich sie ablegte.

Ich wanderte ein paarmal um den Park herum, machte einen Stopp an den öffentlichen Toiletten und dann am öffentlichen Brunnen, wo ich mir Wasser zum Trinken pumpte. Ein weiteres erstes Mal. Danach verließ ich den Park, um mir etwas zu essen zu besorgen.

Ich setzte mich an einen provisorischen Essstand mit ein paar Eisenbänken im Freien und einer Plane darüber. Ich bestellte das billigste und erstrebenswerteste Gericht auf der Speisekarte: Reis und Dal. Zu meiner Freude waren die Linsen von der großen, gelben Sorte, die ich aus Nubri kannte, und fast so zubereitet, wie meine Großmutter sie gekocht hatte. Ein paar Minuten lang trug mich der Geschmack zurück in meine Kindheit, und ich verlor mich in Erinnerungen.

Nach dem Essen kehrte ich ins Gästehaus zurück, um den heißesten Stunden zu entfliehen, setzte mich auf mein Bett unter den Deckenventilator und praktizierte weiter. *Immer noch wähle ich das für mich Passende aus, aber das macht nichts. Ich lerne.* Am Nachmittag ging ich gegen drei Uhr wieder in den Park und zeigte abermals meine Ausweispapiere vor. Nach dem Mittagessen aß ich nichts mehr. Als der Park schloss, kehrte ich auf direktem Weg ins Gästehaus zurück und verzichtete auf einen Abstecher ins Dorf. Ich setzte mich aufs Bett und wiederholte die gleiche Praxissequenz, die ich am Morgen und am Nachmittag gemacht hatte. Anschließend reflektierte ich über meinen Tag.

Oberflächlich gesehen, wurde ich noch immer von dem neuen und fremdartigen Gefühl herumgeworfen, allein in der Welt zu sein: im Freien zu meditieren, im Gästehaus zu wohnen, mit Geld umzugehen, eine Mahlzeit zu bestellen und allein in der Öffentlichkeit zu essen. Andererseits erzeugte jedes neue Ereignis auch Begeisterung, Erstaunen und Optimismus. *Diese Reise hat tatsächlich begonnen. Jetzt bin ich unterwegs. Wohin werde ich gehen? Ich weiß es nicht. Wie wunderbar.*

In jener Nacht konzentrierte ich mich darauf, den Traum im Traum zu erkennen. Zur Vorbereitung gehört es, die Absicht zu bestimmen, ungefähr so, wie wir sagen: *Morgen möchte ich um fünf Uhr früh aufwachen.* Um uns beim Aufwachen an unsere Träume zu erinnern, wünschen wir uns etwas Ähnliches. Wenn wir beschließen, dass wir im Traum aufwachen wollen, können wir uns immer wieder – ein paar Dutzend Male – vorsagen: *Heute Nacht möchte ich erkennen, dass ich träume, während ich träume.*

Ich träumte, dass ich in Tibet war. Weitläufige, weder von Steinen noch von Bäumen unterbrochene, smaragdgrüne Felder breiteten sich unter einer strahlenden Sonne und einem schimmernden Himmel in alle Richtungen aus. Große, farbenfrohe Blumen sprenkelten die Felder mit besonders lebhafter, Technicolor-ähnlicher Brillanz. Schwarze Yaks grasten in der Ferne. In einer Richtung fiel das Feld steil zu einem Fluss ab. Als ich gerade über das Gras lief, erkannte ich, dass ich in einem Traum war: *Ich kann alles tun, was ich möchte!* Ich streckte die Arme seitlich vom Körper aus, hielt die Robe hinter mir fest und rannte los. Zuerst hüpfte ich, dann sprang ich, bis der Wind die Robe wie einen Drachen erfasste und mich in die Lüfte erhob, hinauf in die Berge trug und dann wieder zum Fluss hinunter. Es war so wunderbar, durch die Luft zu fliegen. Frei wie ein Vogel, getragen vom Wind.

Ich mag diesen Traum lieber als den Traum, in dem die Polizei mich aufgegriffen hat. Ich mag den Traum von Kushinagar lieber als den Traum von Varanasi. Ich mag den Traum mit diesen Bäumen und dieser frischen Luft. Buddha wurde Buddha, weil er erkannte, dass alles ein Traum ist, auch er selbst.

Am folgenden Morgen hielt ich auf dem Weg zum Park kurz an einem Kiosk an, um mir gerösteten Mais zu kaufen. Ich wollte bezahlen, aber der Käufer winkte ab, und damit empfing ich die erste Opfergabe, die meiner Mönchsrobe zuzuschreiben war. Das machte mich wirklich glücklich. Der Tag war besonders klar und frisch, wolkenlos, kein Anzeichen von Regen, genauso wie das perfektionierte Wetter in meinem Traum von letzter Nacht. Ich ging wieder zur

Parinirvana Stupa, zeigte meine Papiere und wanderte zum anderen Ende. Meine Lebensumstände entwickelten sich allmählich sehr angenehm.

Das Fliegen hatte mir gefallen. Die Begegnung mit dem Verkäufer hatte mir gefallen, und der Mais war fast das Beste, was ich je gegessen hatte. Gedanken an zu Hause mischten sich mit den angenehmen Erinnerungen vom gleichen Morgen. Doch hier im Park waren die Bilder von zu Hause, vom Mais, vom Verkäufer, von meinem Flug durch die Luft gleich weit entfernt von der Stelle, wo ich saß. Das eine Bild war weder näher noch weiter weg als das andere. Auch konnte ich nicht sagen, dass ein Gedanke *realer* gewesen wäre als ein anderer. Diese Gedanken, Bilder, Begriffe zogen nur wie Wolken vorüber. Erinnerungen an zu Hause bleiben vielleicht an emotionalen Knoten hängen, aber der Gedanke an zu Hause selbst hatte keine stärkeren Wurzeln in einem Objekt namens *Zuhause* als das Bild des Maiskorns, das in einer Pflanze namens *Mais* lebte. Wenn wir aufhören, die Qualität dieser Gedankenwolken zu untersuchen, erscheinen sie eher als Träume als als das, was wir normalerweise mit *real* kennzeichnen. Weder Träume in der Nacht noch Gedanken am Tag haben Substanz oder Beständigkeit. Doch erst wenn wir in die Realität erwachen, sind Wahrnehmungen am Tag und in der Nacht nicht mehr in der Lage, unser Leben durcheinanderzubringen.

Ich bin nicht dieselbe Person, die ich in Varanasi war. In den vergangenen achtundvierzig Stunden bin ich durch die Hölle gegangen, habe Zuflucht in einem Hostel gefunden, Zeit mit meinen Lehrern verbracht, besonders mit Nyoshul Khen Rinpoche, hing mit Nagasena herum, damit er mir zu bekräftigen half, dass meine Titel nur äußere Masken sind. Ich war traurig und einsam, zuversichtlich, optimistisch und mutlos. Aber der Geist, der so viel Unruhe erlebt hat, ist verschwunden. Erledigt. Tot. Das heißt nicht, dass er nicht wieder auftauchen wird. Er könnte wiedergeboren werden. So oder so ist es okay.

Ich fühlte mich wohl mit meiner Entscheidung, mir mit dem Übergang auf die Straße Zeit zu lassen. Ich war als Mingyur Rinpoche nicht physisch gestorben, aber ich befand mich zwischen Geisteszuständen. Ich war mit nicht mehr Substanz als ein Regenbogen durch den Raum geflogen. Ich hatte Vorstellungswelten durchquert und war mit diesem menschlichen Körper neuerlich wiedergeboren in diesem Reich angekommen, diesem Körper, der nicht genau derselbe war, den ich gestern noch hatte. Wenn wir in der Lage sind anzuerkennen, dass unser Körper sich verändert hat, können wir ein Gefühl der Erneuerung pflegen und voller Energie unseren besten Tag voll ausleben, bis wir schlafen gehen und von Neuem sterben.

KAPITEL 18

Durch die Dunkelheit kommen

Mein Vater hatte mir erklärt: *Ohne die Fähigkeit, fortlaufend zu sterben, werden wir irgendwann an einem Ort leben, wo nur Pilze gedeihen, Lebensformen, die aus toter Materie wachsen und die in Dunkelheit leben.*

Nach landläufiger Meinung kommt das Leben vor dem Tod. Vom Standpunkt der Weisheit kommt der Tod, der nach dem Ego greift, vor dem Leben. Bis wir in die reinen Wahrnehmungen aufwachen, die nicht von Kultur und inneren Zwängen gefiltert und verzerrt sind, sind wir Schlafwandler, die weder tags noch nachts vollkommen lebendig sind und *an Orten leben, an denen nur Pilze gedeihen.* Aus Sicht der Weisheit müssen wir, um in die Realität dieses Lebens aufzuwachen, erst einmal zulassen, dass das begrenzte, konditionierte Selbst loslässt und stirbt.

Einmal sah ich die Karikatur eines Hippies, eines Suchers, der auf einen Berggipfel gestiegen war, um einen weisen Mann zu fragen: *Kannst du mir die Zukunft voraussagen?*

Und der weise Mann antwortete: *Aber sicher. Nichts leichter als das. Morgen wird sich wie heute anfühlen, außer du wachst auf.*

Unser rationaler Geist weiß, dass unser Körper nie endet,

wenn heute gleich ist wie gestern. Aber er endet. Und trotzdem *fühlt* sich heute oft wie gestern an. Genau an diesem Beispiel sehen wir den Unterschied zwischen Geschichten, die wir uns selbst erzählen, und dem, was tatsächlich existiert. Wir können erkennen, dass unsere Gefühle nicht mit der Realität übereinstimmen. Unser Körper ändert sich, während unser Geist steckenbleibt. Das ist kein gutes Rezept für das Leben, vor allem nicht, wenn wir altern. Aber wir können jetzt sofort anfangen, mehr Sensibilität für die subtilen, alltäglichen Übergänge zu entwickeln, dafür, wie wir sie loslassen müssen, und auch für die Lektionen, die sie uns anbieten.

Innerhalb des Bardos dieses Lebens gibt es drei Phasen für jedes neue Bemühen, und diese entsprechen dem Bardo des Sterbens, dem Bardo des Dharmata und dem Bardo des Werdens. Das funktioniert ungefähr so: Eine neue Beziehung mit einem Liebes- oder Geschäftspartner, ein neuer Chef, ein neuer Wohnort oder ein neues Haustier beginnt wie jeder neue Anfang mit einem Moment des Todes. Um eine unkartierte Domäne von etwas Neuem zu betreten und vollkommen offen und empfänglich für das zu sein, was sie uns bietet, müssen wir unsere liebgewordenen Vorstellungen darüber aufgeben, wie die Dinge funktionieren sollen. Wir müssen zulassen, dass sich diese vorgefassten Meinungen auflösen. Nur wenn sie sterben, wird die Vergangenheit diesen Augenblick nicht beherrschen. Dann können wir die wunderbare, frische Atmosphäre, die diese Phase begleitet, voll und ganz würdigen.

Wie oft beschließen wir, eine neue Diät oder ein neues Fitnessprogramm durchzuziehen, oder wir fassen gute Vorsätze fürs neue Jahr, nur um dann festzustellen, dass sich unsere alten Muster wieder etablieren. Wenn gewohnheitsmäßiges Verhalten unsere neuen Bestrebungen beherrscht, können wir trotz bester Absichten nicht vorankommen. Wenn die Gegenwart mit vergangenen Themen belastet ist, dann leben wir in Dunkelheit und können nicht von den revitalisierenden Auswirkungen der Wiedergeburt profitieren. Wir bringen alte Idealisierungen und perfektionistische Fantasien in das neue Reich mit, und das macht es schwierig, mit unserem neuen Vorhaben wirklich erfolgreich zu sein.

Natürlich berufen wir uns auf die Fertigkeiten, Begabungen und unsere Kreativität, die wir in der Vergangenheit entwickelt haben. Aber um in unserer neuen Situation wirklich zu reüssieren, müssen wir unsere Anhaftungen hinter uns lassen. Das entspricht dem Bardo des Sterbens. Mit dem Ende unseres Körpers haben wir keine andere Wahl, als das Leben, das wir gekannt haben, zu verlassen. Aber wir können immer noch *wählen,* ob wir unsere Anhaftungen loslassen oder an ihnen festhalten wollen.

Zum endgültigen Ende unseres Körpers aus Fleisch und Blut bietet sich uns allen eine fantastische Chance, das todlose Gewahrsein zu erkennen. Der dualistische Geist, der an den Körper gekettet war, wird durch das Zusammenbrechen der Grundstruktur automatisch befreit und schafft dabei eine intensivierte Lücke. Dieser Vorgang entspricht – wenn auch in übertriebener Form – dem Vorgang beim Einschlafen, wenn der dualistische Geist sich ablöst und in Träumen zerfließt. Wir ziehen diese Vergleiche mit dem Bardo dieses Lebens, um den kontinuierlichen Prozess unseres eigenen Sterbens und der Wiedergeburt zu erkennen. Das kann uns wirklich helfen, jetzt in diesem Augenblick ein freudvolles

Leben zu führen. Es kann auch unsere Wahrnehmungen auf den großen Tod einstimmen, der kommt, wenn unser Körper aufgibt.

Wenn wir ganz zum Schluss die leuchtende Leerheit erkennen – welche Tod jenseits von Tod ist –, dann treten wir nicht in die nächste Phase oder in den nächsten Bardo ein. Vollkommen eins mit dem Tod zu werden und diese Vereinigung zu erkennen, gibt uns die Möglichkeit, das todlose Reich zu betreten, welches die ewige Gegenwart ist, unkonditioniert von Vergangenheit oder Zukunft. Es ist jenseits von Zeit, jenseits von Anfängen und Enden. In diesem Zustand gibt es keine nächste Phase. Wir empfinden vollkommene Entspannung in der Situation, in der wir uns befinden – in der neuen Beziehung, im neuen Job, was immer –, vergleichen sie nicht mit der Vergangenheit oder planen die Zukunft, wir erheben keine Erwartungen, überhöhen keine Möglichkeiten, sind nicht hinterhältig oder misstrauisch, machen aus einer Mücke keinen Elefanten und verleugnen auch keine unangenehmen Momente.

Doch normalerweise nutzt sich einiges von der Klarheit der Absicht in der ersten Phase ab, wie es bei mir der Fall war. Die Intention hatte ich immer noch klar vor Augen, aber angesichts der Mühe, herauszufinden, wie man etwa Fahrkarten oder Tee kauft, genoss sie keine Priorität mehr. Bevor ich das Kloster verließ, hatte ich erwartet, mein altes Leben über Nacht sterben zu lassen. Das stellte sich als naiv heraus. Aber ich hatte nicht das Gefühl, dass ich wie ein Pilz in der Dunkelheit lebte; auch war ich weder in meinem alten noch in meinem neuen Leben vollkommen präsent. *Ich versuche, loszulassen. Ich fühle, dass ich langsam, ganz langsam eine neue Form annehme. Ich verstehe das. Ich arbeite daran. Aber ich versuche nicht, mein altes Selbst wegzuschieben. Einiges wird sich ändern. Lass es geschehen. Lass es vorüberziehen.*

Phase zwei innerhalb des Bardos dieses Lebens ist gekennzeichnet von Chancen, die meine eigene Sichtweise widerspiegelten. Am Gerüst meiner Identität als Wanderjogi wurde noch gearbeitet: Nichts war voll ausgestaltet, aber diese Unklarheit eröffnete kreative Anreize. Der unbestimmte Zeitraum, der diese Phase charakterisiert – wie es im Augenblick bei mir der Fall war –, könnte stürmisch oder friedlich sein, ein Auf und Ab, aber die Begeisterung bleibt stabil, und mein Optimismus wird von den vielen Unwägbarkeiten nicht beeinträchtigt. Alles ist im Fluss, fluktuiert, nichts hat endgültig Gestalt angenommen, und die Atmosphäre fühlt sich wie ein Traum an.

Die erste Phase ist wie das Sterben am Ende unseres Lebens oder am Ende des Tages, wenn wir einschlafen. Die Situation treibt uns an, loszulassen. Und dann betreten wir in der nächsten Phase eine Traumlandschaft, in der wir die substanzlose Qualität von Form erfahren. Dies entspricht dem Bardo des Dharmata, dem Bardo, der auf das Sterben folgt. Aber egal, ob diese Phase nun vor oder nach unserem Tod kommt, sie dauert ebenfalls nicht ewig. Allmählich lässt die Transparenz der Traumformen nach und die fluide Atmosphäre wird stationärer. Das Gerüst entwickelt sich zu kompakten Wänden, und die Chancen schränken sich allmählich ein. Ich spürte, dass ich immer noch in einem Traumzustand war, ich schwebte ein bisschen und meine Füße berührten nicht den Boden. Vom Verstand her wusste ich, dass ich Tergar verlassen hatte, dass ich in Kushinagar war, dass ich mein Wanderretreat begonnen hatte.

Aber mein Körper spürte noch immer nicht, dass diese Übergangsphase mein Zuhause war.

In der dritten Phase ähneln transluzente Traumformen immer mehr unseren ehemaligen Fleisch-und-Blut-Körpern, und die alten Tendenzen verstärken sich. Wir finden uns mit Wiederholungen ab, selbst mit Aktivitäten, die wir weder mögen noch achten. Vielleicht normalisieren wir die Argumentation in unseren Partnerschaften, oder vielleicht entwickeln sich kleine Notlügen zu Täuschungsmanövern und Unehrlichkeit. Hier fühlen wir uns üblicherweise tatsächlich gefangen.

Das Gewicht karmischer Neigungen scheint so undurchlässig wie Stein zu sein, und wir verlieren den Zugang zur fantasievollen Entschlossenheit, die uns aus welchen Reichen auch immer befreien könnte, in denen wir festsitzen. In Wahrheit stagnieren wir von Natur aus nicht mehr als der Mann, dem gesagt wurde, dass morgen wie heute aussehen würde, falls er nicht aufwacht. Doch wir fühlen uns so hilflos, dass wir uns einreden, nichts dagegen tun zu können, dass die Ausgänge verschlossen sind und wir verdammt sind, uns im *Samsara* im Kreis zu drehen. Der wichtige Punkt ist, dass es hier zwar schwieriger ist, eine Veränderung herbeizuführen als in den beiden vorherigen Phasen, dass es aber definitiv möglich ist.

Älteren Menschen fällt es besonders schwer zu glauben, dass jahrzehntelang eingeprägte Muster immer noch veränderbar sind. Gesellschaftliche Normen schienen diese Annahmen zu bestätigen. Dann entdeckten Neurologen etwas, das sie Neuroplastizität nennen, die Fähigkeit des Gehirns, sich in allen Lebensabschnitten zu verändern und auf neue Erfahrungen zu reagieren. Diese Information kann unglaublich hilfreich sein, denn wenn wir nicht glauben, dass eine Veränderung möglich ist, werden wir es auch bestimmt nicht versuchen.

In den Jahren, die zu diesem Retreat führten, hatte ich das Gefühl gehabt, irgendwie auf der Stelle zu treten. Ich liebte meine Klöster und meine Schüler, und nichts machte mir mehr Freude, als den Dharma weiterzugeben. Doch ich spürte, dass mir meine Rollen als *Tulku*, Lehrer, *Rinpoche* und Abt die Luft abschnürten. Ich hatte begonnen, mich gegen mein eingekapseltes Leben zu wehren. Obwohl ich das halbe Jahr um die Welt reiste und neue Orte besuchte, behandelten mich die Menschen überall mit ähnlichem Respekt und Ehrerbietung. Ich wurde ein wenig rastlos und wollte meine eingefahrenen Abläufe durchbrechen.

Mein Glück war es, dass ich durch mein Training wusste, dass Veränderungen *immer* stattfinden. Sich gefangen, festgefahren, unbeweglich zu fühlen sind selbst fabrizierte Geschichten. Wir haben die angeborene Fähigkeit, uns von diesen betäubenden Bezeichnungen zu befreien. Wie alles andere in unseren sichtbaren und unsichtbaren Welten verändern auch wir uns von einer Sekunde zur anderen. Fünfzig bis siebzig Milliarden Zellen in unserem Körper sterben jeden Tag und ermöglichen Milliarden von neuen Zellen, eine flüchtige Existenz aufzubauen. Das Leben findet auf einem Meer des Todes statt. Ohne Tod gibt es kein Leben.

Wenn wir in diese Realität aufwachen, können wir aktiv steuern, was als Nächstes kommt, und nicht nur passiv falsche Schlussfolgerungen über das akzeptieren, was unausweichlich scheint. Das ist ähnlich wie der Bardo des Werdens. Wenn wir in dieser Phase aufwachen, können wir unseren nächsten Tag oder die Wiedergeburt in unserem nächsten Leben steuern. Im Bahnhof von Varanasi akzeptierte ich meine Anhaftung an meine Rollen und früheren Identitäten. Ich konnte nicht loslassen. Aber ich gab nicht auf, und selbst als ich auf dem Steinfußboden des Bahnhofs saß, arbeitete ich noch immer daran. Ich glaubte nicht, dass mein Leben als Jogi starr und von ständigen Wiederholungen geprägt sein würde, aber ich wusste, dass alles möglich war, wenn ich nicht aufpasste.

An jenem Tag aß ich nicht zu Mittag und kehrte erst am Abend ins Gästehaus zurück. Am Nachmittag war der klare, blaue Himmel düster und launisch geworden, und der Wind hatte aufgefrischt. Ich genoss die kühle Brise, bis Regentropfen wie Hagelkörner herunterprasselten. Zunächst schützte mich der Baum, unter dem ich saß und dessen Blätter den Regen recht gut abhielten, aber bald konnten sie die Last nicht mehr tragen und verwandelten sich in hunderte kleiner Tüllen, die umkippten und den Regen wie aus einem Trichter über mich ergossen. Ich packte meinen Umhang und rannte zu den öffentlichen Toiletten. Niemand sonst war dort, und so stand ich still da und meditierte weiter.

Ich hatte beabsichtigt, im offenen Gewahrsein präsent zu bleiben, allem gewahr zu bleiben, was geschah, und im Gewahrsein zu ruhen. Innerhalb des Erkennens des Gewahrseins registrierte ich das Geräusch heftigen Regens, das Geräusch von Wind, die Empfindung von Nässe, von schlechten Gerüchen und die Tatsache, dass ich stand. Ich widmete mich keiner der Empfindungen. Entzog mich ihnen nicht. Verlor mich nicht.

Im Zug nach Varanasi hatten die Toiletten wirklich ekelhaft gerochen, und ich hatte mir gewünscht, Abstand von ihnen zu gewinnen, im Zug sitzen, mir die Nase zuhalten oder aussteigen und mir eine Fahrkarte erster Klasse kaufen zu können. Nun konnte ich erkennen: *Ich mag diesen Geruch nicht. Das ist in Ordnung. Kein Problem. Ich muss ihn nicht mögen. Ich brauche nur bei ihm zu sein. Dieser Geruch ist eine weitere Wolke. Lade ihn nicht zum Tee ein,* was bedeutet: Mach kein großes Drama daraus, wie damals, als du über die Menschen im Zug geklagt hast; und schieb ihn nicht fort, denn das eskaliert nur die mentale Agitation und blockiert die Fähigkeit zum Gewahrsein.

Als der Regen aufhörte, verließ ich die Toilette, verließ den Park und kehrte zum Gästehaus zurück. Unterwegs gelobte ich, dass ich in den kommenden Tagen einfach beim Regen sein würde. Ich würde nicht wieder in den Toiletten Zuflucht suchen.

Am folgenden Tag schnellten die Temperaturen in die Höhe. Die größte Anstrengung an jenem Morgen bestand darin, nicht einzuschlafen. Der Schweiß tropfte vom Kopf und durchnässte meine Robe. Die Brille beschlug ständig. Es war, als hätte die Feuchtigkeit den Sauerstoff aus der Luft gesogen und mich gleich mit. Hitze stieg vom Boden auf und erzeugte eine Art Fata Morgana. Zu Mittag ging ich wieder in das Restaurant mit dem köstlichen Dal und verzog mich dann in mein Zimmer mit dem Deckenventilator. Um drei Uhr nachmittags war ich wieder im Park. Gerade hatte ich meine äußere Robe ausgebreitet, als es zu regnen begann. Es war die Art von Monsunregen, die sich anfühlt, als schickte der Himmel seine ganze Ladung in einem Schwall auf die

Erde. Ich blieb im Hain sitzen. Wasser prasselte auf meinen Kopf. Wasser ergoss sich über mein Gesicht. Ich spürte es in den Ohren und von den Augenlidern tropfen, vom Kinn auf die Brust und ins Hemd. Wasser tröpfelte vom Hinterkopf auf die Schultern und rann die Wirbelsäule hinunter. Mein Rücken juckte vom nassen Stoff, der an meiner Haut klebte. Innerhalb von Minuten war ich klatschnass. Von oben ergoss sich der Regen über mich, während unter mir sich der nasse Erdboden an mein Hinterteil schmiegte. Eine Pfütze sammelte sich im Schoß auf meiner Robe. *Nichts, wovor ich weglaufen müsste,* sagte ich zu mir, *nichts, dem man aus dem Weg gehen müsste, nichts zu lieben oder zu hassen, nichts zu feiern oder zu bedauern. Nass, trocken. Glücklich, traurig. Gute Gerüche, schlechte Gerüche. Wenn ich beim Gewahrsein bleibe, ist alles gut.*

Selbst in der Nacht herrschten fast dreißig Grad, also war es vermutlich nicht schlimm, dass ich nass wurde. Es war ja nicht so, dass ich wild entschlossen in einem Schneesturm saß und lebendig begraben wurde. Dies ist die Weisheit des Unterscheidungsvermögens. Und abgesehen davon bekam meine Kleidung, die ich noch nie selbst gewaschen hatte, nun eine gründliche Reinigung ab.

Danach stellte ich mich nirgendwo mehr unter, wenn es regnete, und ich ging auch nicht zurück ins Gästehaus, um der Hitze zu entfliehen. Ich würde auch weiterhin meine Wahl zwischen einer Banane oder einer Tüte geröstetem Mais oder zwischen diesem Imbissstand oder jenem treffen, meine Entscheidungsfreiheit aber auf Dinge beschränken, die mit Vermeiden zu tun hatten.

Drei Nächte später träumte ich abermals, dass ich zwischen Kathmandu und Nubri zu Fuß unterwegs war. Diesmal führte der Pfad über einen von hohen Bergen umgebenen Talboden. Ich war in Gesellschaft meiner Mutter und anderer Leute, die ich nicht kannte. Parallel zum Pfad rauschte ein breiter Fluss. Plötzlich stürzte direkt hinter uns die Flanke eines Berges in den Fluss. Fels- und Erdklumpen, groß wie Häuser, blockierten die Strömung. Als das Wasser in diesen unüberwindlichen Damm krachte, stieg der Pegel des Flusses an. Meine Mutter und ich wichen zur Seite aus, weiter weg vom Fluss, aber das Wasser stieg so schnell, dass wir bald ertrinken würden.

Statt mich zum Aufwachen zu zwingen, um dieser beängstigenden Situation zu entrinnen, erkannte ich: *Das ist ein Traum.* Ich packte meine Mutter, und wir spazierten auf dem Wasser quer über den Fluss. Anschließend setzten wir unsere Reise ungefährdet durch ein grünes Feld fort.

Wenn ich mich in einem Traumzustand von Angst befreien konnte, dann konnte ich mich jetzt, mit geöffneten Augen, auch auf der Straße befreien. Warum nicht? Letztendlich ist der Wachzustand nicht solider als der Traumzustand, nicht beständiger, nicht *realer*. Es gibt nur ein großes Hindernis: Es ist viel einfacher, die Leerheit eines Traums zu erkennen, wenn wir mit geschlossenen Augen schlafen, als die Leerheit aller Phänomene zu erkennen, wenn unsere Augen geöffnet sind. Es geht nicht darum, dass wir uns davon überzeugen, wirklich auf Wasser gehen zu können. Es geht vielmehr darum zu verstehen, dass die Festigkeit, die wir normalerweise unserem Körper zuschreiben, nicht real ist und es dauerhafte Vorteile bringt, eine realistischere Perspektive auf das zu lenken, wer und was wir sind. Wenn wir die eigene essenzielle Leerheit und die Leerheit aller Phänomene akzeptieren, verringern sich unsere Impulse, an

Dingen festzuhalten, die nicht wirklich festgehalten werden können.

Tag für Tag verlängerte ich meine Meditationssitzungen im Park. Immer wenn ich hinkam, prüften die Wachleute meine Ausweispapiere. Wie schnell fand ich Trost in dieser Routine, zu *meinem* Platz im Park zurückzukehren und in *mein* Zimmer zurückzukehren. Draußen und allein zu sein fiel mir zunehmend leichter, aber ich stellte immer noch fest, dass dabei Gefühle von Befangenheit aufkamen, die sich abschwächten, wenn ich an *meinen* Platz oder in *mein* Zimmer zurückkehrte. Doch während mein Geist durch das Gefühl, in Sicherheit zu sein, immer friedlicher wurde, wurde er zugleich auch kleiner, so als schrumpfte er, um sich der Größe des Zimmers anzupassen. Während mir der Aufenthalt innerhalb meiner vier Wände einen gewissen Trost spendete, so erweckte er auch erneut meine Neugier auf die Welt da draußen, und ich war begierig, meine Abenteuer auszuweiten.

Ich begann, verschiedene Restaurants im Umkreis des Gästehauses auszuprobieren, wo ich immer Reis und Dal orderte. Auch dehnte ich die Stunden zwischen den Mahlzeiten immer länger aus und experimentierte damit, ganze Tage lang zu fasten. Dann trug mich mein knurrender Magen nach Nubri und zu den Wabenpilzen zurück, die meine Großmutter immer gebraten hatte. Jeden Frühling sammelte sie Morcheln, bestäubte sie mit Gerstenmehl, tat ein wenig Salz und Butter dazu und legte sie über glimmende Asche. Sobald sie Blasen warfen und weich wurden, bürstete sie die Asche ab, und wir aßen sie im Stehen direkt am Feuer. Dieser Traum lag gut und gern dreißig Jahre zurück, doch bei der Erinnerung an das Aroma lief mir noch immer das Wasser im Mund zusammen.

Die Hitze brachte das Leben im Freien fast völlig zum Erliegen. Eine Stille, wie es sie üblicherweise nur auf Friedhöfen gibt, legte sich über das Dorf. Bis die Temperaturen am Abend abkühlten, verschliefen die Dorfbewohner den Tag normalerweise im Haus und gingen nur vor die Tür, wenn es sich nicht vermeiden ließ. Nach fünf oder sechs Tagen, an denen ich ausschließlich zwischen dem Parinirvana Park und meinem Zimmer gependelt war, begann ich die Stadt – besser gesagt, meinen Geist – zu erkunden, wenn ich durch leere Gassen spazierte oder mich niederließ und meditierte. Hin und wieder kam ich am tibetischen Tempel vorbei, ging aber nie hinein. Einmal kam ein Tibeter mit Mönchsrobe heraus auf die Straße und versuchte meine Aufmerksamkeit auf sich zu lenken. Ich tat so, als bemerkte ich ihn nicht. Wo es mir hingegen gefiel, war der Thai-Tempel. In ihm war es still, und der Steinfußboden fühlte sich erfrischend kühl an. Ich sah dort nie jemanden und genoss es, in dem wunderschönen Innenhof zu meditieren, der von süß duftenden Blumen eingerahmt war.

Irgendwann erkundete ich dann weiter entfernte Gebiete, unter anderem eine nahe gelegene Sehenswürdigkeit, die Stelle, an der Cunda, ein Schmied, Shakyamuni Buddha seine letzte Mahlzeit serviert hatte, die auch heute noch kontrovers diskutiert wird. Cunda, der Schmied war ein ergebener Anhänger des Buddhas, aber ein Mann mit bescheidenen Mitteln. Der größte Segen für ihn war es, den Buddha zu empfangen und ihm und dessen Gefolge ein Mittagsmahl anzubieten. Der Legende zufolge erkannte der Buddha intuitiv, dass das Essen Gift enthielt. Um die Mitglieder seiner

Gemeinde vor Schaden zu bewahren und weil er seinen in ärmlichen Verhältnissen lebenden Gastgeber nicht brüskieren wollte, ließ er nur für sich selbst auftragen. Der Buddha wurde krank, und bald danach starb er zwischen zwei Salweiden am Fluss Hiranyavati. In dem Disput geht es darum, ob der Buddha giftige Pilze oder kontaminiertes Schweinefleisch gegessen hatte. In den frühen Texten war in Zusammenhang mit dem letzten Mahl des Buddhas sowohl von *Schwein* als auch von *Pilz* die Rede. Doch in Anbetracht dessen, dass bei der Pilzsuche oft Schweine eingesetzt werden, ist die Bedeutung des Textes mehrdeutig. Dort, wo Cundas Haus gestanden hatte, steht heute eine kleine Stupa, aber diese Stelle wird heutzutage eher als Dorfplatz denn als heilige Stätte genutzt. Es gibt weder eine Umzäunung noch Wachleute. Am frühen Abend spielten Kinder auf dem Rasen, Familien machten Picknick und junge Liebespaare spazierten über das Gelände. Keine dieser Aktivitäten sah ungewohnt aus, und ich konnte mich auch nicht an eine frühere Gelegenheit erinnern, bei der ich in einem öffentlichen Park gesessen hätte, ohne etwas anderes im Sinn zu haben, als es mir gutgehen zu lassen.

Einmal ging ich erst in der Abenddämmerung in das Dorf, denn ich wollte so spät wie möglich auf der Straße meditieren. Kaum hatte ich mich hingesetzt, als ein Schwarm von Stechmücken, dick wie Sirup, über mich herfiel. Ich wickelte die äußere Robe um Gesicht und Hände, entfaltete sie dann und legte sie über die Füße und die Hände. Am Ende war ich noch vor Einbruch der Dunkelheit wieder im Gästehaus. *Hatte ich Stechmücken einkalkuliert? Musste ich alles akzeptieren, was sich ergibt, und jede kleine Stechmücke zu meinem Freund machen? Die Theorie war mir bekannt. Ich hatte sie verstanden. Aber … diese Moskitos hätten mich mit dem Dengue-Fieber anstecken können.* Das wäre durchaus möglich gewesen, auch wenn mir das Dengue-Fieber erst später in den Sinn kam, als ich nach einer Ausrede suchte, weshalb ich die Flucht ergriffen hatte.

KAPITEL 19

Eine zufällige Begegnung

Nach etwa zehn Tagen kam ein Asiate in den Park. Er war ziemlich groß, hatte dunkelgelbe Haut und war Mitte vierzig. Er trug ein weißes Button-down-Shirt aus Baumwolle, dazu Khakihose und Sandalen. Ich hatte keine Ahnung, aus welchem Land er kam, aber ich beobachtete, dass er sich ständig hinsetzte, aufstand und wieder hinsetzte. Am nächsten Tag war er wieder da, setzte sich, stand auf und setzte sich wieder. Nach ein paar Tagen kam er auf mich zu und fragte: *Sprechen Sie Englisch?*

Ich sagte: *Ja.*

Sind Sie ein Mönch?

Ja.

Meditieren Sie?

Ja.

Er berichtete: *Ich bin zum Meditieren hergekommen, aber es fällt mir sehr schwer, und ich kann nicht lange sitzen. Darf ich Sie um Ihren Rat bitten?*

Er erzählte, dass er *Anapanisati* gelernt hatte. In Sanskrit steht *Sati* für *Achtsamkeit*, und *Anapani* bezieht sich auf den *Atem*. *Achtsamkeit auf das Atmen*. Er hatte versucht, seinen Geist auf die Atmung zu legen, auf das Gefühl, wie sich die

Bauchdecke hebt und senkt und wie die Luft durch die Nasenlöcher einströmt. Diese Praxis war ihm von einem buddhistischen Lehrer der südostasiatischen Theravada-Tradition nahegebracht worden. Doch sein Geist wurde rastlos. Er konnte nicht verhindern, dass Gedanken hereinfluteten, und oft jagte sein Geist diesen Gedanken nach. Und er schaffte es nicht, bei der Empfindung des Atmens zu bleiben.

Ich erklärte ihm, dass es nicht notwendig sei, die Gedanken loszuwerden. *Machen Sie die Gedanken nicht zu Ihrem Feind,* riet ich ihm. *Nicht die Gedanken, sondern ihnen zu folgen, ist das Problem. Wenn Sie feststellen, dass Sie sich auf ein Bild, eine Vorstellung, einen zurückliegenden Vorfall, einen Plan für später oder für morgen einlassen, dann ist es das, wovor Sie sich hüten müssen, nicht vor den Gedanken selbst. Sollten Sie sich in Gedanken verlieren oder an der Geschichte festhängen, dann legen Sie Ihren Geist wieder auf den Atem, um zu sich selbst zurückzukehren.*

Dann erklärte ich ihm: *Wenn Sie das Gewahrsein vergessen, dann haben Sie zu meditieren aufgehört. Der Atem ist wie ein Anker, der Ihnen hilft, mit dem Gewahrsein in Kontakt zu bleiben. Solange Sie das Gewahrsein nicht vergessen, können Sie zulassen, dass Gedanken wie durch eine Schwingtür hereinkommen und wieder hinausgehen. Kein Problem.*

Er sagte: *Wenn ich versuche, den Geist zu beruhigen, dann vervielfältigen sich die Gedanken.*

Das ist eine weit verbreitete Erfahrung. Ich erklärte ihm: *Wenn wir zum ersten Mal der Gedanken gewahr werden, scheinen sie sich zu vervielfältigen. Aber in Wirklichkeit gibt es nicht mehr Gedanken als vorher; wir sind ihnen nur gewahrer.* Meditieren zu lernen kann eine Sehnsucht nach Frieden ausdrücken, eine reine Sehnsucht nach Freiheit, ein reines Bestreben danach, das anhaftende Ego zu transzendieren. Aber es macht uns auch Angst, weshalb unser konventioneller Geist alle möglichen Tricks auf Lager hat, um dieses Bestreben abzuwehren. Ich sagte zu dem Asiaten: *Was Sie beschreiben, ist durchaus richtig.*

Er sah mich perplex an, wusste nicht recht, ob ich einen Scherz auf seine Kosten machte. Machte ich nicht. *Wenn wir zu meditieren beginnen,* sagte ich zu ihm, *ist das Erste, was passiert, dass wir lernen, wie verrückt unser Geist ist. Viele von uns nehmen das als Anzeichen dafür, dass wir uns nicht zum Meditieren eignen. In Wahrheit ist es genau umgekehrt: Es ist das erste Anzeichen dafür, dass wir mit unserem Geist vertraut werden. Das ist eine große Einsicht. Sie werden das schaffen.*

Das meinte ich auch so. Dieser Mann war zu dieser heiligen Stätte gereist und jeden Tag bei größter Hitze in den Park gekommen, um zu praktizieren. Es zu versuchen. Mehr können wir nicht tun.

Ich gebe Ihnen einen Rat, sagte ich zu ihm: *Kommen Sie nicht auf die Idee, dass Ihr Geist sich erheblich von anderen Menschen unterscheidet. Wir alle haben diesen Affengeist. Sobald wir den Affen unter der Lupe betrachten, erscheint der Geist normalerweise verrückter als je zuvor. Das trifft aber nicht zu. Sie lassen nur zu, dass Sie erkennen, wie verrückt er schon immer war. Das sind sehr gute Nachrichten.*

Tatsache ist, dass der Geist Gedanken produziert. Die Lunge atmet. Das dynamische Element Luft im Körper – manchmal nennt man es auch *Wind* – hält die Gedanken in Bewegung. Wir können Gedanken genauso wenig stoppen, wie wir den Wind oder unseren Atem stoppen können.

Der Mann beschrieb sich als vielbeschäftigten Menschen, der sich eine Auszeit von einer wichtigen Position in seiner Firma genommen hatte, um zu meditieren und seinen inneren Frieden zu finden. Er war im teuersten Hotel der kleinen Stadt abgestiegen. Diese Reise brauchte seinen ganzen Jahresurlaub auf, und er hatte das Gefühl, gescheitert zu sein. Er befand sich im Krieg mit seinen Gedanken, kämpfte gegen sie und verlor. Ich sagte zu ihm: *Es ist fantastisch, dass Sie Ihren Urlaub so verbringen. Und Sie lernen genauso wie alle anderen: mit falschen Vorstellungen und Enttäuschungen und indem Sie es immer und immer wieder versuchen. Es gibt keinen anderen Weg.* Dann erklärte ich ihm, dass seine Frustration ein positives Zeichen ist. Denn sie deutete darauf hin, dass die Gedanken bereits als Ursache von Verzweiflung und Unzufriedenheit erkannt wurden. *Denken Sie nur daran, wie häufig es vorkommt, dass wir alles immer nur auf die Umstände schieben und keinen einzigen Gedanken daran verschwenden, den Geist zu bemühen, um Probleme zu lösen.* Dann sagte ich: *Alles, was wir wollen, ist bereits in uns vorhanden. Wir brauchen uns nur zu entspannen und zuzulassen, dass unsere innere Weisheit zum Vorschein kommt.*

Zwei Tage später kam der Asiate abermals zu mir herüber. Der Ratschlag hatte ihm sehr geholfen, und dafür wollte er sich bei mir bedanken. Es war eine große Erleichterung gewesen zu hören, dass es beim Meditieren nicht notwendig war, seine Gedanken loszuwerden. Danach konnte er mit größerer Gelassenheit sitzen. Sein Geist schweifte allerdings immer noch häufig vom Atem ab, und obwohl er nicht versuchte, die Gedanken zu verdrängen, fühlte er sich von ihnen und ganz besonders von einem nach wie vor gestört. Er hatte Schwierigkeiten zu akzeptieren, dass die

Weisheit in ihm war und dass erleuchtete Qualitäten aufgedeckt und nicht erzeugt werden mussten. Sein Geschäftserfolg war abhängig von Ergebnissen, Zielen und Produktivität. Sein Leben war von Gewinnstreben bestimmt. *Ich hatte immer Angst davor, passiv zu werden, wenn ich anfange, toleranter zu sein. Ich möchte kein passiver Mensch sein,* sagte er.

Toleranz und Passivität haben nichts miteinander zu tun, erklärte ich ihm. Es ist wichtig, diese Unterscheidung zu treffen, insbesondere dann, wenn Assoziationen zwischen Gewaltlosigkeit, Frieden, passivem Widerstand und Passivität durcheinandergeworfen werden. Selbst einige Buddhisten glauben, dass wir uns ungeachtet der drohenden Gefahr auf die Bahngleise legen sollten. Wahre Toleranz verlangt einen offenen Geist, einen, der willens ist, alles zu erforschen, was sich ergibt. Sie kann niemals programmiert werden. Ganz im Gegenteil. Denn dazu ist es erforderlich, der Welt mit Freiheit zu begegnen und einen frischen Geist zu bewahren, der für alle Situationen gewappnet ist. Das erfordert Vertrauen in Ungewissheit. Toleranz ermöglicht ein aus der Weisheit kommendes, ungetrübtes Urteilsvermögen, statt unsere Entscheidungen von mechanischen, widerspruchslosen Mustern limitieren zu lassen.

Der Mann erklärte, dass seine Arbeit zwar sehr nervenaufreibend, aber ziel- und erfolgsorientiert sei. Seit er mit *Anapanisati* in Berührung kam, hatte er herauszufinden versucht, wie er die Meditation aktiver und produktiver gestalten konnte und mehr darauf ausgerichtet, gewinnbringender für seine Arbeit zu sein.

Das Interesse dieses Mannes, die Meditation zu benutzen, um seine Karriere voranzutreiben, erinnerte mich an einen Austausch zwischen einem chinesischen Wirtschaftsprofessor und einem engen Freund von mir, der eine traditionelle Ausbildung zum ordinierten Gelehrten genossen hatte. Der Professor hatte gefragt: *Ist Buddhismus produktiv oder kreativ?* Diese Frage hatte meinen Freund verblüfft. Er verstand die Worte kaum und hatte sie nie mit dem Dharma in Verbindung gebracht. Dennoch wollte er seine Tradition ins beste Licht stellen. Schließlich kam er zu dem Schluss, dass der Buddhismus produktiv sei.

Der Professor sagte: *Produktivität hilft eigentlich niemandem. Wenn Sie sich um Produktivität bemühen, bleiben Sie stecken. Die Bedingungen verändern sich ständig. So viel ist sicher. Wenn Sie sich an die festen Produktivitätsziele klammern, können Sie nicht offen und flexibel bleiben. Sie können sich nicht anpassen und innovativ sein. Starrheit setzt ein, und Sie können die Eckpunkte Ihrer Ziele nicht verschieben, auch wenn sie nicht mehr Ihrer Zielsetzung entsprechen. Schon bald stellt sich die nächste Neuerung ein – eine Methode, ein Produkt, eine Strategie –, und dann ist Ihre Herangehensweise veraltet und ineffektiv. Wenn Sie erkennen, dass es den Bach runtergeht, ist es zu spät.*

Mein Freund schlief schlecht in jener Nacht. Er dachte ständig über das Gespräch nach, und ein paar Tage später bat er abermals um einen Termin beim Professor. Diesmal sagte er zu ihm: *Es tut mir sehr leid. Ich habe Ihnen die falsche Antwort gegeben. Der Buddhismus hat viel mehr mit Kreativität zu tun.* Er erklärte, dass er zu dieser Schlussfolgerung gekommen war, nachdem er die Ungewissheit erforscht hatte. Es gibt nichts, wessen man sich sicher sein konnte. *Alles ist vergänglich; der Tod kommt ohne Vorwarnung …* Wir können jeden Augenblick sterben, und selbst wenn wir diese Aussage als unbequeme Tatsache ansehen, haben wir sie tatsächlich immer im Blick, auch wenn wir es nicht wahrhaben wollen. Unbeständigkeit ist die Brücke zwischen Geburt und Tod, und das macht jeden Schritt ungewiss. Um offen und reaktionsfähig zu bleiben, bedarf es Flexibilität. *Diese Flexibilität,* erklärte der Mönch dem Professor, *ist kreativ. Wir gehen immer ein Risiko ein, ob wir es anerkennen oder nicht, eben weil es keine Gewissheit gibt. Und Vergänglichkeit und Ungewissheit anzuerkennen bedeutet, ein Scheitern zu riskieren. Sich mit Gewissheit zu beschäftigen weist auf eine feste Vorstellung von Erfolg hin. Kreativität bedeutet, für Veränderungen offen zu bleiben und ein Scheitern zu riskieren.*

Ich sagte zum Asiaten: *Machen Sie sich keine Sorgen um Erfolg oder Scheitern. Sie kennen weder die Größe noch das Ausmaß Ihres Geistes, also können Sie auch nicht seinen sogenannten Fortschritt messen. Den Fokus vom Ziel zu nehmen bedeutet nicht, aufzugeben. Es bedeutet, für die Gegenwart empfänglich zu bleiben; es bedeutet, unverbraucht auf das reagieren zu können, was geschieht, und sich besser mit Innovation anzufreunden statt mit schalen Personifikationen Ihres alten Selbst. Natürlich wird Ihr Geist abschweifen. Er wird sich verfangen, verhaken, Sie werden von einem Anblick und von Geräuschen abgelenkt werden, Ihre mentale Gelassenheit wird auseinanderfallen und sich wieder zusammenfügen. So funktioniert es. Wenn Sie alles akzeptieren können, was geschieht, egal ob gut, schlecht oder unbestimmt: Das ist die beste Praxis.*

Wir müssen ein gewisses Vertrauen entwickeln, um zu erkennen, dass es kein Akt selbstmörderischen Irrsinns ist, die Maske fallen zu lassen, sondern ein Akt der Erneuerung. Einmal sah ich mir ein Video mit Kindern an, die mit Streifen aus einer Zeitung, die sie in Mehl und Wasser tauchten, Gipsmasken von ihren Gesichtern bastelten. Nachdem die Masken getrocknet waren, nahmen sie sie ab, bemalten sie mit farbenfrohen Mustern und befestigten sie mit Bindfaden wieder auf ihren Gesichtern. Das Entzücken der Kinder war ansteckend. Ich weiß noch, dass ich dachte: *Vergesst aber nicht, die Masken wieder abzunehmen. Ihr habt sie euch aufgesetzt. Ihr könnt sie auch wieder abnehmen. Vergesst das nicht.*

Das Gleiche gilt für uns alle. Psychologen haben mir berichtet, dass sich Persönlichkeitsmerkmale kleiner Kinder zwischen drei und sechs Jahren zu lebenslangen Mustern verfestigen. Diese Muster werden durch Interaktion mit einer Umwelt, die diese Merkmale widerspiegelt, noch verstärkt. Oder wir könnten sagen: Man bastelt eine Maske und wächst in sie hinein. Nach weiteren zehn bis fünfzehn Jahren füllt man diese Maske dann vollständig aus. In Zusammenarbeit mit Freunden und Familie wird sie *zum realen Ich.* Aber nicht ganz. Irgendwo tief in unserem Inneren, unterhalb des denkenden Geistes, wissen wir, dass unser Sein mehr ist als die Masken, die unser wahres Selbst verbergen. Mitten in der Nacht nagt eine unterschwellige Ahnung in uns, die Zweifel an unserer Authentizität anmeldet, aber oft wissen wir dann einfach nicht, was wir machen sollen, und machen am Ende gar nichts.

Im Verlauf unseres Geistestrainings werden die Masken abgeschält. Wir sind keine Roboter, die darauf programmiert sind, uns selbst zu imitieren. Aber wir wissen nicht, wie wir unsere kreativen Reserven nutzen sollen, um rein mechanische Verhaltensweisen abzulegen, selbst solche, die uns verrückt machen. Defensiv und angespannt, faul, reizbar oder gehemmt zu sein: Diese Verhaltensweisen sind nicht in unserer DNA und brauchen ihren destruktiven Einfluss nicht weiter auszuüben. Sie können vor uns sterben. Wir werden den Tod unserer Imitationen und den Tod unserer Masken überleben. Wir werden sie nicht nur überleben, sondern besser leben.

Der Asiate hatte stumm dagesessen und genickt. Er sah aufmerksam, dankbar und auch zunehmend traurig aus, als dämmerte ihm langsam, dass er sich vielleicht bald schon von einst so lieb gewonnenen Verhaltensweisen verabschieden würde. Er dankte mir, wir trennten uns und widmeten uns wieder unserer eigenen Meditation.

Nach weiteren zwei Tagen kam der Mann abermals auf mich zu. Er stellte mir Fragen darüber, wo ich die Meditation gelernt hatte. Ich erklärte ihm, dass mein Vater ein buddhistischer Meister gewesen war und ich die traditionelle mönchische Ausbildung durchlaufen hatte. Ich stellte ihm keine Fragen. Ich wollte die Grenzen eines Einzelretreats nicht überschreiten. Obwohl ich ihm bei seiner Praxis helfen wollte, wollte ich keine Freundschaft schließen. Doch er war anscheinend ernsthaft interessiert, mehr über den tibetischen Buddhismus zu erfahren, und fragte, ob ich ihm wohl eine Praxis aus meiner eigenen Tradition vorstellen könnte.

Ich vermutete das Hauptproblem dieses Mannes darin, dass er immer noch versuchte, Gedanken zu kontrollieren. Und dass er die fixe Idee hatte, bei der Meditation gehe es darum, Freude und Klarheit durch Nichtdenken zu erlangen – ein weitverbreiteter Irrtum. Die Essenz der Meditation ist Gewahrsein. Freude, Klarheit, innerer Frieden sind Nebenprodukte, aber sie sind nicht die Essenz der Meditation selbst, und je mehr wir danach streben, umso mehr beschränkt sich der Geist auf Vorstellungen darüber, was passieren *sollte*;

und diese Vorstellungen, was passieren *sollte,* verringern die Fähigkeit, unser eigenes Gewahrsein zu erkennen.

Ich beschloss, ihm eine Einführung in Gedankenmeditation zu geben. Ich empfahl ihm, diese Meditation nach den gleichen Anweisungen wie für *Anapanisati* zu beginnen. *Genauso, wie Sie den Geist auf Ihren Atem gelegt haben, legen Sie ihn nun auf Ihre Gedanken. Egal, was kommt, beobachten Sie nur. Genauso, wie Sie den Atem als Stütze für die Meditation verwenden können, verwenden Sie nun Gedanken. Der Atem bleibt keinen Moment lang gleich, aber er kann eine stabile Stütze sein. Also versuchen Sie, genauso zu üben, nur dass Sie Ihrer Gedanken gewahr bleiben, ohne ihnen nachzujagen.*

Gedanken kommen und gehen. Kein Problem. Registrieren Sie Geräusche, Empfindungen, kein Problem. Stellen Sie Unbehagen in Ihrem Körper fest, Unruhe, Rastlosigkeit. Gut so. Bleiben Sie bei der Klarheit des Geistes, bei der Klarheit des reinen Wissens. Wissen ohne Begriffe. Wissen ohne die anhaftenden Impulse des Ego-Selbst oder Wissen ohne Festlegung. Das verbindet Sie mit Ihrer eigenen inneren Realität, Ihrer inneren Weisheit.

Ich schlug ihm vor, das zu versuchen, dann wiederzukommen und mir zu berichten, wie es funktionierte. Er verzog sich in einen anderen Bereich des Parks. Etwa eine Stunde später kam er zurück und sagte: *Wenn ich Gedanken zu beobachten versuche, kann ich keine entdecken. Mein Geist wird leer.*

Das ist das Geheimnis der Gedankenmeditation. Ich sagte zu ihm: *Was Sie »leer« nennen, ist in Wirklichkeit das offene Gewahrsein. Hier gibt es kein Objekt des Gewahrseins wie beim Atem oder bei Gedanken. Das Gewahrsein ist seiner selbst gewahr: Es erkennt die weiten, wissenden Qualitäten des Geistes, die immer vorhanden sind. Wenn man nach einem Gedanken Ausschau hält und plötzlich keinen entdeckt, weil es in jenem Augenblick kein Objekt gibt, sondern nur Gewahrsein, dann ist das eine perfekte Gelegenheit, das Gewahrsein zu erkennen, ohne von einem Objekt gebannt zu sein. Aber Sie sind es nicht gewohnt, das zu erkennen, und deshalb glauben Sie, dass der Geist leer sei oder nichts.*

Dann wies ich darauf hin, dass er nach der Erfahrung mit der Leere erkannt hatte, dass er seine Gedanken nicht entdecken konnte. *Diese Erfahrung,* erklärte ich, *ist kein echtes offenes Gewahrsein, aber es ist ein wenig weiter als einstürmende Gedanken. Das ist Gewahrsein mit nicht zu vielen Gedanken. Diese Erfahrung der »Leere« als irrelevant oder unwichtig abzutun, ist nicht hilfreich. Die »Leere« existiert innerhalb des Gewahrseins, aber auch wenn wir sie nicht erkennen, bedeutet das, dass wir weniger denken, weniger mental Karussell fahren. Wenn Sie erkennen können, dass die Leere weniger Denken zur Folge hat, dann verbinden Sie sich mit der Qualität des leeren Geistes, und in diesem Moment herrschen Klarheit und Lichthaftigkeit. Was ist dieser lichthafte Geist? Es ist der Geist, der Gedanken mit Gewahrsein erlebt.*

Mit anderen Worten: Wenn man das Gewahrsein erkennt, dann wird diese Erfahrung der »Leere« – oder der Lücke – zu Weite. Der Asiate sah die Leere. Manche Menschen, die Gedanken beobachten, können sie sehen.

Wenn Sie Gedanken beobachten können, sagte ich zu ihm, *dann ist das wie Fernsehen.* Wir sind nicht *im Fernsehen,* wir *sehen fern.* Es ist vergleichbar damit, am Ufer eines Flusses zu stehen, ohne in die Strömung zu fallen. Wir sehen innerlich fern, bleiben aber draußen. Es gibt einen großen Bildschirm und viele freie Kanäle. *Es gibt nur zwei Probleme: Die Programme sind ziemlich alt, und es gibt eine Menge Wiederholungen.*

Abermals beschlossen wir uns zu trennen und getrennt weiter zu meditieren.

Einige Stunden später kam der Wärter und verkündete die Schließung des Parks. Wir machten uns gleichzeitig auf den Weg zum Haupttor. Der Mann dankte mir abermals, sagte, dass er tatsächlich eine Veränderung in seiner Praxis spürte und unsere Gespräche seine Reise über alle Erwartungen wertvoller gemacht hatte. Er sah sehr glücklich aus, und wir wünschten einander alles Gute. Ich würde ihn nicht wiedersehen, denn ich hatte fast kein Geld mehr und mich schon entschieden, zur Einäscherungsstätte umzuziehen, nachdem ich aus dem Gästehaus ausgecheckt hatte.

Ich hatte den Mann als aufrichtig empfunden. Ein Teil meiner Gelübde bezog sich darauf, alles nach Kräften zu erfüllen, worum ich gebeten wurde, ohne dabei zu selektieren. So ist es auch mit dem Geben. Es geht nicht darum, denjenigen, dem man gibt, zu mögen oder gutzuheißen. Es geht ausschließlich ums Geben, sofern man dazu in der Lage ist. Doch als ich in mein Zimmer zurückkam, erkannte ich, wie leicht ich in die Lehrerrolle zurückgefallen war, wie tröstlich es war, eine vertraute Stimme zu beherbergen. Zwei Wochen lang war ich zwischen den Leben gewandert und dann wieder als Mingyur Rinpoche, der buddhistische Lama, der korrekte Mönch, der engagierte Lehrer, aufgetaucht. Ich gelobte, wachsamer zu sein, und hoffte, dass mir das Jogi-Gewand dabei helfen würde.

KAPITEL 20

Nackt und bekleidet

Jeden Abend wickelte ich die *Sadhu*-Schals im Gästehaus um meinen Körper, nur um zu sehen, wie ich damit zurechtkam. Es gab keinen Spiegel und wenig Platz zum Auf- und Abgehen. So wickelte ich mir anfangs den Dhoti so fest um die Beine, dass ich mich kaum darin bewegen konnte. Schließlich fand ich heraus, wie der Stoff vorn zusammengefasst wird, um den Beinen viel Bewegungsfreiheit zu geben. Dann legte ich den Dhoti ab, faltete ihn zusammen und steckte ihn wieder in den Rucksack. Die buddhistische Robe nicht mehr zu tragen war immer noch verstörend.

Meine erste Robe hatte ich vom großen Meister Dilgo Khyentse Rinpoche bekommen, als ich vier oder fünf Jahre alt war. Seitdem habe ich immer eine Robe getragen. Mönchsroben helfen, den Geist davor zu bewahren, zu falschen Ansichten oder nicht korrektem Verhalten abzuschweifen. Sie sind eine ständige Mahnung, im Hier zu bleiben, gewahr zu bleiben. Sie erhöhen die Disziplin der *Vinaya*-Gelübde, der Anleitung für buddhistische Mönche und Nonnen. Um mein Verhalten machte ich mir keine allzu großen Sorgen, schon eher um die Disziplin, innerhalb neuer, chaotischer Lebenswelten das Erkennen des

Gewahrseins beizubehalten. Meine Disziplin war durch die Robe sichergestellt worden. Ich würde meine hauptsächliche Stütze in der Öffentlichkeit verlieren, und mein beklemmendes Unwohlsein im Bahnhof von Varanasi hatte mein Selbstvertrauen nachhaltig angekratzt. Je näher der Zeitpunkt rückte, die Robe abzulegen, umso mehr wurde sie für mich zu einer Schmusedecke, wie Kleinkinder sie lieben. Ohne sie würde ich nackt und verwundbar sein, ein Baby, ausgesetzt in den Wäldern, ins kalte Wasser geworfen, wo ich entweder untergehen oder aus eigener Kraft schwimmen sollte. *Andererseits* … mahnte ich mich … *ist es genau das, wofür ich mich entschieden hatte. Deshalb bin ich hier: um die Robe abzulegen, das Selbst loszulassen, das an der Robe anhaftet, ohne Stützen zu leben, nackt zu sein, das nackte Gewahrsein kennenzulernen.*

Mein letztes Geld gab ich für eine letzte Übernachtung im Gästehaus aus. Am folgenden Morgen faltete ich meine kastanienfarbene Robe und das ärmellose, gelbe Hemd mit dem Mandarinkragen und den kleinen, goldenen Knöpfen, die wie Glöckchen aussahen, zusammen und legte diese liebgewordenen Kleidungsstücke in meinen Rucksack. Ich wickelte den orangefarbenen Baumwolldhoti um meinen Unterkörper. Die kalte Dusche ohne Seife hatte meinem Körper trotzdem ein Gefühl von Sauberkeit gegeben, aber es war über zwei Wochen her, dass ich mich zuletzt rasiert hatte. Bart und Haare waren schnell herausgewachsen und fühlten sich im Gesicht und um den Hals herum ausgesprochen ungewohnt an. Wie schon in Bodh Gaya schaute ich mich auch hier im Zimmer um, um abermals Abschied zu nehmen, Abschied von meinem Leben in einer buddhistischen Robe, Abschied von dem Schlafplatz, wohin ich gehörte, auch wenn *gehören* eine ziemlich oberflächliche Transaktion war, die mit zweihundert Rupien die Nacht abgeschlossen worden war. *Keine privaten Unterkünfte mehr, außer vielleicht in Höhlen. Meistens an Straßen, in Hainen und auf dem Waldboden. Nicht mehr für Essen und Unterkunft bezahlen – der wahre Anfang, die ganze Welt zu meinem Zuhause zu machen.*

Ich schaute mich ein letztes Mal im Zimmer um, und dann ging ich mit zaghaften Schritten und tiefen Atemzügen hinaus. Im Eingangsbereich sagte ich dem Besitzer, dass ich nicht zurückkommen würde. Ich hatte erwartet, dass er sich nach meinem Outfit erkundigte, aber er sagte nur: *Ihre Robe ist sehr hübsch.* Ich dankte ihm.

Es war so weit. Keine tibetische Robe mehr. Ich fühlte mich wie ein vom Stamm abgehackter Ast, aus dessen Schnittwunde noch immer Saft sickerte. Der Stamm meiner Übertragungslinie würde ohne mich zurechtkommen. Ich war nicht sicher, ob ich ohne ihn zurechtkommen würde. Dennoch breitete sich eine diebische Freude, fast ein Nervenkitzel aus, dass es nun endlich losging. Aber als ich den nächsten Schritt auf die Straße machte, war ich so verlegen, dass ich zu einer safranfarbenen Salzsäule erstarrte. Der Baumwollstoff war so dünn, dass ich beide Stoffbahnen mit einer Hand umfassen konnte. Fast ein Nichts. Ich fühlte mich nackt. Noch nie war in der Öffentlichkeit so viel Luft über meine Haut gestrichen. Meine Befangenheit erfasste Körper und Geist. Die Angestellten in den nahegelegenen Restaurants, an den Essständen und der Maisverkäufer, die mich in diesen vergangenen Tagen hatten kommen und gehen sehen, starrten zu mir herüber. Und wieder war es viel zu viel auf einmal: ein neues Gewand, keine Robe, kein Geld, keine Unterkunft.

Ich muss mich in Bewegung setzen, sagte ich zu mir, und die Fesseln zogen sich enger. Niemand sagte etwas. Niemand lächelte. Sie glotzten nur. Ich versuchte, wie auf dem Bahnhof von Gaya ein entspanntes, gelöstes Gesicht zu machen. Als sich mein Atem beruhigt hatte und mein Herz nicht mehr raste, drehte ich mich um und marschierte los.

Die Welle stürzte nicht mehr so heftig über mich ein wie damals, als der Zug den Bahnhof von Gaya verlassen hatte und ich an der Tür plattgedrückt wurde, aber sie war immer noch heftig genug, um mein Gewahrsein zu unterbrechen. Ich nahm das ohne besondere Wertung wahr. Was für eine wunderbare Veränderung im Vergleich zu den vergangenen Jahren und besonders zu der Zeit, als ich ein junger Mönch war. In den alten Zeiten tadelte ich mich ziemlich regelmäßig wegen irgendwelcher Abweichungen zwischen dem, was ich für eine ideale Praxis hielt, und dem, was ich tatsächlich in der Lage war zu tun.

Wenn ich im Gewahrsein bleiben kann, super. Wenn nicht, dann ist es auch okay. Erfinde keine Geschichten über gut und schlecht und wie etwas sein sollte. Denk daran: kein Schatten ohne Licht.

Mittlerweile kannten wir uns, die Wachleute im Parinirvana Park und ich. Und ich machte mir Sorgen, dass ein safranfarbener Dhoti sie misstrauisch machen und sie sich vielleicht fragten könnten, ob ich gegen Gesetze verstoßen hatte und mich deshalb hinter einer anderen Identität versteckte. Ich ging zur Einäscherungsstupa hinüber. Einen zufällig vorbeikommenden Touristen mochte dieser große, unregelmäßige, vollkommen schmucklose Erdhügel wenig beeindrucken, aber beim Pilger können die dort aufbewahrten Objekte den Geist aktivieren, den wir mit Shakyamuni Buddha teilen. Und beide Stätten hatten mir Trost gespendet, ohne Rücksicht darauf, welche Kleidung ich trug.

Die Einäscherungsstupa liegt ebenfalls in einem bewachten, eingezäunten Park. Da ich die Nacht dort verbringen wollte, ging ich nicht hinein, sondern spazierte zwischen der äußeren Mauer und einem kleinen Flusslauf entlang, wo der Buddha vermutlich sein letztes Bad genommen hatte. Nun verunzieren Plastikflaschen, Tüten und Verpackungen die Flussufer. Etwa auf halbem Weg um den Park herum stand ein kleiner, hinduistischer Tempel auf einer Lichtung. Ich suchte mir einen Hain an der Seite der Lichtung in der Nähe der öffentlichen Wasserpumpe aus. In meiner Verkleidung als *Sadhu* würde ich keinen Verdacht erregen, auch wenn der Tempelaufseher mich bemerken sollte. Ich legte das gefaltete Rockteil meiner kastanienbraunen Mönchsrobe als Sitzkissen auf den Boden. Um mich herum war es still und friedlich. Bei meiner Ankunft hatte sich ein Rudel räudiger Köter schon auf einen trägen, verschlafenen Sommernachmittag eingerichtet und schreckten nur gelegentlich hoch, um ihre Flohbisse zu kratzen. Kaum hatte ich mich im Schatten hingesetzt und meine übliche Praxis begonnen, spielte mein neues Gewand keine Rolle mehr.

Zur Mittagszeit ging ich wieder in das Restaurant, das ich bislang am häufigsten aufgesucht hatte, und kam unterwegs an Geschäften mit großen Schaufenstern vorbei. Zum ersten Mal sah ich mich im Gewand eines *Sadhus*. Wer war dieser Typ? Er kam mir irgendwie bekannt vor und doch wieder nicht. Nun sah ich, wie lang und dicht mein Bart gewachsen war. Ich meinte, irgendwelche schwarzen Insekten an meiner Schulter zu sehen, aber sie stellten sich als Haarbüschel heraus. Ich hatte schon etwas an Gewicht verloren, aber der größte Schock war, mich ohne meine buddhistische Robe zu sehen. So wenig ich gewusst hatte, wie abhängig ich von äußeren Schutzformen geworden war, bis ich ohne sie die Welt betreten hatte, so wenig hatte ich mir vorgestellt, wie sehr ich mich mit meiner Robe identifiziert hatte, bis mir ihr Nichtvorhandensein bewusst wurde.

KAPITEL 21

Nicht wählerisch sein

Alles anzunehmen, was in die Almosenschale kommt, ist eine enorme Herausforderung für das Ego, das gern wählerisch ist. Der Buddha hatte Cundas Spende angenommen, obwohl er wusste, dass sie giftig war. *Was hat uns das gelehrt? Nicht wählerisch sein, selbst auf die Gefahr hin, das eigene Leben aufs Spiel zu setzen? Oder bevorzugte er, Cunda zu schützen statt sich selbst?* Als ich mich dem Restaurant näherte, wurde meine Atmung merklich unregelmäßiger. Zum ersten Mal würde ich betteln. Wie um meine Stimmbänder mit Selbstbewusstsein aufzublähen, begann ich tief Luft zu holen. Allein um etwas zu bitten zeichnete sich als wichtiger Test für dieses Retreat ab: Das war der bestimmende Moment, der den Übergang zum obdachlosen Leben vollenden, meinen Stolz brechen, meine Demut prüfen und meine Entschlossenheit bewerten sollte.

Ich hatte es durchdacht. Ich wusste, wie es geht – theoretisch jedenfalls. Aber es ist nicht allzu schwierig, sich vorzustellen, alles zu essen, was in die Schale kommt, während der Betreuer einem nur seine Lieblingsspeisen serviert. Ich hatte gelobt, alles zu essen, was man mir gab. Ich würde eine Fleischspende nicht ablehnen, wenn sie als Almosen gedacht war, und ich würde nicht verhungern, nur um meine Essensgewohnheiten beizubehalten. Inzwischen war ich ziemlich hungrig. Als ich, eingewickelt in Safranfarben, das Restaurant betrat, erkannten mich die Kellner und begrüßten mich mit einer respektvollen Anrede für einen heiligen indischen Mann: *Babaji, Babaji, jetzt sind Sie ein Hindu!*

Trotz dieser jovialen Begrüßung und meiner vielen Sprechproben gefror mir das Blut in den Adern. Zum zweiten Mal an diesem Tag stand ich starr wie eine Statue da, mit schweißnassen Handflächen, zitternden Lippen und unfähig, ein Wort herauszubringen. Am liebsten wäre ich weggelaufen. Eine innere Stimme trieb mich an: *Ja! Du kannst das! Du musst!* Aber mein Körper sagte: *Nein! Das kannst du nicht.* Die Kellner begannen mich anzustarren. Ich musste die Worte aus meinem Mund zwingen. *Ich, ich … ich … habe … k…ein … Geld mehr,* stammelte ich. *Würden Sie mir bitte etwas zu essen geben?* Der Geschäftsführer ließ weder Überraschung noch Verachtung erkennen und erklärte mir völlig unbeeindruckt, dass ich am Abend, nachdem die zahlenden Gäste bedient waren, zur Küchentür kommen könnte. So schwer mir meine Bitte über die Lippen gekommen war, so sehr gewann ich den Eindruck, dass er im Geschäft mit den Bettlern ein alter Hase war.

Schon allein um Essen zu betteln war ein großer Schritt für mich, auch wenn das Ergebnis gemischt war. Meine Bitte war rundweg abgelehnt worden. Sie war allerdings auch nicht erfüllt worden. Das demütigte mich. Ich war immer noch hungrig und so gut wie nackt in einem Gewand, das so durchscheinend wie ein Moskitonetz war. Unterwegs zur Stupa kam ich am Maisverkäufer vorbei. Als er mein Outfit sah, war es mit seiner Freundlichkeit vorbei, und er lehnte meine Bitte ab. Noch eine enttäuschende Erfahrung, aber immerhin hatte ich gefragt und damit ein weiteres Loch in den Stoff alter Gewohnheiten gebohrt.

Ich kehrte zum Hain in der Nähe des Hindutempels zurück. Mein knurrender Magen beschwor abermals unterschiedliche Emotionen herauf, denn dass man mir Essen verweigert hatte, nahm ich persönlich. *Schon verrückt! Ich arbeite daran, die Ego-Hüte abzusetzen, zu erkennen, dass sie nicht real sind, zu erkennen, dass meine Funktion als Mönch nicht real ist, dass meine Rolle als* Sadhu *nicht real ist. Und doch fühlt sich irgendeine Variante von mir tief getroffen, weil ich nicht bekommen habe, worum ich gebeten hatte. Wer ist das? Das verwöhnte Baby Mingyur Rinpoche? Der hochverehrte Abt? Welchen Unterschied würde es machen? Keinen. Das ist alles vorbei. Alles ist Leerheit, alles Illusion, die endlose Fehlwahrnehmung, diese Ansammlung von Kennzeichen mit dieser Benennung zu verwechseln, wie Nagasena es ausgedrückt hatte, was Folgendes bedeutet: Da die konventionelle Zusammenstellung dessen, wie wir uns selbst identifizieren, nicht wirklich existiert, gibt es nichts »Reales«, das von den Pfeilen getroffen werden könnte.* Wegen unserer grundlegend leeren Natur ist der Schmerz, den wir empfinden, selbst auferlegt.

Ich hatte mich in der Meditation des Offenen Gewahrseins geübt. Im Wesentlichen arbeiten alle Meditationen mit dem Gewahrsein. Die Essenz der Meditation ist es, das Gewahrsein zu erkennen und dabei zu bleiben. Wenn wir unser Gewahrsein verlieren, meditieren wir nicht. Das Gewahrsein ist wie ein Kristall oder ein Spiegel, der unterschiedliche Farben und Winkel reflektiert: Formen, Geräusche und Gefühle sind unterschiedliche Aspekte des Gewahrseins und existieren innerhalb des Gewahrseins. Oder man könnte sich Gewahrsein wie ein Gästehaus vorstellen: Alle Arten von Reisenden kommen hier vorbei, Empfindungen, Emotionen, alle. Alle sind willkommen. Ohne Ausnahme. Aber manchmal macht ein Reisender ein bisschen Ärger, und genau dieser bedarf besonderer Zuwendung. Mit dem nagenden Hunger, den Gefühlen von Verletzlichkeit, Schüchternheit, Zurückweisung und Selbstmitleid bat der Gast, dessen Name *Verlegenheit* war, um Aufmerksamkeit. Verlegenheit mag subtiler sein als Wut, aber sie kann sich fast genauso stark auf den Körper auswirken.

Wenn wir mit Emotionen meditieren, ist es unsere Absicht, bei jeder Empfindung ruhig zu verweilen, genauso, wie wir es bei der Klangmeditation tun würden. Nur zuhören. Nur fühlen. Keine Kommentare. Wenn wir den Geist auf dem Atem ruhen lassen, kann der Atem uns ebenso wie Wut, Zurückweisung und Verlegenheit dabei unterstützen, beim Erkennen des Gewahrseins zu bleiben. Die Verlegenheit war das dominante Gefühl.

Wo ist diese Verlegenheit, und wie manifestiert sie sich im Körper? Ich spürte den Druck meiner Schüchternheit im oberen Brustbereich. Wenn ich einen Spiegel hätte, dachte ich, dann würde mein Brustkorb vielleicht eingefallen aussehen. Ich schob die Schultern vor und machte den Körper kleiner, als er war, als wollte ich mich vor den Augen der Öffentlichkeit verstecken.

Die Verlegenheit lastete auf meinen Augenlidern wie
flache Steine, die sie gesenkt hielten.
Ich spürte sie in meinen heruntergezogenen
Mundwinkeln.

Ich spürte ihre Resignation in der Schlaffheit meiner Hände.
Ich spürte sie im Nacken, der meinen Kopf nach unten drückte.
Hinunter, hinunter. Das Gefühl, zu sinken. In Varanasi hatte ich mir gewünscht, mich in einem Loch zu verkriechen. Dieses Bild hatte ich jetzt nicht vor mir, aber die Empfindungen hallten zurück, während sie immer tiefer sanken, kleiner wurden, weniger Raum einnahmen, sich unwert fühlten, auf dieser Erde zu sein.

Zunächst spürte ich Widerstand gegen diese Gefühle, und ich musste den Widerstand selbst zum Objekt meines Gewahrseins machen. Dann konnte ich direkter mit den Empfindungen im Körper arbeiten. *Ich mag diese Empfindungen nicht. Als ich begann, fühlte ich mich schlecht. Und nun kommt noch dazu, dass ich mich schlecht fühle, weil ich mich schlecht fühle.*

Langsam brachte ich jede Empfindung in das Gästehaus des Gewahrseins. Ich ließ den Widerstand los, ließ die Negativität los und versuchte einfach, dabei zu bleiben, mich klein, ungeliebt und unwert zu fühlen. Ich brachte diese Gefühle in meinen Geist, in den großen Geist des Gewahrseins, wo sie klein wurden. Der Gästehaus-Geist des Gewahrseins umfing die Gefühle, die Niedergeschlagenheit, die Trostlosigkeit, und wurde größer als alle zusammen, ließ ihren Einfluss schrumpfen, veränderte die Beziehung.

Das machte ich mehrere Stunden lang. Ich war am Verhungern, inzwischen aber glücklich, dass ich mich schlecht fühlte. Sich schlecht zu fühlen war nur ein weiterer Gast, eine weitere Wolke. Es gab keinen Grund, sie fortzuschicken.

Aber mein Geist konnte sie jetzt akzeptieren, und aus dieser Akzeptanz heraus durchdrang ein ausgeprägtes physisches Gefühl von Zufriedenheit meinen Körper.

In heißen Sommernächten passiert in Kushinagar nicht viel, und die Restaurants schließen früh. Ich hatte den ganzen Tag nur Wasser getrunken. Der Schwengel der Pumpe war ziemlich lang und weit entfernt vom Wasserhahn. Nachdem ich den Schwengel niedergedrückt hatte, musste ich schnell herumlaufen, um das Wasser aufzufangen – mein privates Fitnessgerät. Gegen sieben Uhr abends ging ich wieder zum Restaurant und stellte mich an die Küchentür. Der auf den Tellern der Gäste übriggebliebene Reis und Dal waren in einen Topf geschaufelt worden, der nun auf einer Anrichte stand. Mehr gab es nicht. Ein Kellner schöpfte mir einige Reste in eine Schüssel. Den Rest würden die Hunde bekommen. Ich aß im Stehen an der Tür. Es schmeckte köstlicher als alles, was ich in Fünfsternehotels gegessen hatte.

Ich kehrte zum selben Hain an der Außenmauer der Einäscherungsstupa zurück. Als das Abendlicht verblasste, rollte ich mein Tuch aus und legte mich auf den Rücken. Ich konnte es kaum glauben: meine erste Nacht im Freien. Mein letztes Geld auszugeben hatte seinen Tribut gefordert. Die Rettungsleine, die mich in die Sicherheit hätte zurückspulen können, zu Essen und Unterkunft, war gerissen. Nun trieb ich dahin. Ich konnte es mir nicht mehr leisten, etwas zurückzuweisen. Weder das Essen, das man mir gab, noch das Bett, das ich nun hatte. Ich hatte diese Reise mit Vorbereitungen begonnen. Ich begann abermals damit, als ich Bodh Gaya verließ, und ein weiteres Mal, als ich in den Zug stieg, und auch dann, als ich im Bahnhof von Varanasi auf dem Boden saß. Nun dachte ich: *Das ist der wahre Anfang. Im Freien zu schlafen, allein, die Erde als mein Bett, um Essen betteln. Ich könnte hier sterben, und niemand würde es mitbekommen.*

Mein ganzes Leben war ich in Gegenwart anderer Menschen gewesen, aber das Rundum-Sorglos-Paket an Schutzvorkehrungen, das sie mir boten, hatte ich nie zu würdigen gewusst. Ich war davon ausgegangen, dass es die Aufgabe bestimmter Leute war, sich um mich zu kümmern. Nun aber bekam ich ein feineres Gespür dafür, wie diese Leute, einem Maschendrahtzaun ähnlich, miteinander verflochten waren, um so ein durchgehendes Schutznetz um mich herum zu ziehen. Ich erkannte auch, dass mir erst bewusst wurde, wie dieses Netz funktionierte, als es auf einmal nicht mehr da war: kein Mantel im Winter, kein Sonnenschirm im Sommer.

Obwohl ich mich danach sehnte, autark zu sein, hatten mir meine ersten Tage insbesondere in Varanasi auf sehr primitive Art gezeigt, dass ich mein Leben als Selbstverständlichkeit betrachtet hatte. Zum allerersten Mal war ich allein unterwegs gewesen, hatte mich nur mit mir selbst unterhalten, war allein Zug gefahren, hatte allein Essen bestellt, allein gegessen, allein gelacht. Von meinen Beschützern so isoliert zu sein gab mir ein Gefühl, als hätte man mir die Haut abgezogen und mir nicht einmal die dünnste Hülle gelassen.

Dass dieses Schutznetz nun fehlte, war mir erst allmählich klargeworden. Mein extremes Unbehagen im Bahnhof hatte schon darauf hingewiesen. Obwohl meine Tagesausflüge in Kushinagar zunehmend entspannt verlaufen waren, hatte ich immer noch Unterströmungen von Verlegenheit und Verwundbarkeit gespürt. Nun, in meiner ersten Nacht im Freien, kamen mir diese Unterströmungen eher wie Springfluten vor. Mit voller Wucht brachen Einsamkeit, das Gefühl, von jeglicher Sicherheit abgeschnitten und ohne Verteidigung zu sein, über mich herein.

Ich hatte dieses unsichtbare Sicherheitsnetz so vollkommen als Selbstverständlichkeit betrachtet, dass ich nicht in der Lage war, es zu erkennen. Es ist, als betrachtete man die Luft so lange als Selbstverständlichkeit, bis man sich in einem Raum ohne Sauerstoff wiederfindet. *Ach so, jetzt ist mir klar, dass Luft das Element ist, von dem mein Leben abhängt.* Ich hatte ein fremdes Land betreten, ein unbekanntes Territorium mit anderen Anforderungen. Ich sehnte mich nach Gastfreundschaft in dieser Welt, aber ich fand sie nicht und konnte hier nicht Fuß fassen. Ich erinnerte mich mit größerer Sehnsucht an mein Bett im Gästehaus als an mein bequemeres Bett in Bodh Gaya. Ohne mein lebensrettendes Element, ohne überhaupt zu wissen, was das war, hatte ich in die Dunkelheit gespäht wie ein Segler, der versucht, wieder nach Hause zu navigieren. Ich sehnte mich danach, dieses Außenseiterdasein hinter mir zu lassen, dieser Fisch auf dem Trockenen, der nicht einmal in der Lage ist, diesen öffentlichen Park mit räudigen Hunden zu teilen. *Der Erdboden will meinen Körper nicht. Meine Gestalt passt nicht, mein Geruch ist nicht gut. Wie dem auch sei, ich habe es aufgegeben, wählerisch zu sein, und nun bin ich eben hier.*

Es war die längste Nacht meines Lebens. Die Stechmücken gönnten mir keine Sekunde Schlaf. Als ich zum Pinkeln aufstand, wurden die Hunde, die tagsüber keine Notiz von mir genommen hatten, böse. Aber zwischen schweren Anfällen von Orientierungslosigkeit kommentierte mein

Geist immer noch den märchenhaften Triumph, diesen Plan durchgezogen zu haben, und bewunderte mich, dass ich nun tatsächlich hier auf meinem kastanienbraunen Laken auf dem Erdboden neben der öffentlichen Wasserpumpe lag. Die ganze Nacht, in der ich kein Auge zutat, wechselte ich zwischen Verzweiflung und Entzücken und freute mich über das erste Anzeichen des neuen Tages.

KAPITEL 22

Mit dem Schmerz arbeiten

Die Magenkrämpfe begannen gegen vier Uhr früh. Sie waren nicht schlimm, und Verdauungsprobleme treten in Indien viel zu häufig auf, um sich darüber große Sorgen zu machen. Abgesehen davon hatte ich schon lange einen empfindlichen Magen, und so ging ich davon aus, dass die Krämpfe wie sonst auch verschwinden würden. Ich ging zur Pumpe, wusch mir das Gesicht und trank Wasser. Dann kehrte ich zu meinem Platz zurück und begann wie jeden Tag mit der gleichen Sequenz von Praktiken. Innerhalb weniger Stunden waren die Krämpfe aber schlimmer geworden und hielten immer länger an. Ich hatte eine sehr einfache Praxis angewandt, um den Geist zu beruhigen. Als die Schmerzen schlimmer wurden, erweiterte ich meine Praxis auf das Arbeiten mit Schmerz.

Gut am Schmerz ist, dass er um Aufmerksamkeit schreit. Wenn wir den Geist auf den Schmerz legen, wissen wir, wo der Geist ist. Der Trick ist, des Geistes gewahr zu bleiben. Wenn ein Schmerz nach Aufmerksamkeit verlangt, reagieren wir meistens so, dass wir ihn loswerden wollen. Der Schmerz wird zu einem Objekt außerhalb des Geistes, das vertrieben, hinausgeworfen werden muss. Das ist der seltsame, kontra-intuitive Aspekt des Schmerzes: Wenn wir mit Widerstand auf den Schmerz reagieren, wird er nicht weniger. Vielmehr kommt zum Schmerz noch Leiden hinzu. Das Schmerzempfinden entsteht im Körper. Die negative Reaktion auf Schmerz entsteht im Geist des fixierten Selbst und verwandelt körperlichen Schmerz zu einem Feind. So entsteht das Leiden. Wenn wir versuchen, den Schmerz loszuwerden, spielen wir uns gegen uns selbst aus und werden zu privaten Kriegsgebieten: kein Umfeld, das der Heilung besonders förderlich ist. Bei vielen Menschen haftet sich Selbstmitlied wie Klebstoff an die Krankheit, und die Stimme des Egos fragt: *Warum ich?* Doch diese Stimme sitzt nicht beim Schmerz im Körper, sondern beim Geist, der sich mit dem Schmerz identifiziert.

Als junger Mönch hatte ich Schmerzmeditation im Dreijahresretreat gelernt. Da es schwierig ist, diese Praxis zum ersten Mal bei starken Schmerzen zu beginnen, gibt es einen praxisnäheren Ansatz, der darauf abzielt, Schmerzmeditation zu entwickeln, bevor man sie braucht. Es geht darum, in Zeiten guter Gesundheit mit dem Schmerz zu arbeiten. Das ist eine wichtige Vorbereitung auf das Altern und Sterben, da die Wahrscheinlichkeit von körperlichen Problemen zunimmt, wenn wir alt werden.

Schmerzmeditation fällt unter eine Kategorie, die reversierte Meditationen heißt. *Reversiert* bedeutet, dass wir vorsätzlich alles Unerwünschte und Unwillkommene mit offenen Armen aufnehmen. Wenn wir normalerweise die Praxis der Atemmeditation mit einer friedvollen, ländlichen Landschaft assoziieren, dann versuchen wir dasselbe in einem indischen Zugabteil der untersten Preisklasse oder auf einem Rockkonzert. Wenn voll erblühte Rosen angenehme Objekte der Formmeditation sind, dann könnten wir es mit Exkrementen versuchen.

Im Kloster lernten wir ein paar harmlose Methoden, um Schmerzen zu erzeugen, wie etwa unsere Fingernägel in Schenkel oder Handflächen zu bohren oder uns auf die Unterlippe zu beißen. Wir wurden davor gewarnt, zu Extremen zu greifen, wie etwa blutende Wunden zu erzeugen, und wir sollten sofort aufhören, wenn wir eine unangenehme Empfindung feststellten. Jetzt, zwanzig Jahre später, ist dieses Wanderretreat für mich im Wesentlichen eine reversierte Meditation. Ich hatte mir absichtlich Probleme auferlegt.

Gegen den Strom schwimmen ist eine gängige Metapher für den gesamten buddhistischen Pfad. Das bezieht sich auf den reversierten Aspekt aller Formen von Geistestraining. Die Konsensrealität zu untersuchen reversiert soziale Normen. In einer lärmenden und materialistischen Gesellschaft sich hinzusetzen und still und ruhig zu bleiben ist eine reversierte Handlung. Auch nur eine Stunde am Tag dafür aufzuwenden, ein Niemand zu werden, während wir auf der Welt ein Jemand werden könnten, reversiert gesellschaftlich lohnende Ziele. Anzustreben, dass *alle fühlenden Wesen glücklich und frei von Leiden sind,* kehrt selbstzentrierte Beschäftigungen um. Wenn wir einen weiten Blick auf *reversiert* werfen, können wir anerkennen, dass der Sinngehalt viel tiefer ist, als wenn wir eine Kategorie einzelner Übungen auf diese Weise kennzeichnen. Es kann sich zu einem grundlegenden Prinzip entwickeln, um alltägliche Lebenssituationen zu steuern. Es kann verwendet werden, um geistlose Verhaltensschleifen zu durchtrennen und uns durch Herbeiführung eines Bruchs aus unseren schlafwandlerischen Verhaltensweisen aufzuwecken.

Wenn das Nichtwahrhaben des Todes der gesellschaftliche Standard ist, dann wird das Nachsinnen über den Tod zur reversierten Handlung. Das bedeutet nicht, dass wir die Traurigkeit im Zusammenhang mit Tod ablehnen. Wir werden sterben, und die Menschen, die wir am meisten lieben, werden sterben, und das ist der kostbare Schmerz unseres Lebens. Aber die Angst und die Ratlosigkeit, die dieses ganz normale Trauma umgeben, sind nicht unvermeidlich. Indem wir uns der Angst vor der Zukunft stellen, formen wir die Gegenwart neu.

Ich begann mit dem Schmerz zu meditieren, indem ich meinen Geist auf die Empfindung der Magenkrämpfe richtete. Ihn dann dort ruhen ließ. *Verweile einfach bei der Schmerzempfindung. Nicht hinnehmen, nicht zurückweisen. Nur fühlen. Erforsche die Empfindung. Lass dich nicht zu einer Geschichte über die Krämpfe hinreißen, fühle sie nur.* Nach ein paar Minuten begann ich nachzuforschen: Welche Qualität hat dieses Gefühl? Wo sitzt es? Ich bewegte meinen Geist von der Oberfläche in meinen Magen, in den Schmerz selbst. Dann fragte ich: Wer hat diesen Schmerz?

Eine meiner hochverehrten Rollen?
Das sind nur Begriffe.
Der Schmerz ist ein Begriff.
Ein Krampf ist ein Begriff.
Verweile im Gewahrsein jenseits von Begriffen.
Lass das Selbst-jenseits-des-Selbst sowohl Begriffe wie auch keine Begriffe in Einklang bringen: Schmerz und kein Schmerz.
Schmerz ist nur eine Wolke, die durch den Geist des

Gewahrseins zieht.
Krämpfe, Magen, Schmerz sind alles intensive Formen des Gewahrseins.
Verweile beim Gewahrsein und werde größer als der Schmerz.
Im Gewahrsein wie im Himmel gibt es keinen Platz, an dem der Begriff weiterbestehen kann.
Lass ihn kommen. Lass ihn gehen.
Wer hat den Schmerz inne?
Wenn du mit deinem Schmerz eins wirst, gibt es niemanden, dem wehgetan wird.
Es gibt nur eine konzentrierte Empfindung, die wir als Schmerz kennzeichnen.
Niemand hat den Schmerz inne.
Was geschieht, wenn niemand den Schmerz innehat?
Nur Schmerz. Eigentlich nicht einmal das, denn Schmerz ist nur eine Benennung.
Spüre die Empfindung. Jenseits von Begriffen, doch vorhanden. Nichts sonst.
Erfahre ihn. Lass ihn geschehen.
Dann ließ ich meinen Geist wieder im offenen Gewahrsein ruhen.

Ob wir den Geist mit unserem Atem, mit Schmerz trainieren oder Mitgefühlsübungen machen: Bei jeder Praxis geht es darum, aufzuwachen und sich einer universellen Realität bewusst zu werden, die den Inhalt unseres individuellen Geistes transzendiert. Das Gewahrsein hat wie ein Kristall oder ein Spiegel eine immanente Fähigkeit, zu reflektieren, auch wenn es kein Objekt gibt, das reflektiert werden könnte. Das ist *reines* Gewahrsein – die Fähigkeit zu wissen, unabhängig von Objekten oder Reflexion. Durch intensives Meditieren oder andere Methoden, den begrifflichen Geist zu befreien, können wir auf das reine Gewahrsein zugreifen, ohne seine Reflexion wahrzunehmen. Es ist nur wahres Wissen selbst. Dies ist der strahlend klare Aspekt des Geistes, das wissende Erkennen des Gewahrseins.

Ein Grund dafür, dass es viele verschiedene Meditationsübungen gibt, liegt darin, dass eine anhaltende Beschäftigung mit nur einer reflektierenden Facette des Kristalls irgendwann langweilig werden kann. Wir können den meditativen Geist auffrischen, wenn wir den Kristall auf eine andere Facette legen. Manchmal kann uns das Praktizieren mit Schmerz oder mit schwierigen Emotionen überwältigen. Dann ist es am besten, eine Pause zu machen, eine Tasse Tee zu trinken, einmal um den Block zu laufen oder einen anderen Ansatz auszuprobieren. Es ist wichtig, nicht aufzugeben, es immer weiter zu versuchen. Aber wir können die Reflexion auf eine andere Facette verlagern, beispielsweise von Klang zu Ansicht oder Atem. Nun war ich sehr dankbar für diese Gewahrseinsübung. Mehr denn je war sie mein vertrauenswürdiger Begleiter.

Normaler Schmerz, also Schmerz, den wir loswerden wollen, ist statisch und stabil und entsteht aus einem Geist, der sich in einer negativen Einstellung zum Schmerz festgefressen hat. Das Erkennen des Gewahrseins kann den Schmerz innehaben, ohne eine Position zu vertreten oder eine Geschichte hinzuzufügen. Das macht es dem Schmerz unendlich leichter, nachzulassen oder weiterzuziehen. Wir können den Schmerz nicht direkt verändern, aber wir können unsere Beziehung zu ihm verändern, und das kann das Leiden mildern.

Ein Jahr zuvor hatte mich ein Freund in meinen im ersten Stockwerk gelegenen Räumen in Bodh Gaya besucht. Ich war überrascht, als er mit Krücken auftauchte. *Was ist passiert?*, fragte ich. Er hatte eine zermürbende Scheidung hinter sich, und ich wusste bereits, dass seine Frau ihn aus dem Haus geworfen hatte. Er erzählte, dass er versucht hatte, über einen Baum in ein offenes Fenster im ersten Stock ins Haus zu klettern. Aber er war ausgerutscht und hatte sich ein Bein gebrochen. Dann begann er zu lachen. *Dieser Schmerz,* sagte er zu mir, *ist so wunderbar. Ich liebe diesen Schmerz. Er zieht den ganzen Kummer aus meinem Kopf heraus und stopft ihn in einen kleinen Bereich hinein, wie wenn ich meinen Fuß in einen Socken stecke. Ich weiß, wo der Schmerz ist und wie ich damit umgehen muss. Jetzt kann ich wieder klar denken.*

Gegen Mittag hatte ich Durchfall bekommen. Ich sagte mir ständig: *Das hier ist Indien,* was heißen sollte: *Das ist normal.* Bis zum Abend hatte ich meinen Magen entleert und den ganzen Tag nur Wasser getrunken. Ich hatte keinen Appetit, dachte aber, dass Linsen mir vielleicht neue Energie liefern können und sich mein Magen mit etwas Essen vielleicht wieder beruhigte. Also kramte ich meine Habseligkeiten zusammen und schlurfte zu demselben Restaurant, das mir in der letzten Nacht zu essen gegeben hatte. Ich stellte mich wieder an die Küchentür und wartete, bis mich jemand bemerkte.

Hallo Babaji!

Ich bekam abermals eine Schüssel Reis und Dal aus dem Topf mit den von den Tellern der Gäste abgekratzten Überresten.

Der Geschäftsführer kam zu mir herüber. Er betrachtete mich und fragte dann: *Babaji, geht es Ihnen gut?*

Mir fehlt nichts, sagte ich zu ihm, obwohl er offensichtlich sehen konnte, dass das nicht stimmte. Dieser Besuch im Restaurant sollte mein letzter gewesen sein.

Der Weg vom Restaurant zu den Außenanlagen der Einäscherungsstupa war anstrengend. Zeitweise war ich benommen und atmete flach. Als ich in die Nähe der Tempelanlage kam, war es immer noch nicht ganz dunkel, ich setzte mich und lehnte mich mit dem Rücken an die Mauer. Während der Nacht begann ich mich zu erbrechen. Wenn ich mich nicht gerade übergab, nickte ich immer wieder ein paar Minuten lang ein. Obwohl sich mein Zustand mit den Vorboten des neuen Tages nicht änderte, weckte das neue Licht doch meine Lebensgeister.

KAPITEL 23

Die vier Flüsse des natürlichen Leidens

Am Tag drei meines Abenteuers im Freien machte ich meine Runden in die Büsche, zur Wasserpumpe und zu meinem kleinen Lager. Die brennende Hitze vergraulte Besucher, und ich war dankbar, dass ich für mich bleiben konnte. Ich war immer noch optimistisch, und mein Körper war noch immer in der Lage, in der formellen Meditationshaltung zu sitzen.

Gegen Mittag räumte ich widerstrebend ein, dass ich an Kraft einbüßte. Wenn ich aufstand, wackelten meine Beine, und ich hatte zunehmend Mühe, einen Fuß vor den anderen zu setzen. Ich begann, mir Sorgen zu machen. In der Stadt war ich an einem kleinen Krankenhaus vorbeigekommen, hatte aber kein Geld für Medikamente. *Sadhus*, die dort um Gratis-Arzneimittel bitten, werden regelmäßig weggeschickt. Ich wusste das von denjenigen, die in die Krankenstationen der buddhistischen Klöster kamen, wo sie behandelt werden konnten. Ich dachte kurz daran, nach Bodh Gaya zurückzukehren, aber so leicht wollte ich mich nicht abschrecken lassen. Jedes Mal, wenn ich aufstand, stellte ich fest, dass es nichts gab, wohin ich gehen konnte. Und so setzte ich mich wieder mit dem Rücken an die Mauer.

Obwohl ich meine Krankheit immer noch nicht allzu ernst nahm, konnte ich dem unübersehbaren Anblick des Einäscherungshügels auf der anderen Seite der Mauer nicht entgehen. Ich dachte mir: *Wenigstens gibt es keinen besseren Ort zum Sterben als hier, wo der Buddha gestorben ist. Was für ein fantastischer Zufall. Wenn diese Krämpfe schlimmer werden, sterbe ich zwar unter Schmerzen, aber mit dem Segen dieses Ortes.*

In Anbetracht dessen, dass ich nun auf eine Mauer angewiesen war, um in halb aufrechter Haltung sitzen zu können, und angesichts meiner schwindenden Energie waren diese Grübeleien anscheinend unausbleiblich. Aber ohne die Möglichkeit ernsthaft in Erwägung zu ziehen, dass ich sterben könnte, hatten sie allenfalls einen gewissen Unterhaltungswert, wenn auch nur so lange, bis sie plötzlich eine weniger optimistische Alternative ergaben: *Vielleicht war es kein Zufall, dass ich hier war. Vielleicht hat es mich zum Sterben hierhergezogen. Als ich im Bahnhofshostel von Varanasi aus meinem schlechten Traum erwacht war, hatte ich zuerst befürchtet, dass er eine Katastrophe prophezeien könnte. Vielleicht würde dieser Traum sich nun bewahrheiten, und die Felsblöcke, die auf mich gefallen waren, hatten meinen Tod an dieser baufälligen Stupa vorausgesagt.*

Ich erinnerte mich an die Geschichte eines Mannes, der an einem perfekten Ort beinahe einen schrecklichen Tod erlitten hätte. Er kam aus Kham, der östlichen Provinz Tibets, und wie für viele Tibeter war es auch seine größte Hoffnung gewesen, Lhasa zu besuchen. Er reiste mit einem Freund, und sie brauchten mehrere Wochen, um quer durch Tibet dorthin zu wandern. Bei ihrer Ankunft machten sie sich sofort auf den Weg zum Potala-Palast, dem Sitz Seiner Heiligkeit, des Dalai Lama. Als der Mann diese prächtige heilige Stätte erblickte, geriet er so außer sich, dass er, noch bevor er den Palast betrat, hinaufschaute und in Tränen ausbrach. Sobald er drinnen war, erkundete er verschiedene Räume. In einigen der äußeren Räume gab es zwischen Holzsäulen winzige, mit Eisengittern verbarrikadierte Fenster. Die herrliche Aussicht aus diesen Fenstern auf Lhasa ist legendär, und um einen besseren Blickwinkel zu erhaschen, steckte der Mann den Kopf durch das Gitter. Nachdem er die Landschaft ausgiebig betrachtet hatte, konnte er den Kopf nicht mehr aus dem Gitter herausziehen, obwohl er sich von einer Seite zur anderen drehte. *Ich werde hier sterben,* sagte er zu seinem Freund. *Bitte berichte meiner Frau und der Familie, dass ich im Potala-Palast gestorben bin, dem besten Ort, an dem man sterben kann. Auch wenn die Umstände, wie ich hier sterben muss, nicht so erfreulich sind, bin ich sehr glücklich.* Nachdem er sich mit seiner Situation abgefunden hatte, entspannte er sich; und kaum hatte er sich entspannt, gelang es ihm, den Kopf zwischen den Gitterstäben herausziehen.

Wenn ich entspannter wäre, überlegte ich, würde mein Magen vielleicht nicht mehr zwischen Eisenstangen eingequetscht sein. Andererseits: *Der Mann hatte einen Freund, und ich habe keinen. Ich akzeptiere nicht einmal, dass ich sterben könnte,* dachte ich, obwohl ich nicht mehr verhindern konnte, dass mein Kopf nach vorn rollte und meine Hände von den Schenkeln rutschten.

Jedes Mal, wenn ich nach meinen häufigen Ausflügen in die Büsche wieder zu meinem Lager zurückkehrte, drehte ich mich zur Stupa um, bevor ich mich wieder hinsetzte. Ich versuchte mich so auf sie zu konzentrieren, als hätte ich Röntgenaugen. Ich wollte sehen, was tatsächlich noch vorhanden und was gestorben war. *Der Buddha war gestorben. Aber ich bin auch Buddha, und jener Wachmann ist Buddha, jener Hund ist Buddha, du bist Buddha, sogar die Stupa ist Buddha. Wenn wir Buddhas sind, nicht getrennt vom Buddha, wer stirbt? Was immer mit meinem Körper geschieht: Ich sterbe. Ich sterbe schon seit dem Tag, an dem ich geboren wurde. Nachdem der Körper des Buddhas gestorben war, gab es etwas, was fortdauerte. Wird etwas fortdauern, wenn ich hier an der Einäscherungsstätte sterbe, allein, ohne einen Freund, der mir hilft?*

Die Zufälligkeit des Ortes war nicht mehr lustig. Ich hatte noch so viel Disziplin, dass ich ins Gewahrsein zurückfand, wenn mein Geist abdriftete. Doch immer häufiger driftete er zur Angst vorm Sterben ab. Aber tief in mir drin lehnte ich dieses Ende ab. Es war wie in einem Flugzeug, wenn der Pilot die Passagiere per Lautsprecher auffordert, die Sicherheitsgurte anzulegen, da es bald extreme Turbulenzen gebe. Unwillkürlich denken wir: *Meine Güte, vielleicht muss ich jetzt sterben.* Wir glauben nicht wirklich daran, aber trotzdem packen wir unsere Armlehnen fester und schicken sicherheitshalber ein Stoßgebet zu Gott, zu Buddha oder zu Allah. Wir beten darum, nicht sterben zu müssen, versuchen, mit Menschen in Kontakt zu treten, die wir lieben. Diejenigen, die wir am meisten lieben, kommen uns in den Sinn, und bevor das Flugzeug abstürzt, wünschen wir uns leidenschaftlich, dass sie wissen, wie sehr wir sie lieben.

Ich dachte an eine Frau, deren Mann in der Baubranche gearbeitet hatte. Er wurde in eines der obersten Stockwerke eines neuen Wolkenkratzers geschickt. Die Außenwände waren noch nicht hochgezogen, und der Wind hatte ein Sicherheitsnetz zerfetzt. Er wurde aus dem Inneren geblasen und stürzte in den Tod. Das Paar hatte Eheprobleme gehabt. In der Nacht vor seinem Tod hatte er auf der Couch geschlafen und das Haus schon früh verlassen, ohne sich von ihr oder den Kindern zu verabschieden. Sie war in einem katholischen Elternhaus aufgewachsen und glaubte, dass jedem von uns hier auf Erden eine bestimmte Zeit beschieden wäre. Deshalb nahm sie es hin, dass seine Zeit aus welchen geheimnisvollen Gründen auch immer abgelaufen war. Aber der Gedanke, dass sie ihm nicht gesagt hatte, wie sehr sie ihn liebte, ließ sie nicht mehr los.

Viele Mitarbeiter in Hospizen hören immer wieder, wie tief Hinterbliebene es bereuen, dass sie ihre Zuneigung nicht oder nicht klar genug zum Ausdruck gebracht hatten, als sie noch die Möglichkeit hatten. Eine Schülerin erzählte mir von den Worten ihrer Mutter auf dem Sterbebett: *Sag allen, die du liebst, dass du sie liebst. Warte nicht, bis du stirbst.*

Ich fragte mich, ob meine Mutter, Tsoknyi Rinpoche, mein Großvater und Tai Situ Rinpoche wussten, wie sehr ich sie liebe. Hatte ich es ihnen oft genug zu verstehen gegeben? Ich machte mir Gedanken über die Khenpos, die von mir trainiert wurden, und über alle auf der ganzen Welt, die mir geholfen hatten. Ich bete jeden Tag für diese Menschen. Ich begann, die Vorkehrungen zu überdenken, die ich für die Zeit meiner Abwesenheit getroffen hatte: die Video-Belehrungen, die in den kommenden Jahren veröffentlicht werden sollten, die Entwürfe für neue Gebäude in meinem Kloster in Kathmandu. Viele der kleinen Mönche in Bodh Gaya waren Waisen oder kamen aus verarmten Familien. Ich dachte noch einmal über meine Bemühungen nach, für ihren Schutz zu sorgen. Ich hatte mich verabschiedet. Ich hatte mich in aller Ausführlichkeit vorbereitet. Meine

Mutter, andere Familienmitglieder und Freunde wären sehr traurig über meinen Tod. Doch dann dachte ich: *Früher oder später werden wir alle sterben. Der Mann, der aus dem Gebäude stürzte, hatte keine Kontrolle darüber, wann er sterben würde, und das gilt auch für mich. Aber … warum war ich nicht auf den Gedanken gekommen, dass ich sterben könnte? Wie ignorant, mein Leben als Selbstverständlichkeit zu betrachten. Öl ins Feuer zu gießen war eine Art Selbstmord, aber die Motivation war gewesen, in einer Form wiedergeboren zu werden, die anderen eine größere Hilfe sein konnte. Könnte ich die gleiche Motivation zum Zeitpunkt des physischen Todes beibehalten, gilt dasselbe. Das heißt, nicht von Schmerzen, von Reue oder Selbstmitleid abgelenkt zu werden.*

Shakyamuni Buddha sprach von den vier Flüssen des natürlichen Leidens: Geburt, Altern, Krankheit und Tod – die unausbleiblichen Schwierigkeiten des Lebens. Aber sie können ohne Draufgabe erfahren werden, also ohne das Leiden mit irgendwelchen Storys zu versehen, die unsere Fehlwahrnehmungen über die Realität verfestigen. Es gibt eine Lehrgeschichte aus der Zeit des Buddhas, die das zum Ausdruck bringt. Einmal kommt eine vollkommen verzweifelte junge Frau ins Lager des Buddhas. Sie drückt ein totes Kind an ihre Brust und hofft auf eine Wunderheilung, die ihrem Kind wieder Leben einhauchen könnte, und sie will den Buddha fragen: *Warum gerade ich?* Der Buddha trägt ihr auf, in ihr Dorf zurückzukehren, in jedem Haus, das noch nie mit dem Tod in Berührung gekommen ist, einen Senfsamen zu sammeln und die Samen dann dem Buddha zu bringen. Die Frau kehrt in ihr Dorf zurück und geht von einem Haus zum nächsten.

Bevor ich mein Retreat begann, war ich noch einmal in Nubri, besuchte ein Haus nach dem anderen und lauschte den Geschichten über die Menschen, die in den Jahren seit meinem letzten Besuch verstorben waren: ein alter Großvater, der Vater eines meiner engsten Freunde aus Kindertagen, die dreijährige Tochter eines Freundes, die bei einem Familienausflug von einer Klippe gefallen war, eine Frau, die ich als Mädchen gekannt hatte und die an Brustkrebs gestorben war. Jede Familie erzählte Geschichten über Geburten und Todesfälle – und es gelang mir nicht, auch nur ein paar wenige Senfsamen einzusammeln.

Die junge Mutter kommt mit leeren Händen zum Buddha zurück. *Gibt es eine andere Möglichkeit?* Und der Buddha sagt: *Es gibt keine Möglichkeit, das Leben deines Babys zurückzugewinnen, aber du kannst lernen, mit dem Tod zu leben und dich größer zu machen als diesen Verlust. Dann kannst du die Traurigkeit bewahren und brauchst nicht in Kummer zu ertrinken.*

KAPITEL 24

Sich der Bardos entsinnen

Am Ende des dritten Tages meines Abenteuers im Freien kam ich abermals zu dem Schluss, dass mir ein wenig Essen guttun könnte, und bereitete mich vor, wieder zum Restaurant zu gehen. Ich hatte große Mühe aufzustehen, und schon nach wenigen Schritten knickten meine Beine ein. Ich wankte zurück zur Mauer, setzte mich hin und lehnte mich dagegen, bis mein lautes Keuchen verstummte.

Ich erinnerte mich, dass sich zum Zeitpunkt des Todes ein Schweregefühl einstellt. Das ist eines der ersten Anzeichen für einen unwiderruflichen Verfall. So muss sich das anfühlen, dachte ich, denn als ich wieder zur Mauer zurückkehrte und mich hinsetzte, kam es mir vor, als sänke mein schwer gewordener Körper immer tiefer unter die Erdoberfläche. Das geschieht, wenn sich das Erdelement auflöst.

Wir kennen die Retraktion der Sinne, wenn wir einschlafen. Die fünf Elemente lösen sich auch Nacht für Nacht auf, während wir schlafen, aber das geschieht so subtil, dass nur wenige Menschen in der Lage sind, das Gewahrsein über diesen Vorgang beizubehalten. Doch wenn der Tod eintritt, lösen sich die Elemente genauso prononciert auf wie die

Sinne, und wir können das Auflösen der Identifikation von Form und Bewusstsein direkt erfahren.

Die Elemente unseres physischen Körpers weisen fünf Qualitäten auf: Festigkeit, Fluidität, Wärme, Bewegung und offener Weite. In der buddhistischen Tradition werden diese Qualitäten als die fünf Elemente bezeichnet: Erde, Wasser, Feuer, Luft (oder Wind) und Raum. Ebendiese Elemente umfassen alle Phänomene. Am Ende unseres Lebens kann die Auflösung der Elemente von Pflegern am Krankenbett beobachtet und vom Sterbenden erfahren werden. Obwohl so wenige Menschen die Auflösung der Elemente beim Einschlafen verfolgen können, berichten viele über Erfahrungen, die sich darauf beziehen, auch wenn sie die Ursache nicht ausmachen können. Manche Menschen haben das Gefühl zu fallen, in den Schlaf zu *fallen*, wenn sie hinüberdämmern. Sie haben das Gefühl, dass eine Schwerkraft sie nach unten zieht. Diese Schwerkraft entsteht bei der Auflösung des Erdelements. Die Empfindung zu schweben deutet auf die Auflösung des Wasserelements hin.

Die Elemente dürfen nicht allzu wörtlich genommen werden. Erde steht für Dichte und Schwere. Sie stützt uns wie das Fundament eines Hauses, und wenn diese Stütze versagt, haben wir das Gefühl zu fallen. Wenn wir vom Element des Feuers sprechen, stellen wir uns keine Flammen vor, wie sie durch die Verbrennung von Treibstoff und Sauerstoff entstehen, sondern durch Hitze und ausstrahlende Wärme oder durch ein brennendes Gefühl. Diese Auflösung der Elemente beim Einschlafen erinnert schwach an den gleichen Vorgang, wenn wir sterben. Sowohl beim Schlafen wie auch beim Sterben wird jedes Element in das nächste absorbiert, so dass am Ende der Raum sich in sich selbst auflöst oder, anders gesagt, der Raum sich in Bewusstsein auflöst.

Diese fünf Elemente hat es schon immer gegeben, und sie entstehen aus dem Urgrund der Leerheit. Sie sind die Hauptbestandteile aller Materie, wozu auch wir gehören. Das Wissen um die Elemente liefert eine fundamentale Verbindung zu jeder Lebensform im ganzen Universum. Wir leben in demselben, gegenseitig abhängigen Feld natürlicher Kräfte, die alle Materie regeln, und es kann tröstlich sein zu wissen, dass der Sweep unseres vergänglichen Lebens uns direkt zu unseren elementarsten Anfängen zurückbringt, wenn wir sterben.

Das Erdelement bezieht sich auf Fleisch und Knochen, den dichtesten Teilen unseres Körpers. Wenn wir sterben, löst sich das Erdelement im Wasserelement auf und lässt den Körper ohne seine Grundstruktur zurück. Unsere Kraft lässt sichtbar nach, und oft haben wir das Gefühl, zu fallen oder zu sinken.

Das Wasserelement bezieht sich auf unsere Körperflüssigkeiten. Wenn das Wasserelement sich zum Zeitpunkt des Todes ins Feuerelement auflöst, fühlt sich die innere Erfahrung wie ein Dahintreiben an, und wir empfinden Durst. Der Körper trocknet aus, die Blutzirkulation verlangsamt sich, bis sie schließlich ihre Funktion einstellt, die Lippen trocknen merklich aus, die Haut fühlt sich trocken an, und der Schleim geliert.

Wenn das Feuerelement sich zum Zeitpunkt des Todes in die Luft auflöst, können wir keine Hitze mehr bewahren. Die Extremitäten werden kalt, auch wenn das Herz weiter warm bleibt, und der Geist hat das Gefühl, als würde er brennen.

Luft oder Wind einzuatmen hält alles in Bewegung. Wenn sich das Luftelement auflöst, wird die Atmung schwer.

Der Raum ist die grundlegende Realität aller Phänomene, unser Körper eingeschlossen. Ohne Raum können wir die anderen Elemente nicht haben.

Mein Geist driftete zu denjenigen Bardo-Belehrungen, die beschreiben, wie wir uns auf das Sterben vorbereiten und was mit dem Körper und dem Geist geschieht, wenn wir sterben. Aber meine Motivation war nicht stark genug, um bei den spezifischen Belehrungen zu bleiben. Die Anweisungen kamen und gingen wie Flut und Ebbe, herein und wieder hinaus. Ich vermutete immer noch, dass die Infektion sich austoben, wie ein Feuer wüten würde, sich dann aber selbst erstickte und dass die Krämpfe jeden Augenblick nachlassen würden. Wie alle meine Bekannten hatte auch ich in Indien viele Male mit Darmproblemen zu kämpfen, nur sind sie einfach nicht tödlich. Doch ich hatte noch nie Reste gegessen. Ich hatte gesundes Essen als selbstverständlich vorausgesetzt. Als ich die Bettler in Bodh Gaya beobachtet hatte, hatte ich angenommen, dass sie deshalb so schwach und erschöpft aussahen, weil sie nicht genug zu essen bekamen. Ich hatte nicht verstanden, dass ihr Körper auch durch verdorbenes Essen beeinträchtigt sein konnte. Ich hatte angenommen, dass sie ihre Essgewohnheiten ihrer Situation angepasst hatten, wie es Tiere tun, die in Wäldern mit begrenztem Nahrungsangebot leben. Ich hatte nicht erkannt, dass ihre Nahrungsquelle, so unergiebig sie auch war, für ihren entkräfteten Körper mitverantwortlich sein konnte. Nun wurde mir klar, dass auch sie fragil waren und ihr Körper schlimme Qualen erdulden musste. Mir war immer noch nicht bewusst, dass ich mehr Wasser verlor, als ich zu mir nahm, und dass eine ernste Dehydrierung einsetzte.

Ich hatte einen sehr engen Freund, einen Mitbruder aus Sherab Ling, den ich mit elf Jahren kennenlernte. Zwei Jahre später begannen wir gemeinsam das Dreijahresretreat. Wir waren beide sehr gute Schüler, und er war mein Assistent, als ich Retreatmeister im darauffolgenden, erweiterten Retreat wurde. Während ich einmal in Europa unterwegs war, rief er mich aus Indien an und erzählte mir, dass er unheilbar an Magenkrebs erkrankt sei. *Es ist das letzte Stadium, und ich kann nicht mehr essen.*

Ich fragte: *Wie fühlst du dich?*

Ich bedaure nichts, sagte er zu mir: *Ich habe mein ganzes Leben über Vergänglichkeit meditiert und das Bardotraining absolviert. Ich bin bereit. Mach dir um mich keine Sorgen. Aber bitte bete für meinen Körper.*

Obwohl er keine Angst vor dem physischen Tod hatte, hatte seine Verwirklichung den Körper nicht transzendiert. Er war noch nicht im Bardo dieses Lebens gestorben. Solange wir unseren begrifflichen Geist zur Identifizierung unseres Körpers aus Fleisch und Blut verwenden und unsere Sinnesorgane, um über die relative Realität zu verhandeln, werden wir physische Schmerzen empfinden. Bei meinem Vater war es vollkommen anders.

Mehrere Jahre, bevor mein Vater starb, war er sehr krank gewesen, und in seiner Gemeinde verbreitete sich die Nachricht, dass er dem Tod nahe war. Unter seinen Schülern gab es sowohl tibetische Mediziner wie auch Ärzte aus dem Westen, die in seinem kleinen Zimmer in Nagi Gompa zusammenkamen, um seine Pflege zu organisieren. Draußen war es kalt, drinnen gab es keine Heizung, und die Betonwände machten sein Zimmer feucht und kalt. Dazu kam, dass das Wasser nicht sehr gut war und vielleicht zur Verschlechterung seines Zustandes beitrug. Einer meiner älteren Brüder kam zu Besuch und versuchte meinen Vater zu überreden, in ein wärmeres, gesünderes Klima zu reisen, vielleicht nach Thailand oder Malaysia. Doch mein Vater weigerte sich. Er sagte: *Es sieht so aus, als sei ich krank, aber tatsächlich gibt es keinen realen begrifflichen Körper mehr. Mir geht es gut. Egal, was geschieht – ob es Zeit für mich ist zu gehen oder zu bleiben –, es ist in Ordnung. Ich leide nicht.*

Das Erkennen der Lichthaftigkeit ist die Erfahrung zu sterben, bevor wir sterben, wenn wir innerhalb des Bardos dieses Lebens sterben. Wenn das geschieht, funktioniert der Körper aus Fleisch und Blut nicht mehr als Filter oder Anker des Geistes. Obwohl der Körper für den normalen Beobachter normal aussieht, ist er für einen erwachten Geist zu dem geworden, was wir einen *illusorischen Körper* nennen. Er ist nicht mehr *real* in irgendeinem konventionellen Sinn. Doch für einen erwachten Geist existiert er mehr als Reflexion, als eine Art Hologramm. In diesem Zustand wird jemand, der in seine todlose Leerheit aufgewacht ist, im Gegensatz zu anderen Menschen, die ein Leben wahrnehmen werden, das zu Ende geht, das Sterben nicht als endgültiges Ende erleben, sondern lediglich als einen Übergang.

Bardotraining bedeutet, sich mit dem kontinuierlichen Vorgang des Sterbens vertraut zu machen. Ich hatte zwar trainiert, war aber nicht annähernd so verwirklicht wie mein Vater und auch nicht jenseits des Verständnisses meines Mitbruders im Kloster hinausgekommen. Vermutlich hatte mein Freund gemeint, dass er sich in diesem Leben – im *Bardo dieses Lebens* – mit dem Erkennen des weiten Geistes des Gewahrseins vertraut gemacht hatte, mit dem Erkennen desjenigen Geistes, der ungeboren ist und nicht sterben kann, und dass er gelernt hatte, auf das Fortbestehen dieses Geistes nach dem Tod zu vertrauen. Unser klassisches Training hat uns mit dieser Sichtweise bekanntgemacht. Aber sein begrifflicher Geist hatte seinen Körper noch intakt gehalten, und im Gegensatz zu meinem Vater hatte er den illusorischen Körper noch nicht kennengelernt.

Wenn wir akzeptieren, dass wir jeden Tag sterben und dass das Leben nicht vom Sterben getrennt werden kann, dann liefern die Bardos in diesem Leben eine Karte des Geistes; jede Phase gibt eine unschätzbare Anleitung, wie wir jeden Tag leben sollen. Nichts in den Bardo-Texten bezieht sich ausschließlich auf das physische Sterben. Jede Transformation in jeder Phase findet in diesem Leben immer wieder statt. Und wenn wir einmal den Bardo-Zyklus auf unser tägliches Leben anwenden, dann können wir erkennen, dass alle unsere Bemühungen aufzuwachen sich auf die essenziellen Marker der Bardo-Karte beziehen, nämlich auf Veränderung, Vergänglichkeit, Tod und Wiedergeburt.

Als ich Meditation im Rahmen des klösterlichen Lehrplans lernte, wurde sie nicht als Bardo-Training vorgestellt. Gleiches galt für die Übungen über Vergänglichkeit und Sterben sowie die Meditationen über liebende Güte und Mitgefühl. Doch nachdem ich die Bardo-Texte studiert hatte, verstand ich, dass mein gesamtes Training ein Vertiefen in die Bardo-Weisheit war. So geht es bei den grundlegenden Anweisungen für den Bardo dieses Lebens beispielsweise darum, uns mit unserem Geist vertraut zu machen, und der effektivste Weg, das zu erreichen, ist die Meditation. Viele Menschen von heute meditieren, ohne die Bardos einzubeziehen. Aber wenn wir uns die Bardo-Sichtweise zu eigen gemacht haben, verstehen wir die Meditation instinktiv als eine weitere Erfahrung des täglichen Sterbens. Die Umwandlung, die einsetzt, wenn wir zulassen, dass der begriffliche Geist sich auflöst und wir das Gewahrsein erkennen, setzt den Tod des anhaftenden Geistes voraus. Bei der formellen Abfolge der Bardo-Belehrungen folgt der Bardo des Sterbens dem Bardo dieses Lebens, aber in vielerlei Hinsicht *ist* der Bardo des Sterbens der Bardo dieses Lebens – wie auch der Bardo des Werdens.

Der Bardo dieses Lebens enthält auch die Schlafmeditation, also dessen gewahr zu bleiben, was geschieht, wenn die Augen sich schließen, wenn die Ohren abschalten, wenn die Atmungsorgane sich verlangsamen. Fortgeschrittene Meditierer wie der sechzehnte Karmapa, konnten im Schlaf im Erkennen des Gewahrseins bleiben. Das ist nicht einfach. Aber wenn wir das Erkennen auch nur bis zu dem Punkt beibehalten können, an dem wir das Bewusstsein verlieren, ergeben sich unermessliche Vorteile. Auch wenn das Einschlafen das Sterben nur schwach widerspiegelt, folgt der Prozess dem gleichen Ablauf des sensorischen Niedergangs und hat die entsprechenden Auswirkungen: Die Sinnesantennen stellen die Versorgung des interpretierenden Geistes ein, folglich stirbt auch die Rolle dieses Geistes, nämlich tagsüber als Schaltstelle für unsere gewohnheitsmäßigen Fehlwahrnehmungen und zufälligen, sensorischen Reaktionen zu fungieren. Wir werden nie genau wissen, was mit uns geschieht, wenn wir physisch sterben. Aber wir können eine Menge lernen, wenn wir auf Erfahrungen des Geistes achten, die den kleinen, begrenzten Ego-Geist transzendieren, egal ob diese Momente nun auf unserem Meditationskissen bei einem spontanen, flüchtigen Blick auf die Leerheit oder beim Einschlafen stattfinden. Im Minitod des nächtlichen Schlafes kann das Selbst die Fiktion nicht aufrechterhalten, die es den Tag überleben lässt, und wir betreten die unvorhersagbare Landschaft der Träume.

Der Schlaf ist der offensichtlichste der vielen täglichen Tode. Doch jede Mikroversion des Todes kann als ein Portal fungieren, durch welches wir das Reich des Sterbens betreten. Und jede Erfahrung damit ermöglicht es uns herauszufinden, wovor uns am meisten graut, und unsere Ängste dadurch zu lindern, dass wir uns mit ihnen anfreunden.

Als es dunkel wurde, sammelte ich mit einer Mischung aus Optimismus und Verleugnen, wie krank ich wirklich war, meine Energien für eine Schlafmeditation.

Ich begann mit geöffneten Augen.

Ich lenkte meinen Geist auf die Empfindung geöffneter Augen.

Als die Augen sich allmählich schlossen, hielt ich das Gewahrsein auf der Schläfrigkeit.

Oder auf der Trägheit, der Müdigkeit und der Verschiebung dieser Empfindungen.

Ich versuchte weder die Augen noch irgendetwas anderes zu kontrollieren. Ich versuchte nicht, wach zu bleiben. Ich versuchte nur, beim Gewahrsein dessen zu bleiben, was immer geschehen sollte.

Kurz bevor ich einschlief, machte ich mir keine Gedanken um meine Körperhaltung und versuchte auch nicht, sie zu kontrollieren.

Ich begann meinen Körper wahrzunehmen, wie er sank, fiel, schwer wurde … und in den Schlaf fiel.

Meine Lider schlossen sich. Ich war der Empfindung gewahr.

In der Nacht wachte ich wiederholt von schmerzhaften Krämpfen auf. Jedes Mal, wenn ich mich aufraffte, um in die Büsche zu kommen, fragte ich mich, ob der Bardo des Sterbens tatsächlich näherkam. Ich konnte diesen Gedanken nicht mehr auf Abstand halten. Ich hatte ein Problem. Kein einziges Mal, wenn ich danach eindöste, konnte ich das Bewusstsein beibehalten und schlief ein. Ich probierte die Schlafmeditation im Sitzen, wie wir es vielleicht tagsüber machen würden, und legte mir das Tuch über den Kopf. Und dann versuchte ich es wieder im Liegen. Traumbilder zogen vorüber, aber ich konnte mich nicht an sie erinnern. Ich konnte keine der Lücken erkennen, weder jene zwischen dem Augenblick zwischen Bewusstsein und Bewusstlosigkeit, wenn wir einschlafen, noch jene zwischen den Atemzügen oder zwischen Gedanken. Mein Geist driftete ab. Ich trank Wasser, wollte aber Nahrung.

KAPITEL 25

Alles abgeben

Manche Menschen haben in ihrem Leben so viel Angst vor dem Tod, ja, sie verdrängen sogar, dass der Tod jemals eintreten könnte, dass sie einen so normalen Vorgang wie das Einschlafen nicht als eine Art Tod wahrnehmen können. Ich bin nicht so aufgewachsen. In meiner Kindheit wurde häufig und offen über den Tod gesprochen. Sich den Tod vorzustellen gehörte zu meiner Praxis. *Tod und Vergänglichkeit, Tod und Vergänglichkeit,* war das Mantra meines Trainings. Und trotzdem war mir während der Projektierung und den Vorbereitungen für dieses Wanderretreat nie der Gedanke gekommen, dass ich krank werden oder sterben könnte. Erst mit dieser Krankheit konnte ich zurückblicken und die Grenzen meines Vorstellungsvermögens akzeptieren. Erst da dachte ich: *Deshalb schütteln die Meister verwundert den Kopf, wenn sie hören, dass der Tod für irgendjemanden, ob jung oder alt, überraschend kommen könnte, wo doch die Wahrheit überall um uns herum ist.*

Zwischen stechenden Magenkrämpfen, Moskitos, Erbrechen, Durchfall und der Lethargie, die vermutlich auf die starke Dehydrierung zurückzuführen war, merkte ich nichts von der strahlenden Erneuerung, die üblicherweise mit dem

Morgengrauen einhergeht. Ich hatte nun auch Fieber und spürte, wie die Hitze von meiner Stirn abstrahlte. Dies war nun der vierte Tag meiner Krankheit, und ich beschloss, mich allmählich mit den Anweisungen fürs Sterben zu befassen.

Wenn ich sterbe, dann werde ich wie viele andere unter physischen Schmerzen sterben. Ich kann das natürliche Leiden der Krankheit nicht ändern. Das ist der Grund, weshalb diese Art von Leiden weder das Hauptthema von Buddhas Belehrungen noch der Bardo-Texte ist. In diesem Bardo bezieht sich *schmerzhaft* eher auf das Trauma, nicht verlassen zu wollen, was wir kennen, und auf die schmerzhafte Erfahrung, uns von den am tiefsten verwurzelten Anhaftungen zu trennen. Wir wünschen uns verzweifelt, in dem Körper zu bleiben, der uns gestützt und gedient hat, und bei den Menschen, die wir geliebt haben und die uns geliebt haben, und in dem Zuhause, das unsere Zuflucht gewesen ist. Eine Person oder eine Situation versetzt uns einen Stich ins Herz, und es ist untragbar schmerzhaft, diese Verbindung zu verlieren. Vielleicht können wir den Schmerz in unserem Körper nicht lindern, aber ganz bestimmt können wir mit dem Leiden arbeiten, das unseren Geist am Ende befallen könnte.

Wenn wir beim letzten Übergang nicht mit Dingen belastet sein wollen, die uns binden, dürfen wir keine Zeit verlieren. Statt uns gegen den natürlichen Verlauf zu wehren, können wir entspannen und loslassen. Wir können daran arbeiten, unsere Anhaftungen loszulassen. Dafür gibt es eine bestimmte Praxis, die wir *Mandala Praxis* nennen, wobei es für die Effektivität dieser Übung nicht notwendig ist, den tibetischen Kontext oder das entsprechende Ritual zu lernen. Wichtig ist es aber, unsere Anhaftungen zu identifizieren und uns von früheren Konditionierungen zu befreien, um diesen Moment so vollkommen wie möglich zu erleben und unsere Reise mit weniger Ballast fortzusetzen, was wir ohnehin jeden Moment versuchen.

Loslassen hat nichts damit zu tun, Dinge abzuwerfen, die wir nicht mehr wertschätzen, wie etwa einen alten Mantel oder ein kaputtes iPhone. Von der Logik her verstehen wir den Wert des Loslassens, aber es ist nicht einfach zu bewerkstelligen. Etwas loszulassen, was eine Bedeutung hat, versetzt uns einen Stich: Wir geben etwas ab, aber vielleicht mit einem Anflug von Bedauern. Es ist wichtig, die Gefühle anzuerkennen und weder Traurigkeit, Reue oder Nostalgie von uns zu schieben. Wichtig ist auch, die Gefühle anzuerkennen, ohne uns von Geschichten einwickeln zu lassen oder aufwühlende Dramen nochmals abzuspielen; das tun wir auch im Bardo dieses Lebens, wenn wir uns mit unserem Geist vertraut machen. Was immer wir mit *ich* assoziieren oder als *mein* beanspruchen, weist auf die intensivsten Bindungen hin.

Um uns im Bardo des Sterbens von unseren Anhaftungen zu befreien, verbinden wir loslassen, geschehen lassen, abgeben und opfern. Wir greifen auf Qualitäten zurück, die uns im täglichen Leben vertraut sind, wie *abgeben*, aber mit weniger materiellen Eigenschaften. Wir identifizieren Menschen und Objekte und sogar Aspekte des Universums selbst, wie Berge oder Flüsse, die eine persönliche Bedeutung haben. Dann bieten wir diese Aspekte unseres Lebens religiösen Figuren, dem Universum oder den Sternen an. Wir beginnen mit dem persönlichsten Bild einer Realität, die größer ist als alle konventionellen Modelle, was sowohl die Art der Opferungen betrifft, die wir machen wollen, als auch die Menschen, denen wir sie opfern wollen. Form und Gestalt der Objekte oder die Empfänger unserer Gaben sind nicht wichtig. Der einzig wirklich wichtige Aspekt ist, wie persönlich und aufrichtig wir sein können.

Etwas abzugeben, kombiniert sehr häufig echte Großzügigkeit *und* großes Ego. Beides. Vielleicht geben wir einem obdachlosen Menschen, um uns besser zu fühlen. Oder wir geben einem Krankenhaus oder einer Universität, um ein Gebäude nach uns benennen zu lassen. Wir geben, um zu bekommen, was besser ist, als überhaupt nicht zu geben. Aber unseren Stolz aufzupolieren widerspricht dem, was wir wirklich zu tun versuchen. Wenn wir den Göttern oder dem Universum etwas opfern, gibt es die unangenehme Logik, dass wir die Auswirkungen nicht erfahren werden.

Aus diesem Grund wird es zu einer Art puren Gebens, einem Geben ohne messbare Belohnung. Diese Großzügigkeit entsteht aus Respekt, Dankbarkeit und Hingabe ohne Bezug auf uns selbst. Opfern ist immer ein Geben, das von Herzen kommt. Aber Geben schließt nicht immer opfern ein.

In der traditionellen Praxis wird grenzenlose Großzügigkeit mit dem Visualisieren grenzenloser Realitäten gleichgesetzt. Wenn wir den Göttern, Halbgöttern, dem Planeten Erde oder dem Universum opfern wollen, lassen wir nicht nur Objekte los, sondern auch den anhaftenden Geist. Wir geben Berge und Flüsse ab, indem wir Phänomene abgeben, die unpersönlich und unfassbar sind, wir gestalten unseren Platz im Universum neu. Wenn wir Wunder der Natur opfern, wie Berge oder Flüsse, verändert sich die Gestalt der konventionellen Realität. Im riesigen Maßstab zu arbeiten löst die feste Anklammerung an unser kleines, liebgewonnenes Selbst mitten in unserer kleinen Welt. Universen, die wir nicht halten oder besitzen können oder die kaum vorstellbar sind, helfen, Einschränkungsmuster zu durchbrechen.

An meinem vierten Tag an der Einäscherungsstupa fand ich mich damit ab, dass ich den Bardo des Sterbens betreten hatte. Ich hatte mich auf den Weg gemacht, um einen lodernden Scheiterhaufen zu errichten, und ich hatte mich ausschließlich auf die Auflösung meiner verschiedenen Identitäten konzentriert. Hungerbilder führten dazu, dass ich wissen wollte, wie ich meinen Geist vor verzehrendem Verlangen schützen konnte, aber ich wäre nie auf den Gedanken gekommen, dass ich verhungern könnte. Ich sah mich zwar im Himalaya auf Ziegenpfaden hinaufwandern und mich gegen den Wind stemmen, aber mir dabei eine gefrorene Leiche vorzustellen, so weit wäre ich nie gegangen. Es war mir einfach nie in den Sinn gekommen, dass ich physisch sterben könnte. Und nun hatte ich keine Worte, um das Ausmaß meiner Ignoranz zu beschreiben.

Auch wenn eine verkürzte Form von Opferungspraxis zu meiner täglichen Liturgie gehört, überdachte ich die erweiterte Praxis und begann damit, dass ich mir unpersönliche, erfreuliche Objekte vorstellte, die ich mit anderen teilen könnte. Das erste Bild, das mir in den Sinn kam, war der Berg Manaslu, der Gipfel im Himalaya, der über meinem Dorf in Nubri aufragt. Seine Erhabenheit hatte mir immer die Gewissheit gegeben, dass die Götter auf ihm wohnten, und ich ließ meinen Geist auf seiner visuellen, majestätischen Herrlichkeit ruhen. Dann dachte ich an die sinnlichen Freuden, die mir der Berg schenkte, wie mein Herz aufging, wenn ich mich an seinem Anblick ergötzte. Ich nahm den Trost wahr, den er meinem kranken Körper spendete, immer wenn ich mich an den Berg meiner Kindheit erinnerte. Erinnerungen tauchten auf, wie ich vor der Kulisse seines glitzernden Gipfels spielte, und dazu gesellten sich Reminiszenzen an meine Großmutter. Ich wurde von einer so akuten Traurigkeit ergriffen, dass ich mich daran erinnern musste, dass meine Großmutter schon viele Jahre tot war und diese Traurigkeit vielmehr mit meinem als mit ihrem Tod zu tun hatte. Und auch wenn ich wieder ganz gesund werden sollte, war meine Kundheit in Nubri schon vor vielen Jahren gestorben, und diese Nostalgie konnte mich weit von diesem Moment forttragen. Ich erkannte auch, wie nützlich die Nostalgie war, um herauszufinden, was das Herz berührt. Ich registrierte all diese Gefühle und ließ sie geschehen. Ich brauchte nicht mit der Nostalgie mitzureisen und auch nicht mit irgendwelchen Erinnerungswolken. *Bleib einfach stabil und lass sie durchziehen.* Ich blieb gerade so lange bei allen möglichen Objekten, die mir in den Sinn kamen, um den Gefühlen die Möglichkeit zu geben, weiterzuziehen. Da an ihren Assoziationen keine Geschichten hafteten, hielten sie sich auch nicht lange auf.

Dann fuhr ich mit Objekten fort, die mir näher lagen, wie etwa Wohlstand. Damit meine ich nicht nur Geld, Wertpapiere, Häuser und so weiter, sondern alles, was wir unabhängig von ihrem monetären Wert schätzen. Alles Mögliche. Ich dachte an einen alten Freund, der aus einer sehr armen Familie kam. Viele ihrer Mahlzeiten bestanden aus Wasser und Teigfladen, die über glimmender Asche gebacken wurden. An Feiertagen machte seine Mutter die gleichen Fladen, nur dass sie sie in Öl buk und mit Zucker bestreute. Für ihn war dies das köstlichste Essen, das es gab. Er hatte gehofft, einmal so viel Geld zu verdienen, um sich für die Güte seiner Mutter erkenntlich zu zeigen. Er wurde ein reicher Mann, der in schicken Restaurants auf der ganzen Welt dinierte. Doch seine Mutter war gestorben, als er noch ein Teenager war.

Er erzählte mir, dass er einmal mit Freunden ein Spiel gespielt hatte: Wenn euer Haus abbrennen sollte: Was würdet ihr als Erstes retten? Die Freunde nannten Kinder, Haustiere, wichtige Dokumente. Ihm war seine Antwort peinlich: ein vergilbter Zettel, den seine Mutter ihm gegeben hatte. Auf ihrem Totenbett hatte sie ihm diesen Zettel in die Hand gedrückt, denn sie konnte nicht mehr sprechen. Seit damals war das sein kostbarster Besitz: ein handgeschriebenes Rezept für gebackene Teigfladen.

Wenn wir spezielle Philosophien oder politische Ansichten in Ehren halten und eine große Anhaftung zu solchen Ideologien feststellen, dann opfern wir diese. Wenn wir wissen, dass wir wütend oder knauserig sind, dann opfern wir das. Opfern Sie alles, was Wut oder Stolz erzeugt. Die stärksten Anhaftungen werden bei Abneigung und bei Anziehung zu finden sein. Jedes Loslassen dessen, was wir als *ich* und *mein* identifizieren, versetzt dem Ego einen kleinen Todesstoß. Und jede Abnahme der Ego-Dominanz erhöht den Zugang zu unserer eigenen Weisheit.

Im herkömmlichen Sinn bin ich nicht wohlhabend. Meine Klöster haben vermutlich einen monetären Wert, aber ich habe keine Ahnung, wie hoch er sein könnte, und es gibt keine Besitzurkunde, die auf meinen Namen lautet. Mein Schatz ist der Dharma. Sein Wert ist unschätzbar, unermesslich. Wenn mein Zimmer in Bodh Gaya in Flammen aufgehen sollte, würde ich versuchen, die Texte und die Buddhastatuen zu retten. Doch bei den Buddha-Objekten spüre ich keinen Stich, wenn ich daran denke, dass Dinge, an denen ich hänge, zerstört werden könnten. Mit der oberen und unteren Robe meiner tibetischen Übertragungslinie sah es schon anders aus. Die eine hatte ich zu einer Sitzunterlage gefaltet, und die andere lag in dem Bündel neben mir.

War mein Körper, nachdem ich die Robe abgelegt hatte, zu verwundbar für dieses Abenteuer geworden? Würde ich geheilt werden, wenn jemand sie über meinen Körper ausbreitete, wie bei Khyentse Rinpoche, dem Guru, der mir meine erste Robe gegeben hatte? Schon als Kind hatte er sich immer gewünscht, ordiniert zu werden, aber seine Familie hatte es ihm nicht erlaubt. Dann hatte er einen schrecklichen Unfall, als sein Körper von einem riesigen Bottich kochender Suppe verbrüht wurde und er fast gestorben wäre. Dem Tode nah, war er viele Monate ans Bett gefesselt, bis sein Vater ihm eine buddhistische Robe auf den Körper legte.

Vielleicht sollte ich meine Robe wieder anlegen. Aber ich bin kein Kind wie er damals. Der Dharma ist der einzige Schutz und nicht die Robe … Aber unterscheidet sich die Robe vom Dharma? War es wirklich die Robe, die Khyentse Rinpoche gerettet hat?

Der formellen Reihenfolge entsprechend, opfern wir nach unserem Wohlstand unseren Körper. Ich wollte nicht sterben. Ich hatte edle, altruistische Erklärungen dafür. *Ich könnte die kleinen Mönche unterrichten, den Dharma verbreiten, Linienhalter trainieren und mich um meine Familienmitglieder kümmern …* alles ehrenwerte Gründe, die meine Anhaftung an dieses Leben, an diesen Körper allerdings kaum verschleiern konnten. Ich erinnerte mich an diese Übung, als ich noch gesund gewesen war. Es war so viel einfacher gewesen, als ich nicht akzeptierte, dass ich sterben würde.

Im Leben den Tod wider besseres Wissen zu verdrängen ist wie vergiftete Bonbons zu lutschen. Sie schmecken so köstlich. Aber allmählich sickert das Gift der Angst in unsere Eingeweide und saugt das Leben aus uns heraus. So ähnlich verhielt es sich mit dem Reis und Dal, das ich gegessen hatte. Es war meine erste Erfahrung gewesen, um Essen zu betteln. Ich hatte Demut praktizieren wollen. Aber um zu betteln, musste ich meine Verklemmtheit und meine Unsicherheit ablegen. Als mir das gelungen war, sah ich es als reife Leistung an und war entsprechend stolz. Das Essen hatte köstlich geschmeckt, obwohl etwas darin mich tötete. *Aber dies war die Lektion aus der letzten Mahlzeit des Buddhas. Iss, was dir gegeben wird. Nimm jede Mahlzeit als eine Opfergabe, als einen Segen an, als ein Geschenk der Götter oder des Universums. Und nimm die Konsequenzen an, welche es auch sein mögen … Aber der Buddha war achtzig Jahre alt und am Ende seiner Amtszeit. Außerdem geht aus dem Text hervor, dass er schon krank war, als er Cundas Mahl annahm. Ich stehe gerade am Anfang und bin erst sechsunddreißig … macht das einen Unterschied? Eigentlich nicht …*

Opfere deinen Stolz. Opfere dein Mitgefühl. Opfere dein Gelübde, anderen zu helfen. Opfere den Dharma. Kann ich den Dharma opfern? Natürlich. Ich opfere den Dharma allen fühlenden Wesen im ganzen Universum.

Ich versuchte, mit Freunden und mit der Familie zu arbeiten. Eine Opfergabe auszuwählen, die zutiefst persönlich ist, wie etwa ein Familienmitglied oder der eigene Körper, zeigt das ganze Gewicht unserer Bindungen. Stellen Sie sich vor, einen Elternteil, einen Partner oder ein Kind loszulassen. Was könnte dazu ermuntern? Was hält uns zurück? Was ist mit unserem eigenen Körper?

Was ist mit diesem Körper? Von Krankheit verwüstet, am Verhungern; gibt es hier etwas zu opfern? Meine Praxis funktioniert noch. Ich opfere meine Praxis. Selbst im Sterben funktioniert meine Praxis. Ich empfinde Dankbarkeit für die Belehrungen und für meine Lehrer. Ich opfere meine Dankbarkeit. Ich opfere meine Dankbarkeit für dieses lodernde Feuer. Es ist eine andere Art von Scheiterhaufen, als ich erwartet hatte, aber er hat die Wellen besser als je zuvor beleuchtet, und das ist inspirierend. Ich opfere diese Krankheit, damit der Spiegel der Weisheit inmitten der Verwirrung und der Schwierigkeiten heller leuchten kann. Leiden und Befreiung lodern gemeinsam. Noch mehr Holz, ja, mehr Holz, heißer, höher. Sterben ist auch Holz. Erbrochenes und Durchfall sind auch Holz. Hoffnung und Angst sind auch Holz.

Als Nächstes arbeitete ich mit meiner Tugend, mit den Aktivitäten oder Qualitäten, die mir und anderen von Nutzen gewesen waren. Wir alle beschäftigen uns mit positiven Handlungen wie Güte, Großzügigkeit oder Geduld. Vielleicht sind wir verantwortungsvolle und liebende Eltern oder Kinder. Vielleicht kümmern wir uns um unsere Freunde. Vielleicht pflanzen wir Bäume, füttern streunende Katzen oder arbeiten für Organisationen, die anderen helfen. Diese Übung ist nicht dazu da, frömmlerische Großherzigkeit zu demonstrieren, sondern dazu, unsere eigenen, gewöhnlichen Instinkte zu erkennen, zu helfen und zu handeln – egal wie anonym und mit welchen Konsequenzen –, die auf unser intuitives Verständnis zurückgreifen, dass wir alle Teilnehmer an diesem Weltsystem sind. Und deshalb gibt es keine Unterscheidung mehr, ob wir uns selbst oder ob wir anderen helfen.

Ich habe immer für meine Familienmitglieder, für meine Lehrer und für die klösterlichen und Laiengemeinden in meiner Obhut gebetet. Ich bete für den Weltfrieden und dafür, dass alle fühlenden Wesen zu ihrer erleuchteten Natur erwachen. Welchen Nutzen das hat, kann ich nicht sagen. Ich kann es nicht wissen. Aber ich bete trotzdem.

Als Nächstes geht es um *geheime* Opfergaben. *Geheim* bezieht sich auf das, was nicht offensichtlich oder nicht beobachtbar ist. Es ist vielmehr *selbst-geheim*. Geheim bezieht sich hier besonders auf Leerheit. Die klar definierten Objekte der Anhaftung – an den eigenen Körper, an Nahestehende oder an Wohlstand – sind leicht zu identifizieren. Aber um mit unseren Anhaftungen auf der subtilsten Stufe des Ego-Klammerns zu arbeiten, müssen wir mit den geheimen Opfergaben arbeiten. Das rückt Werte nicht einfach nur zurecht, sondern fordert das Konzept *Wert* selbst heraus.

Ein Ansatz besteht darin, nochmals über den Inhalt der vorhergehenden Opferungen nachzudenken und dann die Leerheit der entsprechenden Formen zu opfern, etwa so: Ich opfere mein Haus und die Leerheit meines Hauses. Mit anderen Worten: Ich opfere die Form meines Hauses, die körperlich zu sein scheint, aber ich wende auch die Weisheit an, welche die Leerheit erkennt, und ich verstehe, dass, während mein Haus körperlich zu sein scheint, es keine essenzielle Identität hat, die es zu einem »Haus« macht. Gleiches gilt für meinen Körper. Und für meine Robe. Seit ich dieses Retreat begann, hatte ich meine tibetische Robe zu einer Art Talisman gemacht, ihr magische Kräfte eingeimpft, um mich zu segnen, mich vielleicht ebenso zu heilen, wie sie Khyentse Rinpoche geheilt hat, und mich zu schützen. Ich hatte Anzeichen von Gleichgültigkeit oder Respektlosigkeit gegenüber der Robe persönlich genommen, als hätte sie von den Projektionen meines Geistes unabhängige Qualitäten. Ich hatte im Baumwollgewebe nach der Quelle von Segnungen oder Schutz gesucht, obwohl ich sie genauso wenig fand wie mein wahres Selbst, als ich die Körperteile durchsuchte, die Nagasena einzeln aufgelistet hatte. Trotzdem war die Robe, da sie essenziell leer war, so real wie ich; aber real als *Kennzeichen, als Benennung, als landläufige Ausdrucksweise.*

Was ich jetzt feststellte, als ich nun mit der Opferung der essenziellen Leerheit des Mingyur Rinpoche arbeitete – dieser menschlichen Form, dieses Lebens, diesen Atems –, war, dass es ein bisschen einfacher war, die Leerheit dieses Körpers zu opfern, als ich mich noch robust und gesund fühlte. Nun, da mein Körper dem Tod so nah war, wurde es mit dem bevorstehenden physischen Verschwinden schwieriger zu erkennen, dass die Leerheit meines sterbenden Körpers nicht anders war als in meinem gesunden Körper.

KAPITEL 26

Wenn der Tod eine gute Nachricht ist

Die Sonne stand hoch am Himmel, als diese Opferungen auf den Weg gebracht worden waren. Meine äußeren Umstände waren miserabel, aber die Übung hatte mich ruhig und angstfrei gemacht. Ich war zunehmend bereit, mich allem zu stellen, was kommen mochte. Viele Male an diesem Morgen verblassten die Bilder, wenn ich wieder einnickte. Der Weg in die Büsche unterbrach manchmal das Erkennen des Gewahrseins, und ich konnte mich nicht immer daran erinnern, wo ich aufgehört hatte. Ich hatte keine Kraft mehr, den langen Pumpenschwengel herunterzudrücken, obwohl ich weiterhin Wasser erbrach, was einen widerlichen Geschmack in meinem Mund zurückließ. Immer wieder verlor ich die Orientierung, öffnete dann die Augen und wusste nicht mehr genau, wo ich war oder was vor sich ging. Die heißeste Zeit des Tages dämmerte ich dahin, schlief und hatte Träume, an die ich mich nicht erinnern konnte.

Als es allmählich kühler wurde, konnte ich meinen Geist wieder besser sammeln. Ich wollte die Opferungspraxis fortsetzen und mit Motivation und Hingabe daran arbeiten. *Wenn ich im Sterben liege, was ist mein Bestreben? Der physische Tod bietet die beste Gelegenheit für Erleuchtung, und die*

Erleuchtung bietet die beste Gelegenheit, anderen zu helfen. Deshalb sagte mein Vater immer: *Für den Jogi ist Krankheit ein Vergnügen und der Tod eine gute Nachricht.*

Mein Vater kam ständig auf Aussagen zurück, die den Meistern der Weisheit seit Urzeiten bekannt waren: dass die organische Degeneration des sterbenden Körpers eine einzigartige Gelegenheit bietet, den wahren Geist zu erkennen. Wenn sich das Zuhause des Geistes aus Fleisch und Blut zersetzt, zersetzen sich auch die künstlich erzeugten Schichten des Geistes. Der Geist, der von Fehlwahrnehmung konditioniert und von gewohnheitsmäßigen Tendenzen geformt wurde, fällt auseinander. Die Verwirrung, die unsere ursprüngliche, innewohnende Klarheit verschleiert hat, kann ihre Lebenskraft ebenso wenig behalten wie die äußeren Hautschichten unseres Körpers. Wenn die Verwirrung sich auflöst, scheint Weisheit hervor, wie es auch beim Meditieren der Fall ist.

Wenn wir uns fest vornehmen, bewusst zu leben, wenden wir Mühe und Gewissenhaftigkeit auf, um unsere Verwirrung zu verringern. Am Ende unseres Lebens löst sich eben diese Verwirrung ohne jede Mühe auf. Auf die gleiche Weise, wie die normalen Vorgänge im Körper ihre Funktion einstellen, schwinden auch die Bewegungen des Geistes. Das betrifft unsere sensorischen Wahrnehmungen, aber auch die subtilen Überzeugungen und Begriffe, die unsere Erfahrung gestalten und unsere Identität definieren. Wenn all diese Kreisläufe des Körpers und des Geistes ihre Funktion einstellen, bleibt nur noch das Gewahrsein selbst übrig, der unkonditionierte, weite Raum reinen Wissens, aber dieser Wissensschatz hat kein wie immer geartetes Objekt. Deshalb wird der Augenblick des Todes als so besonders angesehen, weil er die kostbarste Gelegenheit liefert. An der allerkritischsten Kante zwischen Leben und Tod, wenn der Körper am äußersten Rand seiner Existenz taumelt, gewährt die Abwesenheit von Verwirrung die Erfahrung der lichthaften Leerheit. Das ist derselbe Aspekt des Geistes, der immer dann enthüllt wird, wenn wir eine Lücke im konditionierten Geist erkennen, wenn die Wolken der Verwirrung sich teilen und zulassen, dass wir das nichtbegriffliche Gewahrsein erfahren. Erst jetzt, wenn wir sterben, stellt sich dieses pure Gewahrsein von alleine ein, und die Gewohnheiten einer ehemaligen Konditionierung haben nicht mehr die Kraft, dazwischenzufunken und es zu vernebeln.

Das geschieht von Natur aus mit uns allen. Es geschieht so sicher wie der Tod selbst. Das weiß ich. Aber ohne Training können wir das klare Licht der lichthaften Leerheit nicht erkennen. Es ist da, es ist immer da. Ich habe es erlebt. Es ist jetzt bei mir, verborgen in dieser Unruhe, vorhanden bei diesen Schmerzen. Auch ich habe wie mein Mitbruder im Kloster trainiert. Er sagte, er sei bereit. Bin ich bereit?

Wenn unser Körper verfällt, während unser Geist im Erkennen der Leerheit ruht, dann sind wir für immer befreit. Wir haben nichts mehr zu lernen. In der lichthaften Leerheit – im todlosen Reich – sind Erkennen und Akzeptanz eins. Wir können die ungeborene, todlose Realität nur erlangen, wenn wir den Tod annehmen. Die Bardo-Texte beschreiben das als *Mutter-und-Kind-Vereinigung*: Das Luftelement in unserem Körper löst sich in den Raum auf, der Raum löst sich in sich selbst auf, in offenes, weites Gewahrsein. Individualisierte, offene Weite ist wie der Inhalt einer leeren Tasse. In der Tasse existiert Raum, aber er gehört nicht zur Tasse. Wenn die Tasse zerbricht, verbindet sich der in ihr eingeschlossen gewesene Raum mit dem Raum, der keine Grenzen kennt, der nicht eingeschlossen ist. In den Bardo-Texten wird dieser Raum in der Tasse als *Kind-Lichthaftigkeit* bezeichnet und der grenzenlose Raum als *Mutter-Lichthaftigkeit.* Wenn der Tod eintritt, wenn kein Schatten des begrifflichen Geistes mehr intakt ist, zieht es die Kind-Lichthaftigkeit zur Mutter hin, als käme sie nach Hause, und diese Wiedervereinigung kann nichts verhindern. Wenn wir zum Zeitpunkt des Todes das Erkennen dieser offenen Weite beibehalten können, dann wird der *samsarische* Geist, den wir jetzt haben, nie mehr in irgendeiner Form auftreten, die als verwirrt wahrgenommen wird. Und er wird niemals von dem fixierten, verwirrten Geist wahrgenommen werden. Wir werden erleuchtet, und welche Form dieser befreite Geist auch immer bewohnen mag: Er wird für immer von Verwirrung und karmischen Neigungen befreit sein und das Rad des Lebens niemals wieder unfreiwillig betreten. *Deshalb habe ich trainiert. Das ist es, was mein Vater, meine Lehrer und die Linienmeister erreicht haben. Dessen bin ich mir sicher. Aber sie haben uns auch gesagt, dass in Wahrheit die meisten von uns diese Gelegenheit verpassen werden. In dem Augenblick, in dem sich diese einmalige Gelegenheit im Leben bietet, wird der pure Geist sich normalerweise nicht selbst erkennen. Oder wir werden das Erkennen nicht beibehalten können. Die meisten von uns werden das Bewusstsein verlieren, wie wenn wir einschlafen. Was meinte mein Mitbruder im Kloster, als er sagte, er sei bereit? Konnte er die Mutter-Lichthaftigkeit erkennen? Vielleicht bezog er sich auf den Bardo des Werdens, der, wie uns gelehrt wurde, dort ist, wo wir die meiste Zeit zwischen diesem Leben und dem nächsten verbringen werden. Ich wünschte, ich hätte ihn gefragt.*

Wenn die Lichthaftigkeit beim Abschluss des physischen Todes nicht erkannt wird und wir das Bewusstsein verlieren, dann werden uns die Ärzte im Westen für tot erklären. Das weicht von unserer Sichtweise ab. Die Tibeter verstehen es so, dass dies ein bewusstloser Zustand ist, der durchschnittlich zwischen etwa einer Viertelstunde bis dreieinhalb Tage andauern kann, manchmal auch viel länger. Wir betrachten einen Menschen erst als tot, wenn dieser Zustand abgeschlossen ist. Es gibt verschiedene physische Hinweise, die das endgültige Lebensende im Körper anzeigen. Dann wachen wir nach dem Abschluss des Sterbevorgangs – wie beim Abschluss des Einschlafens – wieder auf und setzen unsere Reise durch eine traumähnliche Realität fort, die der Bardo des *Dharmata* genannt wird. Das ist ein weiterer Zustand, den die meisten von uns schnell durchlaufen werden und höchstwahrscheinlich ohne es zu erkennen.

Wir treten in den Bardo des *Dharmata* ein, weil wir im Bardo des Sterbens nicht vollkommen gestorben sind. Unser Körper ist nicht mehr da. Alle bedingten Phänomene, die scheinbar existieren, werden verschwinden. Das ist ihre Natur und die Natur unseres Körpers. Aber Bewusstsein, Gewahrsein, lichthafte Leerheit, Klarheit – diese Aspekte der Realität sind ungeboren und sterben deshalb nicht. Mit diesen Aspekten vereinigt zu werden heißt, in das todlose Reich einzutreten.

Wenn der Körper nicht mehr da ist, setzt sich nur das fort, was ungeboren ist.

Das Zuhause des anhaftenden Geistes wird nicht mehr da sein. Unser relativer Geist war in Wahrheit nie beständiger als ein Regenbogen. Wir können den Ursprung des

Regenbogens nicht exakt bestimmen, auch wenn wir die Gründe und Bedingungen kennen, die sein Erscheinen hervorrufen. Wir akzeptieren ohne Weiteres, dass diese transluzenten Bogen auf geheimnisvolle Weise Vergänglichkeit, Substanzlosigkeit und Interdependenz widerspiegeln. Was passiert also, wenn wir unsere Aufmerksamkeit dem eigenen Geist zuwenden? Können wir den Ursprung eines Gedankens identifizieren? Wann er beginnt, wohin er geht, wann er endet, wann der eine Gedanke sich auflöst und ein weiterer entsteht? Können wir die Ursachen und Bedingungen für jeden Gedanken identifizieren? Unterscheidet sich die Qualität unserer Gedanken überhaupt von einem Regenbogen? Wenn der denkende, begriffliche Geist essenzielle Qualitäten mit dem Regenbogen teilt, was bleibt dann, wenn Gedanken sich auflösen? Was bleibt, wenn unser Körper sich auflöst? *Kann ich so weit bei Bewusstsein bleiben, um das herauszufinden?*

Als ich mir diese Frage direkt stellte, konnte ich mich nicht dazu durchringen, sie zu beantworten. Gleichzeitig wurde mein Körper immer schwächer, und ich bemühte mich, die Praxis wieder aufzunehmen. Als ich über meine Motivation nachdachte, identifizierte ich mich zunächst als ein gewahr seiendes, funktionierendes, fühlendes Wesen; ich war noch immer in der Lage, meine Bestrebungen darauf auszurichten, allen Wesen bei ihrer Befreiung zu helfen und meine Handlungen ihrem Wohlbefinden zu widmen, wozu auch die Aktivität des Sterbens gehörte. Das Sterben zeichnete sich nun sowohl als die beste Chance für eine allumfassende Erfahrung der Wachsamkeit als auch als letzte Chance ab. Zur Motivation gehörte die Reinigung des Geistes von jeglichen vergangenen Störungen, von allem, was einen Schatten auf die pure Wahrnehmung der lichthaften Leerheit werfen könnte. Es ist nicht hilfreich, einfach zu sagen: *Alles ist essenziell leer, alles ist essenziell pur.* Obwohl das zufällig *absolut* wahr ist, müssen wir, um diese absolute Wahrheit von innen nach außen kennenzulernen, mit jenen Dornen arbeiten, die nicht durch intellektuelle Schlussfolgerung oder Dharma-Philosophie herausgezogen werden können. Um effektiv zu sein, muss das Arbeiten mit subtilen Knoten von Schuld und Reue verkörperte Erfahrung sein. Weiterhin verhindern diese Knoten den vollen Ausdruck unseres Mitgefühls. Auf subtile Weise sorgen sie dafür, dass wir an uns selbst festkleben, und hindern uns daran, alles, was wir haben, dem Wohl anderer zu widmen.

Ich dachte an zwei Episoden aus meiner Kindheit in Nubri. Ein Freund und ich hatten Eier aus einem Nest geklaut und sie uns wie Bälle zugeworfen, bis sie auf den Boden fielen. Ein andermal hatten ein paar Trekking-Touristen meiner Großmutter die übriggebliebenen Lebensmittel geschenkt. Darunter war auch Würfelzucker, der zu jeweils drei Stück verpackt war Ich war verrückt danach, und damit ich nicht so viele davon aß, bewahrte meine Großmutter sie in einem Krug ganz oben in einem Regal auf. Einmal fand sie ein Stück Einwickelpapier in meiner Jackentasche und wusste, dass ich den Krug geplündert hatte. Sie schalt mich, nannte mich einen Dieb und sagte, dass dies schlechtes Benehmen sei.

Ich stellte mir vor, dass ich vermutlich in die Hölle komme, auch wenn mein Vater mir gesagt hatte, dass *absolut gesehen, die Hölle nur ein weiterer Traum sei.* Nun musste ich mich fragen, ob es wirklich die Furcht vor der Hölle gewesen war, weshalb ich nicht vom rechten Weg abgekommen war.

Ich konnte mich nicht erinnern, andere Taten begangen zu haben, die als destruktiv oder unmoralisch betrachtet werden konnten. Etwas stimmte da nicht. Dass meine schlimmsten Vergehen Vogeleier zerbrechen und Zuckerstückchen mopsen gewesen sein sollten, als ich etwa sieben Jahre alt war, hörte sich selbst für mich nicht besonders glaubwürdig an.

Erst als es offensichtlich mit mir zu Ende ging, konnte ich erkennen, dass ich es mit meiner Tugendhaftigkeit nicht allzu schwer hatte, denn ich war ein braves Kind, das immer versuchte, es meinem Vater und meinen Lehrern recht zu machen, und immer darum wetteiferte, der beste Schüler zu sein. Obwohl ich in Gruppen introvertiert und schüchtern war, wollte ich wahrgenommen und gelobt werden. Ich hatte geglaubt, dass ich Angst als Instrument einsetzte, um meine Standhaftigkeit zu bewahren, als Strategie, mich immer nur an positiven Handlungen zu orientieren. Im Rückblick versteckte ich mich hinter Konventionen von Sitte und Anstand und legte ein untadeliges Verhalten an den Tag, um Lob einzuheimsen.

Ich hatte nicht gewusst, wie ich mein Image als braver, kleiner Junge anders hätte loswerden können, als von einem risikoreichen Leben in Obdachlosigkeit zu fantasieren. Dass mein Vater mit einem Wanderretreat einverstanden war, hatte mich überrascht. Der Besuch in Gorkha, bei dem meine Mutter den Begleitmönch gescholten hatte, weil er mich einen Häuserblock weit allein auf der Straße hatte laufen lassen, hatte sich ergeben, weil ich in mein Kloster nach Tibet eingeladen worden war und den gesetzlichen Bestimmungen nach über China einreisen musste. Ich brauchte ein offizielles Papier, aber mein Vater wollte mir die Reise nur erlauben, wenn mein Bruder Tsoknyi Rinpoche mich begleitete. Nun war ich allein in Kushinagar. Und lag im Sterben. Ohne Familie und ohne Assistenten, die sich um mich kümmerten. Ohne Lehrer, die mir halfen, diese Reise zu bewältigen.

Als ich meinem Vater erzählt hatte, dass ich ein Wanderretreat machen wollte, sagte er mir damals, dass er nicht mehr lange leben würde. Mehrere Jahre zuvor war Diabetes bei ihm diagnostiziert worden, aber obwohl ich erkennen konnte, dass er alterte, deutete nichts darauf hin, dass er bald sterben würde. Dann fuhr er fort: *Zwei Dinge: Egal ob du ein Wanderretreat machst oder nicht: Fahre fort, den Rest deines Lebens zu meditieren. Und gib dein Bestes, allen zu helfen, die daran interessiert sind, mit ihrem Geist zu arbeiten, ohne Rücksicht auf ihre Funktion oder ihren Rang, ob Frau, Ordensperson oder Laie. Unterweise alle auf ihrem individuellen Niveau so gut du kannst.*

Er unterbrach sich kurz und fragte dann: *Was denkst du?*

Ich sagte zu ihm: *Das ist meine Leidenschaft, meine Berufung. Ich weiß, dass das so ist.*

Meine Antwort machte ihn sehr glücklich. Dann meinte er: *Ich meditiere schon seit meiner Kindheit. Ich bin krank. Mein Körper ist schwach. Aber mein Geist ist hellwach. Ich habe keine Angst vorm Sterben.*

Ich versuchte erfolglos, meine Tränen zurückzuhalten. Als er das sah, fügte er hinzu: *Ich vertraue darauf, dass das Gewahrsein niemals stirbt. Denke immer daran und mach dir um mich keine Sorgen.*

Zwei Monate später starb er.

Jemand hatte sich Sorgen um mich gemacht. Ich muss weggedämmert sein, denn ich kann mich nicht erinnern, dass jemand bei mir gewesen wäre. Als ich die Augen öffnete, war die Abenddämmerung hereingebrochen, und zwei Einliterflaschen Wasser standen vor mir. Ich fummelte an der Plastikumhüllung und der Verschlusskappe herum, um sie zu öffnen und daraus zu trinken. Und dann hielt ich eine Flasche mit beiden Händen fest. Aber ich hatte nicht genügend Kraft, um sie zum Mund zu führen, und so tropfte das Wasser auf meine Brust. Ich dachte an die vielen Bettler, die sterben, ohne dass sich irgendjemand darum schert. Vielleicht sterben viele *Sadhus* auf diese Weise, dachte ich. *Wie außergewöhnlich, plötzlich die Heiterkeit der Dankbarkeit zu spüren. Ich sterbe nicht allein. Jemand hat es bemerkt. Jemand hat sich gekümmert. Ich bin bereit, fortzufahren …*

KAPITEL 27

Das Gewahrsein stirbt niemals

Tag fünf meiner Krankheit. Immer noch keine Nahrung. Draußen starke Hitze von der Sonne. Drinnen brennende Hitze vom Fieber. Ich lehnte schlaff an der Mauer. Die Wasserflaschen waren leer. Ich hatte kaum noch die Kraft, in die Büsche zu gehen. Ich wollte mich in Nebel hüllen wie Milarepa, aber der Nebel, der mich einhüllte, war das feuchte Grauen, einsam in Kushinagar an der Einäscherungsstupa zu sterben. *Weiß ich, was mein Vater wusste, dass das Gewahrsein nicht stirbt? Ist mein Verständnis darüber so verlässlich, dass ich darauf bauen kann? Werde ich meinen wahren Geist im Augenblick des Todes erkennen, oder wird mich das Licht so überwältigen, dass ich das Bewusstsein verliere? Wenn ich meine Praxis fortsetze, was könnte schiefgehen? Aber ich habe nur in diesem Körper praktiziert. Solange wir in unserem Körper bleiben,* erklärte mir mein Vater, *werden auch die intensivsten Erfahrungen der lichthaften Leerheit vom begrifflichen Geist verdunkelt, wenn auch nur schwach.*

Innerhalb der Trägheit eines Geistes, der an einen kranken Körper gefesselt ist, schärften sich die Rückgriffe auf die Bardo-Belehrungen. Sehr klar zeichnete sich ab, dass, während sich die Erfahrung der Lichthaftigkeit präsentierte, sie die meisten von uns verpassen werden. Deshalb trainieren wir. Nicht darauf, dass wir sie erfahren, denn das ist ein Geschenk der Natur, sondern dass wir sie *erkennen*. Darauf zu trainieren, die Natur unseres Geistes zu erkennen, heißt, uns mit der Kind-Lichthaftigkeit vertraut zu machen, und diese Vertrautheit ist es, die es uns erlaubt, ohne Furcht und Grauen auf das Ende unseres Körpers zuzusteuern. Ohne vorher kurze Blicke auf die Leerheit erhascht zu haben, fiele es einem Geist, der an begriffliche Gedanken gewöhnt ist, sehr schwer, die Leerheit plötzlich bereitwillig anzunehmen. Nur das *Erkennen* ist für uns von Nutzen, nicht der Vorgang selbst. Mit dem Erkennen werden wir todlos.

Wenn ich die Chancen verpasse, im Bardo des Sterbens und auch im Bardo des Dharmata vollkommen erwacht zu werden, dann frage ich mich, ob ich im Bardo des Werdens gut aufgehoben sein werde. Ich bin fast sicher, dass mein Mitbruder das gemeint hatte, als er sagte, er sei bereit.

Besser als die letzten paar Wochen hätte ich mich nicht auf diesen Zwischenzustand vorbereiten können. Aber meine ganzen Erfahrungen, zwischen einem Leben und dem nächsten zu sein – zwischen Geisteszuständen und physischen Orten, zwischen dem Zustand, ein Zuhause zu haben, und obdachlos zu werden, zwischen nie allein gewesen zu sein und so absolut allein zu sein –, all diese immensen Übergänge haben in diesem Körper stattgefunden. Der Geist des Dazwischens ist angekettet worden; im Bardo des Werdens nach dem Tod wird er nicht die Erdung eines groben, physischen Körpers haben. Das Gefäß wird nicht mehr da sein. Alles, was bleiben wird, ist ein mentaler Körper, eine Form aus Licht, die sich selbst allmählich besser erfahren wird als vor dem Tod.

Die Übergänge des Bewusstseins im Bardo des Werdens sind die gleichen wie in diesem Leben. Aber die Texte erklären, dass der Geist, vom physischen Körper befreit, siebenmal empfindsamer ist als der Geist, der innerhalb des Körpers erfahren wird. Er kann weiter schauen, Geräusche aus deutlich größerer Distanz hören, den Raum ungehindert von Schwerkraft oder Richtung durchmessen. Unsere Klarheit ist siebenmal größer als in unserem normalen Leben, angstvolle Reaktionen allerdings auch. Wenn meine einzige Reaktion auf laute Geräusche und Wellen, die wie Monster aussehen, darin bestünde, mich vor Angst zusammenzukauern, dann würde man mich aus diesem Bardo vertreiben. In dieser Phase kann der Körper die losgelassenen Inhalte des Geistes nicht mehr filtern, und wir werden wieder dem Rad des *Samsara* übergeben. Dort werden wir in einem der Reiche wiedergeboren. Der Kreislauf des Unwissens beginnt dann von Neuem, und gleichzeitig werden wie immer auch die Möglichkeiten zum Erwachen von Neuem beginnen. Aber wenn wir erkennen, dass wir im Bardo des Werdens sind, dann können wir unsere nächste Geburt steuern. Das Karma ist hier ein großer Einflussfaktor, aber noch nicht Schicksal. Wir sind wie Federn im Wind, werden herumgewirbelt, und unsere Wahrnehmungen verlagern sich schnell. Gleichzeitig halten wir Ausschau nach unserem nächsten Körper, nach einem sicheren Heim, in dem wir Zuflucht finden. Und in unsere Situation aufzuwachen erlaubt uns, unsere Wahl zu dirigieren.

Was ist meine eigene Situation, zusammengesunken an der Außenmauer der Einäscherungsstupa? *Ich weiß bestimmt, dass das Gewahrsein nicht stirbt. Und ja, mein Training ist wirksam genug, um den Geist der Klarheit und des*

Gewahrseins zu erkennen und darin zu bleiben. Ich vertraue meinem Training. Es wird mir gut gehen. Und dann meldete sich die Angst wieder, sickerte in jeden Gedanken, steuerte jedes Bild, sagte mein Schicksal voraus. Über meinen Zustand gab es keinen Zweifel mehr. Ich lag im Sterben, schwankte zwischen Angst und Vertrauen. Bilder meiner Mutter und anderer Familienmitglieder, Freunde und Schüler zogen an mir vorüber, wild durcheinandergeworfen und unsortiert wie ein zerrissenes Fotoalbum. Bodh Gaya, Nagi Gompa und Nubri mit seinen Sommerblumen, meine Großmutter, mein verstorbener Vater und meine geliebten Meister. Wie gern hätte ich diese Menschen jetzt um mich gehabt, damit sie mich führten und trösteten. Ich wollte sie umarmen, ihnen zurufen: *Bitte bleibt bei mir …* aber sie zogen wie Geister vorüber.

So wird es sein, wenn wir im Bardo des Werdens gestorben sind, dachte ich. *Wir schweben inmitten von Familie und Freunden und versuchen, mit ihnen zu sprechen, mit ihnen Kontakt aufzunehmen, aber sie können uns nicht sehen. Wir wissen nicht, weshalb unsere Liebsten nicht auf uns reagieren, denn wir haben noch nicht erkannt, dass wir tot sind. In welchem Zustand ist mein Körper jetzt, in dieser Krankheit, die mich schon halb getötet hat? Vielleicht können sie mich deshalb nicht hören. Vielleicht bin ich toter als sie. Wer ist tot, und wer lebt … und was soll ich machen?*

In einer aufgewühlten Pause sammelte sich diese Verwirrung an einer Stelle. Plötzlich fiel mir ein, dass ich die Telefonnummern eines Klosters in Nepal und eines weiteren in Indien auswendig wusste. Ich könnte ein R-Gespräch führen, dann würde man eine Rettungsmission organisieren. Ich könnte einen der Wachleute im Hindutempel auf der anderen Seite bitten, für mich anzurufen. Jeder dort hatte ein Handy.

Wie wunderbar, dass ich diese eine Entscheidung treffen konnte. Augenblicklich verdichtete sich dieses frenetische Durcheinander von Erinnerungen und Visionen, Angst und Sehnsucht zu einer einzigen Frage: Soll ich den Anruf machen oder nicht? Es wäre so einfach. Schon bald begann ich mich zu fragen, ob ein Anruf Niederlage oder Akzeptieren signalisieren würde; *doch wer würde besiegt, und wer würde was akzeptieren? Wer könnte – oder könnte nicht – sterben?* Das Karussell begann sich abermals rasend schnell zu drehen, Gedanken rasten von hier nach dort, gingen nirgendwohin, ruderten in Ungewissheit herum. Die anfängliche Erleichterung knickte vor einem erbitterten Wettstreit zwischen den beiden Optionen ein.

Vielleicht würde ich mein Augenmerk auf die Vergangenheit heften, wie der junge Mönch es mit der Goldmünze gemacht hatte. Aber meine Anhaftungen waren positiv: Meditation lehren und mich um die jungen Mönche kümmern. Beim Anblick der Goldmünze hatte der junge Mönch gegen Gier und Wohlstand gekämpft. *Was macht das für einen Unterschied? Um einen Geist anzustreben, wie Patrul Rinpoche ihn hatte, müssen sowohl positive wie auch negative Anhaftungen verworfen werden.* Ich spielte die Geschichte nochmals durch und fragte mich, ob mein Vater mir wohl zugedacht hätte, die Anhaftung an mein jetziges Leben – an diesen Körper – zu kappen.

Ich konnte mich nicht entscheiden, was ich tun sollte, und die Entschlusslosigkeit braute sich wie ein Gewitter zusammen, die Wolken wurden immer dunkler und bedrohlicher. *Ich will nicht sterben. Aber in meinem Training ging es da-*

rum, alles anzunehmen, was sich ergibt, und das schließt auch Krankheit und Tod mit ein. Das hatte ich dem Asiaten gesagt: Wenn Sie alles annehmen können, was geschieht, sei es Gutes, Schlechtes oder weder das eine noch das andere: Das ist die beste Praxis. Aber mein Gelübde, alle fühlenden Wesen zu retten, gilt auch für mich. Wenn ich versuche, dieses Leben zu retten, heißt das, dass ich mich davor drücke, alles anzunehmen? Aber von welchem Leben spreche ich? Von diesem groben, physischen Körper, der irgendwann sterben muss? Ist es das, was es bedeutet, alle fühlenden Wesen zu retten? Vielleicht nicht, denn wir sind nicht nur medizinische Pflegekräfte. Wir wollen das physische Leben retten, damit Lebewesen ihre inhärente Weisheit und die todlose Realität des ungeborenen Gewahrseins erkennen können. Das ist das Gelübde des Bodhisattva*: alle fühlenden Wesen vor Unwissen, Irrglauben und der Fehlwahrnehmung zu retten, dass Phänomene der Grund ihrer Leiden seien, und sie dazu zu bringen, ihre eigene Weisheit zu erkennen. Das ist es, was ich tun kann, wenn ich weiterlebe. Aber die Bardo-Texte besagen, dass nichts, wirklich nichts eine bessere Chance für das absolute Erkennen eines erleuchteten Geistes ist als das Sterben. Wie kann ich diese Chance also ausschlagen? Selbst wenn ich die erste Chance zur Erleuchtung im Augenblick des Todes verpasse, habe ich eine zweite Chance im Bardo des Dharmata …*

Dharmata wird manchmal als *Soheit* oder *Realität* bezeichnet. Innerhalb dieses Lebens erweckt uns der Tod des kleinen Selbst in die *Soheit* dieses Lebens, zu Dingen-wie-sie-sind: substanzlos, vergänglich und voneinander abhängig. Beim Tod des anhaftenden Geistes werden wir in die Realität wiedergeboren. Im Bardo des *Dharmata* betreten wir die Realität, nachdem wir physisch gestorben sind.

Ganz am Ende des Sterbens durchlaufen wir die Erfahrung der ultimativen lichthaften Leerheit. Wenn wir das nicht erkennen, dann betreten wir den Bardo des *Dharmata*. Der physische Körper ist nicht mehr da, und wir bleiben in Form eines mentalen Körpers, der dem illusorischen Körper entspricht, wenn wir träumen. Das Bewusstsein des mentalen Körpers trägt karmische Samen in sich. Diese verbinden sich nicht mit dem Bewusstsein, sondern begleiten es. Was auch fortgesetzt wird, ist unsere kürzliche Erfahrung der weiten Leerheit, die sich der weiten Leerheit anschließt; selbst unerkannt hinterlässt das einen Abdruck. Wir haben gerade unseren physischen Körper hinter uns gelassen und uns in einen Grenzzustand des absoluten, formlosen, vollkommen nackten Gewahrseins aufgeschwungen, in einen Himmel ohne Wolken. In diesem Zustand betreten wir den Bardo des *Dharmata*. Aber das Betreten löst auch den umgekehrten Prozess aus, und wir beginnen die Transformation von der absoluten Formlosigkeit zu einer abermals bewohnbaren Form.

Im Bardo des *Dharmata* liefert die Wahrnehmung vager Formen und blasser Farben die ersten Hinweise darauf, dass die Form wieder Gestalt annimmt. Wir sind gerade aus einem Zustand puren Bewusstseins herausgetreten, und Projektionen und Konzepte existieren noch nicht. Während sich unsere Erfahrung von uns selbst umformt, werden wir langsam auf einen zukünftigen Körper aus Fleisch und Blut zusteuern. Wenn wir nicht aufwachen und unsere Richtung wählen, dann werden wir wieder den begrifflichen Geist mit denselben Neigungen bewohnen, die schon dieses Leben durchdrungen haben.

Mein Vater und Saljay Rinpoche hatten eine so optimistische Sichtweise auf das Sterben. Seine Heiligkeit, der Dalai Lama hat davon gesprochen, dass er sich auf die Chance freut, die der Tod bietet. *Aber ich bin zu jung, um zu sterben … ich habe meinen Lehrauftrag noch nicht erfüllt. Meine Mutter lebt. Alle meine älteren Brüder leben. Mein Tod wird zur Unzeit kommen. Sogar der Buddha würde mir zustimmen. Das war seine Reaktion auf den jungen Mann, der den Buddha anflehte, zu einer sterbenden Großmutter zu eilen.*

Ein junger Mann kam in ein Wäldchen gelaufen, in dem der umherziehende Buddha und sein Gefolge ihr Lager aufgeschlagen hatten. Atemlos kam er dort an und flehte den Buddha mit besorgtem Gesicht an, ihn zu einem nahegelegenen Dorf zu begleiten, da ein Familienmitglied im Sterben liege. Der Buddha ließ alles stehen und liegen und folgte dem jungen Mann. Am Ziel angekommen, betraten sie ein Haus, in dem eine alte Frau, umgeben von liebevollen Kindern und Enkeln auf einer Matte mitten im Raum lag. Jemand hielt ihre Hand. Ein anderer hielt ein feuchtes Tuch an ihre trockenen Lippen. Der Buddha sah den jungen Mann fragend an, als wollte er sagen: *Was ist das Problem?* Der Mann drehte sich zur alten Frau um und deutete an, dass sie das Problem war, weil sie starb. Der Buddha betrachtete einen alten, sterbenden Menschen und erklärte: *Hier gibt es kein Problem.* Doch diese Worte würden meiner Mutter keinen Trost spenden.

Gegen Mittag machte mich meine Entschlusslosigkeit verrückt. Ich wusste, dass ich meinen Familienmitgliedern, den Nonnen und Mönchen in meiner Obhut und den Freunden in der ganzen Welt fehlen würde, und sie würden den Nutzen, den sie aus meinem physischen Körper gewonnen hatten, vermissen. *Doch ich habe mein ganzes Leben lang Gewahrseins- und Bardo-Praktiken trainiert. Ich wusste nicht, dass ich sie schon so früh brauchen würde. Dennoch glaube ich an meine eigene Erfahrung, an die Worte meines Vaters und anderer Lehrer, dass das Gewahrsein todlos ist, dass es niemals sterben wird, dass ich niemals sterben werde.* Mit meiner fortdauernden Krankheit gewann ich mehr Vertrauen in meine Fähigkeit, zu erkennen.

Oft bin ich mitten in meinen Träumen aufgewacht. Und selbst wenn ich die erste Chance, die Vereinigung von Mutter und Kind, verpasst hatte, konnte ich die nächste nutzen, nämlich im Bardo des Dharmata *aufzuwachen. Die Hindernisse, auf die ich stieß, besonders in Varanasi und dann wieder durch die Schmerzen dieser Krankheit, haben mein Vertrauen gestärkt, während des Sterbevorgangs beim Erkennen des Gewahrseins bleiben zu können. Ich habe einen kurzen Blick auf die Kind-Lichthaftigkeit erhascht, und das wird mir helfen, die Mutter-Lichthaftigkeit zu erkennen. Das nackte Gewahrsein ist mir nicht fremd. Ich weiß, dass ich es erkennen kann. Das bedeutet, dass ich in der Lage sein könnte, im Augenblick des Todes durch die Lücke zu schlüpfen und erleuchtet zu werden, ein Buddha zu werden, nie wieder unfreiwillig in irgendeiner erkennbaren Form zurückzukehren und von unermesslich größerer Hilfe sein, als ich es in diesem Leben vermag. Befreiung wird nicht das Ende meiner Reise sein. Ohne Verwirrung und Leiden kann ich zurückkehren, um von größerem Nutzen zu sein.*

Hätte ich Meditation trainiert, ohne die Bardo-Belehrungen mit einzubeziehen, könnte ich am Ende vielleicht verwirrt sein. Aber das wird nicht geschehen. Ich habe Vertrauen in die Belehrungen und in die Lehrer, die ihre Weisheit in mich hineingegossen haben, und mein Glaube an sie wird mich nicht verraten. Dessen bin ich mir sicher. Wenn ich nicht sterbe, werde ich das Leben fortsetzen, das ich geliebt habe: den Dharma zu lehren, weiter zu praktizieren und alles in meiner Macht stehende zu tun, um fühlenden Wesen in diesem Körper zu helfen. So oder so werde ich nichts zu bereuen haben. Aber ich muss diese Entschlusslosigkeit überwinden.

Ein eiserner Klotz steckte in meiner Kehle, blockierte meine Atmung, erstickte jegliche Fähigkeit, eine Entscheidung zu treffen. Es ging ständig vor und zurück: Ich rief die immer gleichen Bilder auf, prüfte die Belehrungen immer wieder und kam meinem Ziel trotzdem nicht näher, eine Antwort zu finden. Es wurde dunkel. Die Aufseher, die zum Hindu-Tempel kamen, würden ihn über Nacht abschließen. Bald konnte ich den Anruf nicht mehr machen. *Diese Entschlusslosigkeit muss ein Ende haben. Ich muss mich für eine Richtung entscheiden. Jede wäre besser als das. Gehen. Bleiben. Bleiben.*

Plötzlich erkannte ich, dass ich nicht zwischen Leben und Sterben zu wählen brauchte. Denn ich brauchte nur zuzulassen, dass mein Körper seinen natürlichen Weg geht und im Erkennen des Gewahrseins alles annimmt, was geschieht. *Wenn dies meine Zeit ist zu sterben, lass mich meinen Tod annehmen. Wenn dies meine Zeit ist zu leben, lass mich mein Leben annehmen. Akzeptanz ist mein Schutz,* sagte ich zu mir und suchte Bestätigung in einem Gebet von Tokme Zongpo.

Wenn es besser für mich ist, krank zu sein,
  Gib mir die Energie, krank zu sein.
  Wenn es besser für mich ist, gesund zu werden,

Gib mir die Energie, gesund zu werden.
Wenn es besser für mich ist, zu sterben,
Gib mir die Energie, zu sterben.

KAPITEL 28

Wenn die Tasse zerbricht

Die Auswirkungen dieser tiefgreifenden Akzeptanz zeigten sich schnell. Innerhalb von zehn oder fünfzehn Minuten begann sich meine Unruhe zu lösen. Die Spannung löste sich von oben nach unten, von Stirn, Kiefer, Hals, Schultern, Händen. Alles fiel ab. Der tiefe Seufzer, der den Abschluss einer ungeheuren Anstrengung ankündigt, lief durch meine Arterien. *Ahhhhhhhh.* Meine Stimmung veränderte sich, und ich saß ganz ruhig mit geöffneten Augen da, genoss diese besondere Wetterlage, die auf die Regenschauer eines Hurrikans folgt, wenn die Sonne wieder herauskommt, die Vögel wieder zwitschern und die Luft sich frisch anfühlt. Vielleicht würde ich schließlich doch nicht sterben.

Die Einschätzung, dass die Krise vielleicht vorüber war, erwies sich als nicht ganz richtig. Dass ich die Entscheidung getroffen hatte, in Kushinagar zu bleiben, beruhigte meinen Geist, nicht aber meinen Magen. Ich schlug mich weiterhin in die Büsche. Doch nun bestätigte jeder Augenblick, dass mein Körper immer noch auf sein unwiderrufliches Ende zusteuerte. Damit stellte sich eine neu erwachte Entschlossenheit ein, mit den Anweisungen für den Bardo des Sterbens zu arbeiten. Am Vortag hatte eine ernste Besorgnis dieselben Überlegungen ausgelöst, doch da hatte ich immer noch eine leise Stimme im Ohr, die mir zugeflüstert hatte: *Alles wird gut*. Nun waren diese beruhigenden Worte verpufft. Ich lehnte noch immer an der Außenmauer der Einäscherungsstupa, aber mein Geist kam mir stärker vor als in den letzten Tagen, und ich leitete die Opferungspraxis ein. Ich dämmerte nicht weg, verlor auch nicht den Faden und *dachte auch nicht über* die Praktiken nach, sondern ging mit Entschlossenheit und Hingabe an jede Praxis heran, die ich am Tag zuvor nicht genutzt hatte. Ich bereitete mich nicht auf den Tod vor. Ich war nicht im Kloster meiner Kindheit, wo ich auf dem Fußboden lag und geführten Meditationen über das Sterben lauschte. Ich beschäftigte mich nicht mehr mit den Begriffen *Leben oder Sterben*, denn was konnten sie anderes sein als substanzlose Begriffe. Vielmehr beschäftigte ich mich damit, alles, was ich hatte, allem zu geben, was im Augenblick geschah, um den Anforderungen dieses Augenblicks ohne Anhaftung oder Aversion zu genügen und mich mit allen Widrigkeiten anzufreunden. *Leben, Sterben: zwei Begriffe, die von diesem Augenblick gleich weit entfernt sind. Das ist es, was und wo ich in diesem Augenblick bin, dieses Wesen, das gerade diese Aktivität in diesem Körper ausführt und diese Bestrebungen hat. Nicht mehr. Nicht weniger. Das nur versucht, in diesem unendlichen Universum jedes Augenblicks zu leben.*

Bilder schälten sich heraus, und ich hielt mich mit keinem davon auf. Abermals tauchte der Manaslu auf, der mein ganzes Leben lang nie *ein* Berg gewesen war, sondern *mein* Berg, das bestimmende Juwel *meines* Heimatdorfes. Er war von *meinem* Haus aus zu sehen und war der Stolz *meines* Dorfes. Ich ließ das Bild gerade so lange stehen, bis ich die Anhaftung registrierte, den Klebstoff des Manaslu schmeckte, anerkannte, auf welche Weise ich an ihm haftete, und bis ich einfach *nur* beim Berg war, abgetrennt von allen meinen Assoziationen und Anhaftungen. Andere Naturwunder zogen vorüber, aber keines mit der gleichen Anhaftung, die ich dem Berg entgegengebracht hatte: Felder voller Blumen, die in der Nähe meines Dorfes in Nubri blühten, die duftenden Kiefern, die Sherab Ling in Himachal Pradesh umgaben, Wälder mit Mammutbäumen und Meteoritenschauer. Ich brachte wohl zwanzig Minuten damit zu, mir Erlebnisse in Erinnerung zu rufen, die ich mein ganzes Leben hindurch ungläubig und mit großen Augen bestaunt hatte und die meine Dankbarkeit für die Schönheit und die heilige Vielfalt unserer Welt erweckt hatten. Viele dieser Naturwunder wurden von vielen Millionen Menschen auf allen Kontinenten bewundert, und das Wissen darum wandelte diese gemeinsame Ehrfurcht zu einer tragfähigen Verbundenheit um.

Mit klarem Blick und tiefen Gefühlen überdachte ich meinen Wohlstand und landete wieder bei meiner Robe. Heute empfand ich sie nicht mehr als einen wertvollen Besitz. Wie sieht mein Wohlstand im Augenblick aus? *Mein Körper verfällt. Ich habe kein Geld. Keine Goldmünzen. Nichts von Wert. Dennoch habe ich die Möglichkeit zu erwachen, die tiefsten, subtilsten Aspekte des Bewusstseins zu erkennen. Meine kostbare, menschliche Geburt ist mein Schatz, in Gesundheit und Krankheit, denn sie verrät niemals die Möglichkeit des Erwachens. Wie konnte irgendein Schatz mehr wert sein, als dies zu wissen? Wie glücklich kann ich mich schätzen, wie wahrlich gesegnet. Meine einzige Opferung besteht jetzt darin, wie ich diesen Dharma-Schatz manifestiere, wie ich das Leben manifestiere, wie ich das Sterben manifestiere, wie ich diesen Augenblick lebe, diesen einzigen Augenblick.*

Wenn es keinen lebenden, menschlichen Zeugen gibt, ändert das den Wert? Ich stellte mir Shakyamuni Buddha in folgender Körperhaltung vor: Seine linke Hand ruht mit der Handfläche nach oben in seinem Schoß; die Finger seiner rechten Hand berühren die Erde. *Mit der Erde als meine Zeugin, als mein Zuhause, mit diesem Boden als meine Stütze, möge ich in der Freude und der Liebe des Dharma ruhen. Mit der Erde als meine Zeugin möge ich die Freude und die Liebe des Dharmas sein. Mit der Erde als meine einzige Zeugin und in Abwesenheit von irgendjemandem, dem ich schmeicheln oder den ich besänftigen möchte, sollen die Handlungen meines Körpers, meiner Sprache und meines Geistes rein sein; gereinigt von Verzerrungen, unbefleckt von Eitelkeit, getreu meinem eigenen, reinen Buddha-Wesen.*

Um meinen Körper zu opfern, war es nicht nötig, sich hinzulegen und das Sterben zu simulieren, wie wir es im Training gemacht haben. In diesem Park zu sitzen, war eine Opferung meines Körpers. Krank zu sein, kam mir wie eine Opferung vor. Ich hatte keine Kontrolle über meine körperlichen Funktionen; keine Kontrolle über diese Krankheit. Unter diesen Umständen erschien mir die *Opferung* meines Körpers als integraler Bestandteil des Sterbevorgangs. Ich hatte akzeptiert, was das Leben bot. Ich hörte auf, daran festzuhalten. Das war die Opferung.

Um die Anhaftung an Freunde und Familie aufzugeben, defilierten hunderte Gesichter wie im Gänsemarsch unter einer Aussichtsplattform vorüber. Familienmitglieder, Lehrer, kleine Mönche, alte Mönche, Freunde von zu

Hause und aus der Ferne. Hin und wieder tauchte ein Gesicht auf, das ich jahrzehntelang nicht mehr gesehen hatte: eine alte Nonne mit verknittertem Gesicht aus Nagi Gompa, die immer mit mir gespielt hatte; ein Freund aus Kindertagen aus Nubri, ein Einsiedlermönch, der auf dem Gelände von Sherab Ling lebte. Während ich die lange Prozession betrachtete, wusste ich, dass meine Neutralität einen Knacks bekäme, sollte ich zum Ausgangspunkt, zu meiner Familie zurückkehren. Dann konzentrierte ich mich darauf, meine Mutter den Buddhas zu opfern, damit sie sie in ihre Obhut nahmen. Sie hat ihr ganzes Leben in einer Sphäre von Dharma-Segnungen verbracht, aber das machte keinen Unterschied. Das Streben nach ihrem Schutz musste aus meiner Wertschätzung kommen. Doch allein beim Gedanken, meine Familie zu verlassen, brach mir das Herz, und Tränen rollten über meine Wangen.

Mit dem Abschluss dieses Praxisabschnitts wallte ein Gefühl immenser Dankbarkeit tief aus dem Inneren meines Körpers auf. Mein Gewahrsein wurde sehr tief, sehr ruhig. Ich hörte Hunde, ich sah Menschen. Ich blieb vollkommen still. Ich hatte Vertrauen. *Wenn ich sterbe, wird alles gut.* Dann verband sich eine Welle von Mitgefühl und Dankbarkeit mit dem Gewahrsein, und ich brach in Tränen aus und schluchzte so sehr, dass meine Schultern bebten.

Nachdem ich ein paar Stunden lang Opferungen gemacht hatte, fühlte ich mich ein wenig besser. Als ich mich tiefer in die Praxis versenkte, zogen die Ängste weiter, die mich den ganzen Morgen wie eingefangene Bienen umschwirrt hatten.

Am Nachmittag pendelte sich mein Geist auf tiefere Ruhezustände ein. Gedanken kamen wie eine sanfte Brise, die ohne Turbulenzen durch ein geöffnetes Fenster hereinzieht. Nichts nachzujagen, nichts weiterzuverfolgen, gewichtlose Gedanken, die mich nicht hinunter- oder zurückziehen konnten, die nur ihre eigene Reise vom Entstehen bis zum Verschwinden fortsetzten. Eine tiefe Ruhe breitete sich von meinem Unterbauch bis in die Spitzen meiner Gliedmaßen aus. Es fühlte sich an, als ob saubere Luft giftige Fasern nicht nur in der Lunge, sondern auch in den Knochen, den Adern, der Kehle langsam reinigte. Die Blutzirkulation verteilte eine geläuterte, wiedererwachte Energie vom Kopf bis in die Füße. Die Trennung zwischen der Luft im Körper und der Luft unter den Bäumen im Stupa-Park wurde undeutlich.

Ich lehnte an der Wand der Einäscherungsstätte, versuchte aber, den Rücken so gerade wie möglich zu halten. Ich saß weiterhin sehr still da und versenkte mich immer tiefer. Es war noch immer hell, als ich eine große Schwere spürte, spürte, wie ich niedergedrückt wurde und mein Kopf nach vorn fiel. Dies war nicht die unfreiwillige Schlaffheit der vorangegangenen Tage. Ich hatte keine Kontrolle mehr über meinen Hals. Mein Körper wurde so schwer, dass sein Gewicht mich unter die Oberfläche der Erde zu drücken drohte. Ich hatte das Gefühl zu fallen, zu sinken. Ich versuchte, einen Arm zu heben, aber er wog fünfzig Kilo. Mir fiel ein, dass diese Anzeichen auf die Auflösung des Erdelements hindeuten. Das Fundament brach zusammen. Der Boden darunter öffnete sich immer weiter. *Wenn das der Anfang vom Ende ist, lass es zu. Lass alles geschehen, was geschieht. Bleib gewahr. Fallen. Sinken. Treibsand. Bleib im*

Erkennen des Gewahrseins. Auflösen, Gefühle, Sinne, lass sie gehen und kommen.

Mein Mund wurde sehr trocken. Ich rollte die Zunge herum, hatte aber keinen Speichel. Das Wasserelement verließ meinen Körper. Mein Körper fühlte sich an, als öffnete er sich, und fiel wie die langen Grasbündel auseinander, die am unteren Ende zusammengebunden sind. Wenn das Band durchgeschnitten wird, fällt jeder einzelne Halm von der Mitte aus auseinander. Mein Körper fiel auseinander, verteilte sich, löste sich, schmolz, und dann begann ich auf dem Wasser zu treiben, aber der Klebstoff meines begrifflichen Geists hatte sich noch nicht gelöst. Da meine Fähigkeit zum Kommentieren noch intakt war, überprüfte ich bewusst die Bardo-Karte. Ich wollte sicherstellen, dass ich das richtig mitbekam: dass die Auflösung der Elemente begonnen hatte und dass dieser Vorgang die Schichten der Konditionierung spontan auflösen würde. Durch die so entstandene Lücke würde die lichthafte Leerheit mit größerer Klarheit als je zuvor hervortreten.

Mein ganzes Leben lang hatte ich immer wieder von dieser lichthaften Leerheit gehört, die den Augenblick des Todes begleitet und die beste Chance zur Erleuchtung bietet. Meine Erfahrungen bestätigten, dass die Auflösung des Bewusstseins den Geist befreit, und ich glaubte, dass Schlaf und Träume Echos des physischen Sterbens widerspiegelten. Ich wurde aufgeregt, neugierig und konnte es kaum erwarten, bis sich die nächsten Stufen herausschälten.

Meine Extremitäten wurden kalt. Draußen war es sehr heiß, also wusste ich, dass dies mit dem Verlust von Körperhitze zusammenhing. Das Feuerelement verabschiedete sich. Als mein Körper kälter wurde, konnte ich keine deutlichen Formen mehr erkennen und sah nur rötliche Blitze vor den Augen. In den Texten steht, dass in dieser Phase der Bereich um das Herz herum warm bleibt. Das wollte ich überprüfen, um sicher zu sein, dass ich alles richtig verfolgte. Ich hatte Schwierigkeiten, die Hand zu heben, und so führte ich sie mit Hilfe der anderen auf meine Brust. Ja! Die Hände sind fast zu steif, um sich zu bewegen, aber das Herz ist warm. *Ich bin auf dem Weg.*

Mein Gewahrsein wurde immer klarer. Der begriffliche Geist war noch da, begann aber zu verblassen und drängte sich nicht mit Gewalt dazwischen. Während der begriffliche Geist im unendlichen Universum des Gewahrseins schwächer wurde, näherte ich mich der absoluten Freude, die den erwachten Augenblick durchdringt. Mein Körper, der so krank gewesen war und starke Schmerzen litt, übertrug die Freisetzung seiner abfließenden Energie auf meinen Geist, als wollte er sagen: *Geh, geh, geh.*

Mit neu erwachter Zuversicht setzte sich das Erkennen des Gewahrseins fort. Obwohl mein Körper schwächer wurde, fühlte ich mich energiegeladener. Ich hatte keine Angst. Alle Verwirrung und Angst waren mit der Entscheidung verschwunden, hierzubleiben und mich zu schützen, indem ich mich damit abfand.

Die Auflösung der Luft war kein Eliminieren. Es hatte eher den Anschein, als würde sie aufgefüllt. Jedes Einatmen dehnte sich über meine Lunge hinweg aus, verwandelte Materie zu Luft, machte den Körper leichter, elastischer. Die innere Luft sickerte aus den Verästelungen der Lunge und in die Organe und Knochen, wanderte in die Blutzellen, ins Gewebe und ins Mark. Beim Einatmen wurde ich wie ein

Ballon aufgeblasen; die Luft drückte gegen die inneren Ränder von Knochen und Fleisch, bis mein Körper implodierte. Gewebeteilchen schwirrten in alle Richtungen und lösten sich in unendlicher Leerheit auf. Ich konnte nicht mehr sehen oder hören. Das Gefäß war zerbrochen.

Mit der Auflösung der Luft in den Raum wurde mein Körper vollkommen gelähmt. Ich konnte mich nicht bewegen. Innerliche, körperliche Bewegungen verlangsamten sich zu reinem Funktionieren, doch mein Bewusstsein blieb unverändert. Als der begriffliche Geist sich abschwächte, fiel mir die Auflösung des Körpers in den Bardo-Texten ein. Bis dahin hatte ich Herz und Lunge gespürt. Jetzt konnte ich weder meinen Herzschlag feststellen noch eine Bewegung im Bauch spüren. Doch mein Geist war glückselig geworden und erweiterte sich, bis er das gesamte Universum ausfüllte. Ich registrierte, was geschah. In dieser Phase war der luzide Geist der Meditation immer noch ein Zustand, den *ich* besaß. *Ich* war mir der Ruhe, des Gewahrseins, der Lähmung, der Auflösung der Elemente bewusst.

Dann verblasste nach und nach selbst die subtilste Form des begrifflichen Geistes. Als sich das Sinnessystem und die Elemente auflösten, hatte ich nur noch das Gewahrsein selbst, um darin zu ruhen. Mit dem Verschwinden der Körperstruktur, die grobe wie auch subtile Wahrnehmungen speichert, erweiterte sich der Geist zu bisher nie gekannten Reichen grenzenloser, offener Weite. Die Tasse, die *Kind-Lichthaftigkeit* genannt wird, war zerborsten.

Während der begriffliche Geist dahinschwand, manifestierte sich der freigelegte, ursprüngliche Geist mit zunehmender Lebhaftigkeit. Doch irgendwann verlor ich fast das Bewusstsein, als ich den Pull der Sinnessysteme und Elemente spürte, die sich zurückzogen. Ich wurde fast ohnmächtig und sah dann rote und weiße Blitze, wie sie oft in den letzten Augenblicken vor dem Einschlafen auftreten.

Plötzlich ... Bumm! ... Gewahrsein und Leerheit wurden eins, unteilbar, wie es immer ist. Aber das Erkennen war nie zuvor so vollkommen gewesen. Der letzte Schnipsel von Kohäsion rutschte weg. Das ganze Universum öffnete sich und wurde mit dem Bewusstsein vollkommen vereint. Kein begrifflicher Geist. Ich war nicht mehr *innerhalb des* Universums. Das Universum war innerhalb von mir. Kein vom Universum getrenntes Ich. Keine Richtung. Kein innerhalb oder außerhalb. Keine Wahrnehmung oder Nichtwahrnehmung. Kein Selbst oder Nicht-Selbst. Kein Leben, kein Sterben. Die inneren Bewegungen der Organe und Sinne fuhren bis auf ihre Minimalfunktionen herunter. Ich verstand noch immer, was vor sich ging, aber nicht durch Kommentar, Stimme oder Bild. Diese Art der Kognition zeigte sich nicht mehr. Die Klarheit und Lichthaftigkeit des Gewahrseins, jenseits von Begriffen, jenseits des fixierten Geistes, wurde zum ausschließlichen Instrument von Wissen.

Ich war nicht mehr von der Empfindung eines definierten Körpers oder Geistes begrenzt. Zwischen mir, meinem Geist, meiner Haut, meinem Körper und dem ganzen Rest der Welt gab es keine Trennung. Kein Phänomen existierte getrennt von mir. Erfahrungen fanden statt, aber nicht mehr durch ein separates *Ich*. Wahrnehmungen traten auf, aber ohne Rückbezug auf irgendjemanden. Überhaupt keine Bezüge. Keine Erinnerung. Wahrnehmungen, aber kein Wahrnehmender. Das Ich, das ich kürzlich gewesen war – krank, gesund, Bettler, Buddhist –, verschwand wie Wolken, die über einen sonnenbeschienenen Himmel ziehen. Meine Schädeldecke löste sich; *mein* Hören und *mein* Sehen wurden zu *nur* Hören, *nur* Sehen. Im besten Fall deuten Worte auf etwas jenseits des begrifflichen Geistes hin, die der begriffliche Geist nicht kennen kann.

Das muss etwa gegen zwei Uhr morgens passiert sein. Bis zu diesem Zeitpunkt hatte ich mir ein gewisses dualistisches Verständnis darüber bewahrt, was geschah. In den folgenden fünf oder sechs Stunden hatte ich keine Berührung mit dem begrifflichen Geist.

Mein Geist vermischte sich mit dem Raum wie ein in den Ozean fallender Tropfen Wasser, der unklar, grenzenlos und nicht erkennbar wird, obwohl es ihn noch immer gibt. Es ging nicht mehr darum, dass *ich* Bäume sah, denn ich war zu Bäumen geworden. Ich und Bäume waren eins. Bäume waren nicht das Objekt des Gewahrseins: Sie manifestierten das Gewahrsein. Sterne waren nicht das Objekt des Wohlgefallens, sondern das Wohlgefallen selbst. Kein getrenntes *Ich* liebte die Welt. Die Welt war Liebe. Mein perfektes Zuhause. Weit und intim. Jedes Teilchen sprühte vor Liebe, war liquide, fließend, ohne Barrieren. Ich war ein sprühendes Teilchen, kein interpretativer Geist, Klarheit jenseits von Gedanken. Pulsierend, energiegeladen, allsehend. Mein Gewahrsein ging nicht auf etwas zu, doch alles tauchte auf, gleich einem leeren Spiegel, der alles um sich herum aufnimmt und reflektiert. Eine Blume taucht im leeren Spiegel des Geistes auf, und der Geist nimmt ihr Vorhandensein ohne Zuneigung oder Ablehnung an.

Es war, als könnte ich in die Unendlichkeit sehen, als könnte ich durch Bäume hindurchsehen, als könnte ich Bäume sein. Ich kann nicht einmal sagen, dass ich weiteratmete. Oder dass mein Herz weiterschlug. Es gab kein individuelles Irgendetwas, keine dualistische Wahrnehmung. Kein Körper, kein Geist, nur Bewusstsein. Die Tasse, die leeren Raum enthalten hatte, war zerbrochen, die Vase war zerborsten und löschte *innen* wie *außen* aus. Durch Meditieren hatte ich die Kind-Lichthaftigkeit erfahren, aber noch nie hatte ich eine so innige Vereinigung der Kind- und Mutter-Lichthaftigkeit erlebt – Leerheit, die Leerheit durchdringt, die Glückseligkeit von Liebe und Ruhe.

Was danach geschah, ist am schwierigsten zuzuordnen: Ich habe mich *nicht* entschieden, zurückzukommen. Doch ich kam zurück. Dies geschah nicht einfach so, auch wenn ich nicht sagen kann, wer oder was die Veränderung eingeleitet hat. Das Aufrechterhalten der Erkenntnis des Gewahrseins, machte es möglich, bewirkte es aber nicht. Es hatte nicht den Einfluss einer freiwilligen Entscheidung, sondern war wie eine spontane Reaktion auf tiefgreifende Verbindungen in diesem Leben. Die energetische Stärke dieser Netzwerke war noch nicht erloschen, was darauf hinwies, dass es noch nicht Zeit für mich war, zu sterben.

Mit einem Bekenntnis, das keine Sprache hatte, wurde mir klar, dass mein Lehrauftrag noch nicht beendet war und dass ich mein Lebenswerk weiterzuführen wünschte. Während dieses Bestreben immer stärker wurde, zog die unendliche Weite des Gewahrseins nach und nach seine Ausdehnung zurück und richtete sich in einer endlicheren Form ein, die es mir wiederum leichter machte, mich abermals mit meinem Körper zu verbinden.

Die erste Empfindung war abermals ein Gefühl von Schwere, davon zu landen, auf die Erde zurückzufallen.

Dann spürte ich meinen Körper, spürte die Empfindung, nach Luft schnappen zu müssen, als wäre ich gerade außer Atem gewesen. Ich spürte ein Kribbeln, als liefen elektrische Ströme durch meine Gliedmaßen, ein kitzelndes, angenehmes Gefühl. Ich konnte noch nichts sehen, spürte aber, dass mein Herz in der Brust schlug. Ich versuchte, die Hand zu bewegen, aber es gelang mir nicht. Alles vor meinen geschlossenen Augen erschien verwaschen, weit entfernt und undeutlich. Als meine sensorischen Systeme sich wieder regenerierten, wurde mein Sehvermögen klarer, obwohl meine Augen immer noch geschlossen waren. Bald wurde es erstaunlich klar. Die Luft war frisch, und zu dieser Morgenstunde hatte ich das Gefühl, als könnte ich meilenweit sehen. Die Welt schien grenzenlos, obwohl das Sehbewusstsein sich noch nicht wieder eingestellt hatte.

Nach einer weiteren Stunde konnte ich die Finger bewegen. Ich legte sie aneinander, spreizte sie, machte eine Faust. Das war anstrengend, aber allmählich wurden die Finger geschmeidiger. Ich experimentierte damit, eine Hand nach der anderen ein paar Zentimeter aus meinem Schoß zu heben und wieder fallen zu lassen. Ich öffnete die Augen. Verschwommene Formen tauchten auf, begleitet von einer tiefen Resonanz, wie dem Klang eines Muschelhorns, das ans Ohr gehalten wird.

Langsam versuchte ich, mich wieder zu orientieren. Das Wäldchen. Das Tuch unter mir. Die Mauer hinter mir. Ich hörte Vögel. Ich sah Hunde. Ich fühlte mich stark. Erfrischt. Leicht. Ich hatte keine Erinnerung daran, dass ich in der Nacht krank gewesen war. Meine Lippen fühlten sich rissig an. Mein Mund war sehr trocken, und ich hatte Durst. Die Sonne stand am Himmel. Als ich mich umblickte, war alles wie immer und doch vollkommen anders. Die Bäume waren immer noch grün, leuchteten aber ursprünglich und frisch. Die heiße Luft fühlte sich wohlig an, die Brise streichelte meine Haut. Ich stand auf, um Wasser von der Pumpe zu holen … und … das ist meine letzte Erinnerung an meinen Aufenthalt an der Einäscherungsstupa.

KAPITEL 29

Im Bardo des Werdens

Ein großer, rechteckiger Raum. Dem Licht nach zu urteilen ist später Vormittag. Nahezu nackte Gestalten liegen leise stöhnend und mit weit von sich gestreckten Gliedmaßen auf einer langen Reihe von Eisenbetten, die mit Seilnetzen bespannt sind. Ein Mann streckt die Hand zur Plastiktasse neben seinem Bett aus, dann verlässt ihn die Kraft, und sein Arm fällt an seine Seite. Ich erkenne diese Macht der Schwerkraft. Ich bin auf einem Friedhof der nicht ganz Toten.

Ich schloss die Augen und führte meinen Geist wieder zur Einäscherungsstupa zurück. Ich hatte meinen linken Arm auch nicht heben können. Mein Mund war wie ausgedörrt gewesen, aber ich hatte das Wasser nicht an die Lippen führen können. Zuerst Erde, dann Wasser … das Auflösen von Hitze … dann Luft … Als der Raum sich in sich selbst aufgelöst hatte, war die Tasse zerborsten. Dann …

Hätte ich die lichthafte Leerheit vollkommen verwirklicht, wäre ich nicht hier. Aber wo bin ich? War ich am Bardo des Sterbens schon vorbei? Hätte sich die endgültige Auflösung meines Körpers vollzogen, während mein Geist in der Mutter- und Kind-Vereinigung verweilte, dann wäre ich mit Sicherheit ein Buddha geworden, hätte das Lebensrad transzendiert, um nie mehr unfreiwillig in irgendeiner erkennbaren Form zurückzukehren. Was für ein Pech, dass ich nicht gestorben bin! Aber … vielleicht bin ich im Bardo des Dharmata, zwischen Sterben und Werden. Im Bardo dieses Lebens habe ich meine Träume so oft erkannt, und bestimmt kann ich deshalb auch diesen Traum erkennen, aufwachen und erleuchtet werden. Aber ich habe den Kollaps der Mutter- und Vater-Energien nicht erlebt.

Zum Zeitpunkt der Empfängnis kommen Mutter- und Vaterenergien zusammen und bewegen sich dann auseinander. Zum Zeitpunkt des Todes vereinigen sich diese Energien abermals im Zentrum des Herzens. Das geschieht normalerweise vor der Mutter-und Kind-Lichthaftigkeit ganz am Ende des Bardos des Sterbens. Das war nicht geschehen. Ich wusste nicht, wo ich war. *Die Verschmelzung mit dem Körper der Erleuchtung hätte karmische Samen verbrannt, und ich wäre nicht in die nächste Phase eingetreten. Die Lichthaftigkeit ist so intensiv. Wie bedauerlich, dass ich so nahe daran war, die Klarheit meiner eigenen Buddhaschaft zu besitzen. Vielleicht werde ich nie mehr mit so günstigen Umständen gesegnet sein. Bis ich physisch sterbe, kann ich diese Gelegenheit anstreben. Ich kann dafür beten. Aber ich kann nicht wissen, ob es auch so kommen wird. Nun muss ich lediglich mit Reflexionen der Erleuchtung fortfahren.*

Wenn ich die Wiedervereinigung mit dem Mutter-Raum verpasst habe und noch am Leben bin, dann könnte es vielleicht so sein, wie in Träumen aufzuwachen, die jede Nacht in meinem Formkörper stattfinden. Letzte Nacht hatte ich einen wunderbaren Traum. Ich träumte, dass sich mein Formkörper auflöste und nur der gereinigte Geist weitermachte … Und nun nimmt mein illusorischer Traum abermals das Aussehen einer körperlichen Form an. Aber ich fühle mich nicht kompakt. Nichts um mich herum sieht körperlich aus. Dieser ganze Raum scheint auf einem iridisierenden Pier zu schweben; Formen heben und senken sich in einem zitternden Leuchten. Der Raum und das Leuchten sind nicht abgetrennt von Form. Dies ist abermals ein schöner Traum.

Wenn ich wirklich gestorben bin und mein Geistbewusstsein immer noch auf die subtilen Tendenzen dieses Körpers bezogen ist, dann komme ich vom Gipfel des Bewusstseins herunter. Der Umkehrprozess hat begonnen. Die Erfahrung ultimativer, offener Weite schränkt sich wieder auf wellenförmige, transluzente Formen ein, die miteinander tanzen, sich wieder trennen und Licht und Liebe ausstrahlen. Aber ich kann die friedlichen und zornigen Halbgötter nicht sehen, die eigentlich im Bardo des Dharmata *auftauchen sollten. Vielleicht ist der Mann, der neben mir liegt, ein friedlicher Halbgott, oder die Schwestern, die die Patienten umsorgen, sind solche Halbgöttinnen. Ich sehe, dass der Raum schmutzig ist, aber das ist kein Problem. Halbgötter könnten hier wohnen.*

Ich konnte den Bardo des Werdens nicht betreten haben, da ich meinen engsten Freunden keinen Besuch abgestattet habe, um ihren Rat einzuholen. Und ich habe mich auch nicht in der Nähe von Familienmitgliedern aufgehalten. Schon lange habe ich niemanden Bekannten mehr gesehen und habe mit Unbehagen unter Fremden gelebt. Mein ganzes Leben lang hat Furcht in unterschiedlichen Abstufungen in meinem Unterbewusstsein existiert, aber davon spüre ich jetzt nichts. Die Texte besagen, dass wir in dieser Phase furchtsam sind, dass die negativen Reaktionen, die wir haben, aufgrund der fehlenden Bindung an unseren Körper siebenmal stärker sind. Die Geräusche, die uns in diesem Leben ängstigen, werden unerträglich, wenn der Geist nicht vom Körper abgeschirmt ist, und Formen, die uns im Bardo dieses Lebens Angst einjagen, werden viel schrecklicher als alles, was wir uns aus unserem Körper heraus vorstellen können. Trotzdem befinde ich mich zwischen einem Zustand und einem anderen. Vielleicht bin ich innerhalb des Bardos dieses Lebens im Bardo des Werdens. Diese Gestalten, die aus dem Schatten ins Sein treten, sind nicht feindlich gesinnt. Sie weisen mich nicht zurück. Ich fühle mich nicht von ihnen verhöhnt. Ich bin unter Freunden. Vielleicht sind das die Freunde, die man im Bardo des Werdens antrifft. Wenn ich aus diesem Zwischentraum aufwache, kann ich meinen Geist auf neue Möglichkeiten des Erkennens richten.

Ich frage mich, ob der Mann, der nach dem Wasser greift, hier ist, um sich über mich lustig zu machen, weil ich es bedaure, wieder am Leben zu sein. Vielleicht ist er ein Heiliger, der neben mir liegt, um mich zu mahnen, niemals an der Liebe zu zweifeln, die offenbart wurde. Wenn ich die Augen öffne, wird derselbe Mann überhaupt hier sein? Wenn ich den Körper aus Fleisch und Blut abgelegt habe und im Traumkörper existiere, werde ich mich kennen? Ist von meinem subtilen Körper überhaupt etwas erkennbar?

Ich hob die Hand an mein Gesicht und tastete nach Augen. Als ich den Arm hob, strich ein kühles Etwas, keine Haut, sondern eine Oberfläche über meinen Rumpf. Durch den schmalen Schlitz eines geöffneten Lids erkannte ich einen Plastikzylinder. Maschinen standen um das Bett herum. Aus Schläuchen tropfte Flüssigkeit in meine Adern. Nadeln ragten aus Armen und Schenkeln. Der Mann, der neben mir lag, rief nach einer Schwester. Ich sah alte Männer mit Verbänden. Menschen humpelten, schlurften, gingen an Krücken. Ein Arzt, erkennbar an einem Stethoskop um seinen Hals, lag in tiefem Schlaf auf einem Bett. Über mir surrte ein Deckenventilator.

Ich war nicht gestorben. Und ich wusste nicht, ob das eine gute Nachricht war oder nicht. Ich war so nahe daran gewesen, mit meinem Buddhawesen eins zu werden, dass ich irgendwie enttäuscht war, diesen Körper wieder zu bewohnen. Während ich versuchte, das alles zusammenzubringen – meinen Standort, meinen Körper, meine Reaktion –, bemerkte ich, dass die Umrisse, die an mir vorüberzogen, zwar allmählich wie vertraute Formen aussahen, aber noch immer wie auf Wasser dahinglitten. Sie kamen mir eher transparent als körperlich vor, eher aus Licht gemacht, denn aus Fleisch und Blut, einem Traumbild ähnlicher als einer Szene am helllichten Tag.

Aber ich konnte nicht sagen, ob ich aus meinem täglichen, wachen Leben oder aus meinem illusorischen Körper heraus träumte. Aber so oder so hatte ich nicht das Verlangen, aus diesem Traum aufzuwachen. *Mir gefällt dieser Traum. Die Atmosphäre ist so sanft, so einladend und sicher. Vielleicht habe ich beide Gelegenheiten verpasst, mich aus dem Rad des* Samsara *zu befreien, und bin im Bardo des Werdens aufgewacht. Vielleicht habe ich dort meine Wiedergeburt auf ein angenehmes, freundliches Umfeld mit liebevollen Menschen gerichtet, die ich nicht verlassen und denen ich auch nicht aus dem Weg gehen möchte. Ich möchte mich vorbeugen, mich verneigen und sie begrüßen, obwohl diese Menschen die Liebe nicht mit dem gleichen Enthusiasmus manifestieren, wie es die Bäume letzte Nacht gezeigt haben. Mein Augenlicht hat nicht die gleiche, durchdringende Allwissenheit, die mich durch Wälder hindurchsehen ließ. Farbe und Klarheit erinnern nur schwach an deren Brillanz von letzter Nacht, und dennoch verweile ich noch immer in der illusorischen Natur von Traumphänomenen. Die Erfahrung ist mir durch meine diversen Nachmeditationszustände vertraut, aber sie ist lebendiger, stärker und mit einer vollständigeren Präsenz von Leerheit.*

Jede Form taucht auf und verschwindet und bewegt sich durch und innerhalb einer grenzenlosen, offenen Weite, kommt von nirgendwoher, geht nirgendwohin, ist ohne Ursprung, ohne Ziel, spontan präsent. Phänomene innerhalb des Raums können nicht wirklich getrennt vom Raum existieren. Die Dualität ist nicht real. Alle Formen tauchen als geheimnisvolle Spielarten von Farbe und Licht auf: ein Himmel mit Regenbogen, vorhanden und nicht vorhanden, jenseits von Zeit, jenseits von Richtung, ungeboren und ohne Ende. *Ich liebe diese neue Welt, diesen lebendigen, großartigen Zustand der Soheit, der wahren Natur der Phänomene ohne die Wolken von Substanz und Eigenschaften. Dies ist der Bardo des* Dharmata, *der Bardo der Realität, der Soheit. Wenn ich am Leben bin, dann bin ich in dieser zweiten Phase des Bardos dieses Lebens. Ich habe diese Phase betreten, weil ich im Bardo des Sterbens nicht vollkommen gestorben bin.*

Der Versuch herauszufinden, ob ich lebendig oder tot war, kam mir wie ein Überbleibsel eines früheren Lebens vor, denn was auch geschehen war, es hat mich wissen lassen, dass der Tod nicht das Ende des Lebens ist. Es würde niemals Endgültigkeiten geben, nur Veränderung und Umwandlung. Die Erfahrung der vergangenen Nacht war verschwunden. Die Tage davor waren verschwunden. Ob ich es mir eingebildet hatte, fast gestorben zu sein, ob ich es geträumt oder erlebt hatte: Alles war verschwunden, nicht hier, nicht präsent, so gut wie tot. Je mehr ich meine Leichtigkeit in diesem Augenblick anerkannte, umso mehr tauchten Leben und Sterben als Begriffe auf, der eine nicht näher oder weiter entfernt von diesem Moment als der andere, und alle innerhalb des todlosen Gewahrseins bewahrt.

Was wir Tod nennen, ist nicht das Ende. Ich konnte das genauer erkennen als je zuvor, und dass das Gewahrsein sich durch das fortsetzt, was wir Leben nennen und was wir Sterben nennen. *Die Bauchdecke hebt und senkt sich. Tod und Wiedergeburt. Das Jetzt stirbt. Der letzte Atemzug stirbt. Ungeborenes Gewahrsein kann nicht sterben. Ungeborenes Gewahrsein existiert mit und jenseits unseres Körpers. Der Tod ist eine Illusion, und das Leben ist auch eine Illusion. Tod und Sterben sind nur Begriffe. Unsere Wahrnehmungen formen Unterschiede und Unterscheidungen.*

Letzte Nacht starb ich. Heute Morgen bin ich ein Bild in einem illusionsähnlichen Zustand in einem illusorischen Krankenhausbett. Ich träume diese Realität jetzt mit offenen Augen. Im Bahnhof ging ich mit offenen Augen und verschlossenem Herzen in die Hölle. Letzte Nacht hatte ich erlebt, dass ich nach dem Sterben im Paradies war. Nun bin ich am Leben, glaube ich, und im Paradies auf Erden. Der Traum von letzter Nacht und das Leben von gestern sind dasselbe. Beide sind verschwunden. Beide waren Illusionen. Es stimmt, dass das Leben ein Traum ist, wie die Meister der Weisheit uns gesagt haben. Manche Bilder sind bedeutungsvoller als andere, aber sie besitzen keine größere Substanz. Welch Entzücken! Formen steigen auf und fallen, atmen ein und atmen aus, ganze Universen verschwinden und tauchen auf. Die letzte Nacht ist vorüber. Das Beinahe-Sterben ist vorüber, ob Traum oder nicht. Aber mir gefällt dieser Traum! Dieser Traum ist das Paradies. Der Traum der Mutter-und-Kind-Vereinigung ist das Paradies. Real oder nicht real, ich kann mich immer noch daran erfreuen, so als schaute ich mir einen Film an. Real oder nicht real, er bringt uns zum Lachen und zum Weinen. Ich hatte Spaß daran gehabt, in Tibet über smaragdgrüne Felder zu fliegen. Diesen Traum mag ich lieber als den mit den Felsblöcken, die herunterpoltern. Ich mag den Traum von einem gesunden Körper lieber als den Traum von einem kranken Körper. Ich mag den Traum von der weiten Straße lieber, als an dieses Bett gefesselt zu sein. Das ganze Leben ist eine wundersame Darstellung aus Licht und Form, ein Universum unendlicher Segnungen, das uns einlädt, unser Herz von innen nach außen zu stülpen und vollkommen zu lieben, zu lieben bis zum unerschöpflichen Ende von Träumen.

Warum war ich zurückgekommen? Was war das Gefühl, das mich wieder zu diesem Leben hin orientiert hatte? Mein Lehrauftrag in diesem physischen Körper war noch nicht abgeschlossen. Irgendeine Verschiebung meines Gelübdes, allen Wesen zu helfen, hatte mich allmählich davon abgebracht, Abschied zu nehmen. Ich kehrte langsam in mein funktionelles Sinnessystem zurück, und die Lähmung, die meine Extremitäten und Organe befallen hatte, löste allmählich ihren Griff.

Die intensive und langandauernde Erfahrung der absoluten, lichthaften Leerheit, so weit und uneingeschränkt, deckte eine natürliche Quelle grenzenloser Liebe auf. An diesem Punkt verschmolz die Bewegung, durch karmische Kräfte aus der Vergangenheit zurückgeholt zu werden, mit einem aktuellen Bestreben, zurückzukehren und in diesem Körper, so gut ich konnte, anderen von Nutzen zu sein. Mit einem Bekenntnis, das weder Worte noch Begriffe hatte, erkannte ich, dass *es mich hinzog, mein Lebenswerk wieder aufzunehmen. Wie vages Erkennen desjenigen, der Mingyur Rinpoche genannt wird, wünschte, an dieser Welt teilzunehmen und meinen Lehrauftrag mit Mitgefühl und Liebe zu erfüllen. Als dieses Bestreben stärker wurde, verband sich mein bewusster Geist wieder mit meinem Körper.*

Ich hatte immer noch keine Ahnung, wie ich hierhergekommen war, in diesen transitorischen Traumzustand in diesem illusorischen Raum. Ich war an der Einäscherungsstätte gewesen. Ich hatte mich viele Stunden lang in einem tiefen Meditationszustand befunden, tiefer als je zuvor. Das Gewahrsein dieses Körpers war allmählich wieder zurückgekommen. Die Intensität der Meditation hatte dazu geführt, dass ich mich vollkommen wiederhergestellt und revitalisiert fühlte. Ich hatte keine Erinnerung daran, dass ich letzte Nacht krank war. Meine Mundhöhle, meine Zunge und die Lippen fühlten sich ausgedörrt an. Wegen des Durstgefühls hatte ich mir Wasser vorgestellt. Mein Geist war dem Durst gefolgt, und dann war mein Körper zur Pumpe vorausgegangen. Ich hatte fünf Tage lang kein Essen bei mir behalten, und die Einbildung, physisch stark zu sein, stellte sich als Wunschgedanke heraus. Meine Beine hatten gezittert und waren dann eingeknickt. Aber als mein Geist nach Wasser griff, brach die Kontinuität des Erkennens des Gewahrseins ab. Wegen dieses Bruchs konnte ich mich nicht erinnern, dass ich ohnmächtig wurde oder was dann geschah.

Ich lebe noch. Ich frage mich, was eigentlich passiert ist, ich frage mich, ob der Arzt weiß, wie ich hierhergekommen bin.

Bilder vom Traum der letzten Nacht schwebten langsam vorüber. Nichts bewegte sich schnell. Ich fühlte mich überaus entspannt und sehr zufrieden, diese Bilder wahrzunehmen, ohne danach zu greifen. Doch ich war neugierig. Die Geisteszustände, in die ich eintrat, sind nicht nur Meditierenden vorbehalten oder auf spirituell Interessierte beschränkt. Wir sprechen davon, den ursprünglichen Geist zu erkennen, den Geist, der entleert ist von Begriffen und Dualitäten, jenseits von Zeit, Schwerkraft oder Richtung. Ein Geist, derselbe Geist, nur andere Erzählungen, die sich um ihn ranken. Von Natur aus kann dieser Geist nicht einer bestimmten Gruppe oder Tradition zugeordnet werden. Worte können ihn nicht beschreiben. Dennoch sind sie hilfreich. Ohne meine Tradition hätte ich nicht die Sprache, irgendetwas mitzuteilen, und die Sprache liefert einen Kontext für diese Erfahrungen. Ohne Kontext trägt Erfahrung allein oft keine Früchte.

Als ich im Krankenhaus aufwachte und immer noch herauszufinden versuchte, was vor sich ging, hatte ich über die Sprache der *Mutter- und Kind-Lichthaftigkeit* sinniert. Ein so anrührendes Bild, so zart und liebevoll. Die Kind-Tasse durchbricht ihre Einschränkungen, um sich der Mutter anzuschließen. Ich hatte diesen Begriff studiert. Er war mir so geläufig, dass ich seiner Bedeutung vertraute, doch nie zuvor hatte ich mich an seiner viszeralen Wärme erfreut. *Wiedervereinigung von Mutter und Kind.* Ich fühlte mich auch insofern wie ein Kind, als ich mein Glücksgefühl nicht artikulieren konnte. Andererseits hatte ich kein Bedürfnis, es zu versuchen, denn hier kannte ich niemanden. Nun, da ich die Augen aufgeschlagen hatte und wusste, dass ich mich in einem Krankenhaus befand, glaubte ich immer noch, zusammen mit dem Mann im Paradies zu sein, der immer noch nach dem Wasser griff, bis die Schwester kam und ihm die Tasse an die Lippen hielt. *Es kann kein Unglück sein, nicht gestorben zu sein, wenn ich im Paradies aufgewacht bin.*

Immer wieder nickte ich mit wissendem Gewahrsein, mit Erinnerung und Reflexion ein. Ich fühlte mich frisch erwacht, aber noch nicht bereit, zu sprechen. Wenn eine Schwester zu nahe an mir vorbeikam, schloss ich die Augen. Dies schien ein hübscher Ort zum Ausruhen zu sein, ein Vergnügungspark der Behaglichkeit, aber etwas flüsterte mir ein, meine Reise nun allmählich fortzusetzen. Wäre ich im Bardo des Werdens und könnte diesen Teil des Traums dirigieren, hätte ich gern gewusst, wohin ich gehen würde, was ich werden würde. Ich würde nach dem Reich Ausschau halten, in dem ich weiter praktizieren konnte, dem Reich der Menschen. Ich würde nach Eltern Ausschau halten, die in dieser Welt Gutes tun wollen, die den Dharma respektieren, die gütig und fürsorglich sind, die meinen spirituellen Pfad fördern und leiten würden. Tatsächlich würde ich mir eine Familie wie die suchen, die ich hatte. Mitten in dieser Träumerei schaute ich auf und sah eine vertraute Gestalt. Der Asiate von der Parinirvana Stupa kam zur Tür der Station herein. Ich schloss die Augen.

Ich spürte, dass er an meinem Bett stand. Als ich die Augen aufschlug und aufschaute, erklärte er mir, dass er zur Einäscherungsstupa gekommen war, um sie zum Abschied noch einmal zu umrunden, bevor er nach Kushinagar weiterreisen wollte. Er hatte mich leblos auf dem Boden liegen sehen. Obwohl ich nicht mehr meine Mönchsrobe trug, hatte er mich erkannt und ins etwa acht Kilometer entfernte Regierungskrankenhaus nach Kasia gebracht. Sein Bericht war sachlich und emotionslos. Ohne Dramatik. Er erwartete keine Reaktion. Er erzählte mir, dass er in meinem Rucksack nachgesehen und festgestellt hatte, dass ich mittellos war. Er hatte meinen Krankenhausaufenthalt bezahlt, den der Arzt auf 2 Tage veranschlagt hatte, sowie die Kosten für die Aufnahme und für Medikamente. Er sagte, dass er Geld und auch seine Visitenkarte in den Rucksack gelegt habe, und falls ich jemals Geld brauchen sollte, würde er es mir von überall auf der Welt telegraphisch überweisen. Er wünschte mir alles Gute und verließ das Krankenhaus, um seine Weiterreise zu organisieren.

Das muss ein Traum sein.

Eine Schwester brachte gesüßten Saft und Milchtee, eine weitere checkte die Infusionsbeutel. Ich stellte fest, dass die unordentliche Station mit ihren schmutzigen Fenstern und der Farbe, die von den Wänden abblätterte, eine ganz eigene Art von Perfektion hatte. Ich dachte an meine Gespräche mit dem Asiaten. Mir wurde klar, dass er mir das Leben gerettet hatte, und dennoch fiel seine Freundlichkeit nicht als außergewöhnlich auf. Nichts fiel als außergewöhnlich auf, obwohl es gerade einige ungewöhnliche Ereignisse gegeben hatte. Wie sich herausstellte, war seine Freundlichkeit nur ein Beispiel der vielen Arten von Hilfestellung, die mir Menschen auf meiner Reise leisteten.

Die Gespräche mit dem Asiaten im Parinirvana Park waren lange her, fast schon in einem früheren Leben. Ich hatte damals noch meine Mönchsrobe getragen und war problemlos in die Rolle des Lehrers geschlüpft. Seit damals hatte ich neue Augen und neue Ohren. Ich lebte in einer neuen Welt. Ich konnte mich nicht gerade auf Hilfe verlassen, erkannte aber, dass diese neue Welt sich auf die eine oder andere Weise um mich kümmern würde.

Der Arzt wachte auf und kam an mein Bett. Er war unrasiert und machte einen erschöpften und ungepflegten Eindruck. Er drückte auf meinem Bauch herum und stellte Fragen. Wir unterhielten uns in einer Mischung aus Hindi und Englisch. Ich sagte ihm, dass es mir gut gehe, eigentlich sogar sehr gut, und erkundigte mich, wann man mich entlassen könnte. Er erklärte, dass ich gefährlich dehydriert und beinahe tot ins Krankenhaus eingeliefert worden war. Außer literweise Traubenzuckerlösung hatte er Infusionen mit hochdosierten Antibiotika verordnet, um die Infektion zu beseitigen, die ich mir eingefangen hatte. Ich sollte Schonkost in kleinen Portionen bekommen, und man werde mich nach zwei Nächten entlassen. Den Rest des Tages döste ich immer wieder ein und blieb an den Infusionen hängen. In jener Nacht schlief ich traumlos durch.

Am folgenden Morgen entfernte eine Schwester die Nadeln und klemmte die Maschinen ab. Sie half mir beim Aufsetzen und dann beim Aufstehen. Meine Beine zitterten nicht mehr. Sie ließ mich in den Korridoren herumwandern. In einem leichten Baumwollkittel schlurfte ich den Gang hinunter, der zum Ausgang führte. Von innen sah ich einen Hof und den Haupteingang. Jenseits des Tores erkannte ich eine breite Durchgangsstraße mit dahinflitzenden Autos, Lastwagen, Traktoren und Tieren. Laute Hupkonzerte, Rufe und Radiomusik drangen durch die geöffneten Fenster. Es war nicht angenehm. Es war nicht schön, nicht einladend. Kein Problem.

Draußen vor dem Tor standen Menschen in einer Schlange

und warteten darauf, ins Krankenhaus eingelassen zu werden. Die meisten von ihnen waren barfüßige, ältere Männer. Ich wünschte mir, dass man sie aufnahm, denn genau das wollten sie. Mit ihrer zerlumpten Kleidung, den ungewaschenen Haaren und ihren ausgemergelten Körpern sahen sie wie die Bettler am Bahnhof von Varanasi aus, doch nun machte ich keinen Unterschied mehr zwischen ihnen und mir, zwischen ihnen und den Männern und Frauen in meiner eigenen Familie. Alle zusammen waren wir in dieser Traumwelt, strebten nach Glück und strebten danach, zu erwachen – jeder auf seine Weise.

Bevor ich krank geworden war, hatte mich alles, was mir nicht vertraut war, ein wenig angespannt. Ich hatte mich von den Menschen im Zug, vom Besitzer des Gästehauses und von den Kellnern im Restaurant abgetrennt gefühlt. Jede Begegnung hatte mir ein Gefühl gegeben, als liefe ich gegen eine Wand, als sei ich irgendwo angekommen, wo ich blockiert, zurückgestoßen wurde. Und nun konnte ich kaum erwarten, das Tor hinter mir zu lassen und in dieses lärmende, schmutzige Verkehrschaos hinauszugehen, um die Straßen, die Berge und Täler dieser flüchtigen Welt zu durchwandern. Ich konnte es kaum erwarten, den durchziehenden Traummenschen eine größere Hilfe zu sein, die leiden, weil sie nicht wissen, dass sie in einem Traum sind, und nicht wissen, dass Befreiung bedeutet, im Traum den Traum als solchen zu erkennen. Für mich stand zweifelsfrei fest, dass die strahlend klare Leerheit in jedem von uns ist. Wenn wir reden, gehen und denken, sind wir in diesem Zustand, in unserem gesunden Körper und in unserem kranken Körper, ob reich oder arm. Aber wir erkennen den kostbaren Schatz nicht, den wir haben. In Wahrheit sterben wir die ganze Zeit, aber unser

Geist sagt es uns nicht. Wenn wir uns nicht selbst sterben lassen, können wir nicht wiedergeboren werden. Ich lernte, dass Sterben Wiedergeburt ist. Tod ist Leben.

In der Eingangshalle lernte ich einen Mann aus Nepal kennen. Er freute sich, dass er sich in seiner Muttersprache mit mir unterhalten konnte. Wir plauderten über unsere Dörfer, er an Krücken und wir beide in zerlumpten, weißen Kitteln, mehr nackt als bekleidet. Er fragte, weshalb ich hier war. Ich antwortete: *Ich bin hier, weil ich meditieren wollte und bekam Magenprobleme.* Als ich zu meinem Bett zurückkehrte, brachte mir eine Schwester ein Getränk mit Trockenmilch. Es schmeckte nicht besonders, aber ich freute mich trotzdem darüber. Den ganzen Morgen über blieb mein Geist sehr frisch und klar.

Als Kind hatte ich meinem Vater und Saljay Rinpoche Fragen zu diesem Wort *Erleuchtung* gestellt, das ich ständig hörte. Ich war lange genug bei meinem Vater im Unterricht gesessen, um mir vorzustellen, dass Erleuchtung auf einen höchsten Zustand hindeutet, der weit entfernt von dem ist, in dem wir lebten, und so bezog sich eine Menge meiner Fragen auf physische Orte. *Wenn ich jemals erleuchtet werde, wo werde ich dann sein?*

Mein Vater hatte erklärt: *Der Ort, wo du bleibst, wo du dich aufhältst, was du siehst, was du hörst, wird nicht mehr so wichtig sein.*

Ich hatte weitergebohrt und wollte wissen, ob ich mich dann auch hier in Nagi Gompa aufhalten könnte. *Wenn du die innere Weisheit deines wahren Buddha-Geistes erkannt hast,* sagte mein Vater zu mir, *wenn du mit dem Universum eins wirst, bist du überall und nirgends. Im Moment bedienst du dich des begrifflichen Geistes, um zu versuchen, jenseits des begrifflichen Geistes zu gelangen. Das ist unmöglich. Du hast dir eine gelbe Brille aufgesetzt und versuchst, Weiß zu sehen. Erleuchtung ist die Realität, die keine Zeit hat, keinen Ort, keine Richtung, keine Farbe, keine Form. Sie kann nicht auf diese Weise erfahren werden. Sei nicht ungeduldig.*

Aber ich war ungeduldig. Unzufrieden mit seiner Antwort, erklärte ich: *Wenn ich erkenne, dass mein Geist und der Buddha-Geist das Gleiche sind, und ich mit allem eins werde, dann kann ich nichts machen.*

Nein, sagte mein Vater, *wenn du mit allem eins wirst, kannst du alles machen. Du bist zu grenzenloser Liebe und Mitgefühl fähig und kannst dich auf eine Weise manifestieren, die anderen Wesen zugutekommen kann. Vergiss nicht: Deine menschliche Form – so wie du im Augenblick bist – ist eine Reflexion von Erleuchtung, der Formkörper, der Leerheit reflektiert.*

Das ist der Teil, an den zu glauben ich immer so große Schwierigkeiten hatte. So oft mein Vater auch wiederholte, dass jeder von uns ein Buddha ist, so sehr hatte ich Mühe zu verstehen, dass *jeder von uns* tatsächlich auch mich meinte. Was würde mein Vater mir jetzt sagen? Ich konnte überall sein, nur nicht bei ihm, außer so, wie ich immer bei ihm sein würde.

Eine Schwester brachte mir eine Tasse süßen, indischen Milchtee. Ein anderer Arzt als der, den ich am vergangenen Tag gesehen hatte, kam an mein Bett. Auch er drückte an mir herum und stellte viele Fragen. Er sagte mir, dass meine Genesung sehr gute Fortschritte machte, dass mein Blutdruck wieder normal sei. Ich erklärte ihm, dass ich gehen wollte. Er gab mir zu verstehen, dass ich mehr tot als lebendig ins Krankenhaus eingeliefert worden war, und da mein Freund für zwei Übernachtungen bezahlt hatte, sei es wohl das Beste, wenn ich das auch durchziehen würde. Das wollte ich nicht, denn ich war gespannt darauf, wieder draußen zu sein, meine Reise fortzusetzen und meinen Weg zu finden. *Ich fühle mich stark und bin bereit zu gehen,* sagte ich zum Arzt. Er wollte mir die Entlassungspapiere nur ausstellen, wenn ich ihm versprach, in der Woche darauf zu einem Nachsorgetermin zu kommen. Ich sagte nicht ja, ich sagte nicht nein. Ich kam nie wieder zurück.

Als ich aus Bodh Gaya abreiste, hatte ich keinen Plan B. Das wurde schon in den ersten Minuten klar, als das Taxi nicht auftauchte. Ich hatte nicht gewusst, was ich machen sollte, und hatte den Entschluss in Frage gestellt, keine Alternativen zu haben. Als ich nun meinen Rucksack an mich nahm und mich von den Schwestern verabschiedete, hatte ich weniger das Bedürfnis nach einem Plan als je zuvor. Kein Plan A, kein Plan B. Keine Reiseführer. Nach ein paar Wochen verlegte ich die Visitenkarte des Asiaten.

Die Krankheit ist überstanden. Ich war fast gestorben, und sie hatte mich frei gemacht. Frei wofür? Um immer wieder zu sterben, um frei zu sein, ohne Angst vorm Sterben zu leben. Ohne Angst vorm Leben. Frei, jeden Tag zu sterben. Frei, ohne Verlegenheit zu leben. Ich würde nicht mehr auf eine feste Behausung, einen Unterschlupf, ein Schutzdach, auf Diener und auf eine Robe bauen. Ich würde die Vergänglichkeit annehmen, die des Todes und die des Lebens.

Ich fühlte mich wie eine Figur in einem Trickfilm, ausgestattet mit übernatürlichen Kräften, durchdrungen von Akzeptanz, weitem Gewahrsein, Mitgefühl und Leerheit. Dies waren die Ressourcen, das Obdach und das Essen, die mich in den kommenden Tagen und Jahren nähren würden. Mein Herz weitete sich mit einer Liebe, die ich nie zuvor gespürt hatte. Eine unendliche Wertschätzung, die aus dem Kern meines Seins kam, strahlte auf alle aus, die ich je kennengelernt hatte: auf die Familie und die Lehrer, die mich umsorgt und angeleitet hatten, auf Freunde, auf den Asiaten, auf die Ärzte und Schwestern, auf die Einäscherungsmauer, die meinen Rücken gestützt hatte, auf die Bäume, die mir Schatten gespendet hatten. Ich wertschätzte jede Wolke, jeden Kummer, jede Angst und Panikattacke für die Rollen, die sie in meinem Streben nach Verstehen gespielt hatten. Und ich richtete meine besondere Dankbarkeit an die Infektion, die meinen Körper gesegnet hatte. *Vor dir, mein geliebter Guru Krankheit des Unendlichen Mitgefühls, verneige ich mich mit hunderttausend Niederwerfungen. Dir, der du mich zur ultimativen Wahrheit geführt, mein Verständnis geläutert, die grenzenlose Liebe freigesetzt hast, erweise ich Dankbarkeit. Auf ewig.*

Ich war frei, in den Wellen zu spielen, zwischen den Standorten, an denen ich nicht wusste, wo ich die Nacht verbringen, was ich essen, wohin ich gehen würde. Die Ungewissheit zwang mich nicht mehr, mich schleunigst in Sicherheit zu bringen. Stattdessen wollte ich schnurstracks in die unbekannte Welt hinaus, ihre Mysterien und Sorgen begrüßen, die Liebe lieben, von der Liebe willkommen geheißen werden und mit vollkommener Leichtigkeit in meinem neuen Zuhause leben. Und nun, da ich diese Ungewissheit begrüßte, kam mir die Straße genauso gastfreundlich und sicher vor wie das Bett in meinen Räumen im Kloster. Der Asiate hatte meinen physischen Körper gerettet, aber die Entscheidung, in dieses Leben zurückzukehren, gab mir mehr Selbstvertrauen als je zuvor, und ich gelobte, es zu nutzen, um jeden Augenblick so vollkommen und frohgemut wie möglich zu leben. Ich lernte, dass bedingungslose Liebe sowohl für uns wie auch für alle Wesen dann entsteht, wenn wir den natürlichen Fluss der Veränderung zulassen. Nur dann können wir das fortwährende Entstehen neuer Ideen, neuer Gedanken, neuer Einladungen begrüßen. Wenn wir das, was auf uns zukommt, nicht abblocken, sind unserer Liebe und unserem Mitgefühl keine Grenzen gesetzt.

Die ganze Welt öffnete ihre Tore und lockte mich nach draußen. Ich durchwanderte die Korridore, die illusorischen Räume mit langen Reihen von Kurzzeit-Patienten, vorbei an leisem Stöhnen, abblätternder Wandfarbe und sanften Schwestern. Dieser leere Körper trat durch ein weiteres Traumtor, das Tor des Krankenhauses, und setzte seine Traumreise fort, um anderen zu helfen, aufzuwachen und zu erkennen, dass Befreiung dann entsteht, wenn wir einen Traum als Traum erkennen. Wir alle träumen uns gemeinsam in das Sein. Wir sterben in das Sein. Wir werden und werden. Wir werden immer.

Epilog

Als ich das Krankenhaus verließ, zog es mich wieder nach Kushinagar. Etwas Bedeutsames hatte sich dort ereignet, und ich wollte meine Dankbarkeit zum Ausdruck bringen. Während der lichthafte Geist niemals stirbt, war die Erfahrung wie jede Erfahrung und ungeachtet dessen, wie transformativ sie sein mochte, nur eine weitere Wolke, die vorüberzog. Diese bestimmte Wolke hatte mir geholfen, den ungeborenen Raum zu erkennen, aus welchem sie hervorging, aber ich musste sie dennoch loslassen. Ich zählte das Geld, das der Asiate in meinen Rucksack gesteckt hatte, winkte dann eine Rikscha herbei und verließ die quirlige Stadt Kasia. Erfüllt von einer immensen Freude, aber auch mit einem Hauch von Traurigkeit kehrte ich nach Kushinagar zurück, um mich zu verabschieden.

Ich ging durch das Tor der Parinirvana Stupa. Es war brütend heiß, und außer den Wachleuten war niemand da. Ich betrat das Gebäude, in dem der ruhende Buddha untergebracht war. Seit meinem ersten Tag vor fast drei Wochen war ich nicht mehr hier gewesen. Abermals machte ich Niederwerfungen und setzte mich dann auf die Knie. Damals hatte ich die Robe des Buddhas getragen und mich als Repräsentant des Buddhas gefühlt, hatte meine Ergebenheit ausgedrückt und darum gebetet, Buddhas erwachten Geist durch seine Belehrungen zu erkennen. Ich hatte begriffen, dass der Buddha des alten Indien heute noch lebt, denn Millionen von Menschen auf der ganzen Welt folgen seinen Spuren.

Nun trug ich eine safrangelbe Robe. Abgesehen davon war alles so ähnlich wie bei meinem letzten Besuch: Ein kleiner, menschlicher Suchender verneigte sich vor einer monumentalen religiösen Gestalt und sprach dieselben Gebete, die er beim ersten Mal gesprochen hatte. Aber alles war anders. Buddha war nicht *tot*, und ich war nicht *am Leben*. Ich verstand, wie die Begriffe *Leben* und *Sterben* üblicherweise benutzt werden, doch diese Worte hatten keine Bedeutung. Die Kontinuität und die Verbindung zwischen mir und Buddha gingen über die Zeit, über Dualitäten hinaus. Buddha ist nicht *fort*. Ich bin nicht *vorhanden*. Wir sind hier, Buddha und ich, in der todlosen Realität, die unser aller wirkliches Zuhause ist. Die Realität von Tod-jenseits-von-Tod hat keinen Anfang und kein Ende. Es ist dieser Tod, der unsere begrenzte Zeit in diesem vergänglichen Körper gedeihen lässt, und das macht es uns möglich, vertraut mit uns selbst und miteinander zu leben. Uns von uns selbst und der Welt um uns herum abgeschnitten zu fühlen, ist die trügerische Geschichte des anhaftenden Geistes. Aber wir können lernen, falsche Hoffnungen fahren zu lassen, die bei uns die Sehnsucht nach innerer Ruhe in unserem Körper und in dieser Welt hinterlassen. Wir können über unsere Unzufriedenheit hinauswachsen. Wir können Verlangen durch Liebe ersetzen. Und etwas, was ich gerade erst zu entdecken begann: Wenn du die Welt liebst, liebt sie dich zurück.

Ich ging um den Park herum. Ich blieb an dem Wäldchen stehen, in dem ich bei Hitze und Regenschauern meditiert hatte. Dann ging ich weiter zur Einäscherungsstupa. Ich folgte dem Pfad zwischen der Außenmauer und dem Fluss, bis ich meinen Platz am Hindu-Tempel erreichte. Die Manifestation des Buddhas, hier in Form eines großen, graubraunen Hügels, lebte auf neue Art wieder auf. Die Stupa war nicht mehr nur ein Denkmal für die Reliquien des Körpers Buddhas, sondern sie spiegelte die Einheit zwischen dem Buddha und mir wider. Wir waren weder ununterscheidbar noch getrennt. Nicht eins, nicht zwei. Jenseits von beidem. Ich machte Niederwerfungen und setzte mich dann zum Meditieren hin. Nach einer Weile betrachtete ich die Stupa, wie ich vielleicht auch meinen Vater betrachtet hätte, wäre er mit mir dort gewesen, und dachte: *Ja … nun weiß ich, wovon du gesprochen hast.*

Aber woher wussten sie es? Shakyamuni Buddha hatte ein Leben nach dem anderen losgelassen, vom Prinzen zum Jogi in den Wäldern, zum Lehrer und zum erleuchteten Führer. Aber obwohl sein Leben im Wald ihn ausgezehrt hatte, war er niemals beinahe physisch gestorben. Das galt auch für meinen Vater und für Dutzende anderer verwirklichter Meister, deren Weisheit die meine bei weitem übertraf. Ich wusste jetzt mehr als vorher, doch ein Teil dessen, was ich an genau diesem Ort gelernt hatte, war, wie viel weiter ich noch zu gehen hatte.

Mein sterbender Körper hatte meinen Geist in die Lage versetzt, einen Sprung nach vorn zu machen, quasi eine Strecke zu überfliegen, die normalerweise über eine längere und indirektere Route geführt hätte. Er hatte das Potenzial für reines Gewahrsein, für das nicht-duale Erkennen der Leerheit dargestellt – so wie das immer und für jeden geschieht. Aber die Verwirklichung wurde durch Praxis angestoßen. Um wirklich höchste Weisheit zu erlangen, müsste ich das gleiche Engagement aufrechterhalten, mit meinem Geist zu arbeiten, das es Meistern wie meinem Vater und Saljay Rinpoche ermöglicht hatte, zu sterben, bevor sie starben, Mutter-und-Kind-klares Licht aus einem gesunden Körper heraus zu erkennen und den Illusionskörper des Bardos der Soheit noch während des Bardos dieses Lebens zu bewohnen. Ihre Weisheit ergab sich allein aus dem Praktizieren und war nicht von einem bestimmten Ereignis abhängig. Je öfter Samen der Erleuchtung kultiviert werden, desto öfter wird das ganze Feld unseres Gewahrseins gedüngt, was tiefere Weisheitsebenen gedeihen lässt. Aber es ist eine Falle, an irgendeiner bestimmten Erfahrung anzuhaften, *ganz besonders* an einer, die sich auf das spirituelle Erwachen bezieht.

Die größte Herausforderung, die Beständigkeit von Tod und Wiedergeburt anzunehmen, liegt in unserem Widerstand gegen die Vergänglichkeit und in unseren hoffnungslosen Versuchen, das zu bewahren, was sich von Natur aus verändert. Wir äußern oft den Wunsch, störende Emotionen wie Eifersucht, Wut oder Stolz loszulassen oder unsere Eitelkeit oder Trägheit zu überwinden. Wenn wir daran denken, Veränderungen vorzunehmen, springt unser Geist oft sofort auf derart auffällige Beispiele an. Und nach jahrzehntelanger Wiederholung scheinen diese Merkmale unveränderlich und unbesiegbar zu sein, und es mangelt uns an Zuversicht, uns an die Arbeit zu machen, sie loszulassen. Die gute Nachricht ist, dass Loslassen selbst eine Möglichkeit ist, Veränderung, Tod und Wiedergeburt zu erfahren. Um das zu bestätigen, brauchen wir nicht mit unseren am tiefsten verwurzelten und problematischsten Tendenzen anzufangen. Wir können mit alltäglichen Handlungen beginnen, die wir im Allgemeinen überhaupt nicht als Probleme definieren.

Innerhalb der dualistischen Wahrnehmung des normalen Gewahrseins können wir anerkennen, dass wir jede Nacht, wenn wir einschlafen, mit dem vergangenen Tag sterben, und das erlaubt uns, am nächsten Tag die Wiedergeburt zu erlangen. Normalerweise erleben wir es so, dass jeder Augenblick stattfindet, wenn der vorhergehende stirbt. Jedem neuen Atemzug folgt der Tod des vorhergehenden Atemzugs. Zwischen Atemzügen, Gedanken, Tagen, Ereignissen, zwischen allem gibt es Lücken, und jede Lücke bietet die Chance, zwischen den Wolken einen Blick auf die pure Leerheit zu erhaschen. Der Punkt ist, dass das Bardo-Prinzip des kontinuierlichen Todes und der kontinuierlichen Wiedergeburt genau jetzt erkennbar ist, inmitten unserer gewöhnlichen, neurotischen Muster, Unzufriedenheiten und Seelenqualen. Unsere Sichtweise darauf, wer wir sind, wird durch das Gewahrsein umgewandelt. Und das verändert alles. Wenn wir einmal die fundamentale, transitorische Natur unseres Geistes und Körpers akzeptiert haben, dann können wir die Zuversicht entwickeln, unsere am tiefsten verwurzelten Muster auseinanderzupflücken.

Die äußeren Schichten des Selbst abzuschälen ist eine Art zu sterben, aber der Vorgang wird so viel leichter handhabbar, wenn wir in diesem Leben Vertrauen in die Vorzüge der Wiedergeburt entwickeln können.

Jedes Mal, wenn wir uns auf das Erkennen der Mini-Tode in unserem Alltagsleben einlassen, wird uns der große Tod immer vertrauter, der am Ende unseres Körpers eintritt. Wir können jede große oder kleine Erfahrung des Loslassens verwenden, um uns mit der finalen Auflösung des Körpers leichter abzufinden. Das verringert unsere Furcht vor dem zukünftigen Tod und wandelt die Art und Weise um, wie wir in der Gegenwart leben.

Als Kind lauschte ich den Geschichten über das Leben des Buddhas wie den Märchen von Prinzessinnen und Drachen. Als ich dann zu meditieren begann, kam mir der Gedanke, dass diese Geschichten vielleicht nicht nur spirituelle Erfindungen waren, sondern dass ein Körnchen Wahrheit darin stecken könnte. Zum Ende meines ersten Dreijahresretreats überlegte ich dann, dass die Belehrungen des Buddhas wirklich erreichbar waren, und das weckte meine Bemühungen, aufzuwachen. Dann, nach weiteren zwanzig Jahren der Meditation und der Erforschung des Geistes, zog ich den Schluss, dass ich wusste, wovon der Buddha sprach. Aber an der Einäscherungsstupa lernte ich, dass ich Darstellungen des Mondes mit seinem direkten Erkennen verwechselt hatte.

In meiner Tradition sprechen wir von drei Phasen, den Mond zu erkennen, der unsere lichthafte, leere Essenz kennzeichnet. Wie bei anderen Phasen, Ebenen und Kategorien gibt es keine definierten Grenzen, und in jeder Phase gibt es viele Abstufungen. Dennoch können uns diese Beschreibungen helfen, etwas von dem Vorgang zu verstehen. Die Phasen, den Mond zu erkennen, beginnen erst, nachdem wir uns mit verschiedenen Aspekten des Gewahrseins vertraut gemacht haben. Wir haben bereits die Gewahrseinsmeditationen des *Shamata* oder ruhigen Verweilens gelernt, also Praktiken, die den Geist stabilisieren; dann praktizieren wir das tibetische *Vipassana* oder die Einsichtsmeditation, um die Natur von Dingen zu erforschen, die vergänglich, voneinander abhängig und vielfältig sind, was bedeutet, dass ihnen eine singuläre Identität fehlt. Dann verwenden wir diese Einsichtsmeditationen, um die Natur des Gewahrseins selbst zu erforschen. Hier nähern wir uns der Untrennbarkeit von Gewahrsein und Leerheit. Wir erkennen, dass die Qualitäten der Leerheit nicht nichts sind, sondern als strahlende Klarheit, lichthaft und todlos erfahren werden können. Im Lauf dieses Prozesses konditionieren wir unseren Geist so, dass wir den Mond direkt erkennen. Wir machen uns bereit, jenseits der relativen Realität zu gelangen, um die pure Wahrnehmung jenseits von permanent und vergänglich, jenseits von voneinander abhängig und unabhängig, jenseits von Singularität und Vielfalt, jenseits von Leben und Sterben besser zu erforschen. Wir haben die Realität durch Meditationserfahrung, durch Studium und Logik erforscht. Wir sind in pures Gewahrsein eingetaucht, das den Beginn des *Pfades der Befreiung* kennzeichnet. Wir sind so weit wie möglich gegangen, um uns der Grenzen des konventionellen Verstehens zu versichern, und haben eine echte Bestrebung entwickelt, die Welt der Verwirrung hinter uns zu lassen und uns vom *Samsara* zu befreien. Aber bis dahin haben wir den Mond, schmucklos, nackt, entleert von Begriffen und befreit von Anhaftungen, nicht direkt erkannt.

Auf unserer Reise zum Erwachen haben wir gehört, wie andere dieses Ding beschreiben, das *Mond* genannt wird. Wir haben über ihn gelesen und haben Vorstellungen von ihm entwickelt. Wir haben uns an Geschichten erfreut, wie es ist, ihn zu sehen. Und eines Tages stoßen wir auf ein Bild in einem Buch. Es passt zu den Beschreibungen, die wir gehört haben. Es ist ein zweidimensionales Bild einer gelben, runden, undurchsichtigen Form. Wir sind so glücklich, dass wir den Mond endlich sehen! Endlich wissen wir, worüber die Meister gesprochen haben. Das ist unsere erste Erfahrung, die Essenz unseres eigenen Geistes zu sehen. Verglichen mit nur einem Bild in unseren Köpfen sehen wir den Mond.

Dann sehen wir eines Nachts die Spiegelung des Mondes auf dem See. Dieses Bild erscheint uns viel lebhafter und durchscheinender als die flache, matte Darstellung auf der Buchseite. Wir erkennen instinktiv, dass das, was wir vorher gesehen haben, eingeschränkt gewesen ist und dass diese Spiegelung die Wirklichkeit ist. Der Unterschied zwischen der ersten und der zweiten Phase ist riesig, so riesig wie der Unterschied zwischen Erde und Himmel. Die Qualität des Lichts auf dem See kommt einer Dynamik nahe, die mit dem Bilderbuch nicht vergleichbar ist. Doch sind die Bilder einander so ähnlich, dass wir, je länger wir das Bild im Buch ansehen, immer besser in der Lage sind, die Reflexion des Mondes auf dem See zu erkennen. Unser Geist ist von gewohnheitsmäßigen Mustern nicht vollkommen frei gewesen, und unsere Wahrnehmung ist noch immer ein wenig von der Vergangenheit gefärbt. Daher trennt eine Erfahrung der Dualität – *ich* nehme etwas *da drüben* wahr – den Geist von der Spiegelung. Und trotzdem sind wir immer noch begeistert von dieser intensiven Erfahrung des Mondes.

In der dritten Phase schauen wir zum Himmel und erkennen den *realen* Mond: direkt, nackt, brillant. Der Mond in dem Buch und der Mond auf dem See können als das angesehen werden, was sie sind, aber es sind keine direkten, unbeeinflussten Erfahrungen. Wir erkennen den Mond auf dem Himmel über die pure Wahrnehmung des Gewahrseins: Unsere Wahrnehmung und der Mond werden vollkommen eins, die Vereinigung von Gewahrsein und Leerheit. Der Geist ist von begrifflichen Filtern befreit worden, und wir haben eine Wahrnehmung ohne einen Wahrnehmer. Wir nehmen die Spiegelung wahr, aber dieses Spiegelbild ist jeden Kennzeichens, jeder Bezeichnung oder jeder vorgefassten Meinung entleert, denn es wird vom Gewahrsein selbst wahrgenommen. In der dritten Phase gibt es keinen Meditierer und nichts, worüber man meditieren könnte. Wir *erleben* keine lichthafte Leerheit mehr. Wir sind zur lichthaften Leerheit geworden.

Unser Geist ist nun wie ein perfekter Spiegel ohne die geringste Trübung. Weder freuen wir uns über irgendein Bild, das erscheint, noch lehnen wir es ab. Wir sehen alle Myriaden von Reflexionen. Wir würdigen ihre Qualitäten und Eigenschaften und wissen, dass sie nicht real sind. Sie spiegeln nur unsere eigene, ungetrübte, strahlende Klarheit wider und sind in unser Wahrnehmungsfeld gelangt wie vorüberziehende, vergängliche, substanzlose Wolken. Wenn wir einmal erkennen, dass der Raum unsere eigene Essenz ist, dann sind wir frei und haben kein Bedürfnis, die Wolken zu vertreiben.

Der Mond befindet sich immer noch in unterschiedlichen Phasen bis zum Vollmond. Während wir unseren Pfad der Befreiung fortsetzen, nehmen der Mond und seine Klarheit zu, und die nicht-dualistische Erfahrung des puren Gewahrseins wird immer konstanter. Das nennen wir Erleuchtung, das volle Erkennen der absoluten Natur der Realität. Der offene, weite Geist erkennt, dass alle Formen aus dem ungeborenen Raum entstehen und dass sie letztendlich Wolken ohne einen Anfang oder ein Ende sind.

Unsere erste Erfahrung, den Mond direkt zu sehen, mag flüchtig sein, wie es bei mir war. Ich war etwa zehn Jahre alt, und mein Vater hatte mich bereits mit dem meditativen Gewahrsein bekannt gemacht. Das leuchtete mir ziemlich schnell ein, und ich bekniete meinen Vater, mich über das reine Gewahrsein zu belehren, da ich mitgehört hatte, wie er mit den Nonnen darüber gesprochen hatte. Er versuchte mir diesen Aspekt des Gewahrseins zu erläutern, aber ich hatte keinen Schimmer, wovon er redete.

Eines Tages ging ich in sein kleines Zimmer in Nagi Gompa, um mit ihm zu Mittag zu essen. Er saß auf seiner erhöhten Kiste, von wo aus man durch das große Panoramafenster ins Tal hinuntersehen konnte. Ich kletterte zu ihm hinauf, setzte mich mit dem Rücken zum Fenster und betrachtete ihn. Zuerst machten wir nur Smalltalk, und dann schwiegen wir. Das Essen kam ungewöhnlich spät. Während wir dasaßen und auf unseren Lunch warteten, wollte ich meinen Vater beeindrucken und prahlte mit meinen Meditationskünsten. Ich hielt den Rücken kerzengerade, steif wie einen Zollstock, hob die Ellbogen ein wenig vom Körper ab, neigte den Kopf leicht vor und senkte den Blick. Ich versuchte nachzumachen, was ich für einen Zustand puren Gewahrseins hielt, und wartete auf sein Lob.

Mein Vater saß wie üblich entspannt da und sagte eine Weile nichts. Dann fragte er leise: *Ami, was machst du da?*

Ich meditiere, sagte ich und war so froh, dass er es bemerkt hatte.

Er fragte: *Und worüber meditierst du?*

Ich gab zur Antwort: *Ich lasse meinen Geist im natürlichen Zustand des puren Gewahrseins ruhen.*

Mein Vater sagte: *Ami, es gibt nichts zu meditieren. Die*

Meditation ist ein Schwindel, die Aussicht ist ein Schwindel, die Philosophie ist ein Schwindel. Nichts davon ist wahr.

Ich war vollkommen entsetzt. Der gesamte Inhalt meines Geistes löste sich in Luft auf. Meine Sinne landeten nirgendwo, richtungslos. Kein Innen, kein Außen. Nur brillante Klarheit. Ich konnte diese Erfahrung nicht in Worte fassen und sie auch mir gegenüber nicht erklären.

Mein Vater beobachtete mich immer noch, sagte aber nichts. Dann saßen wir schweigend in einer Art Meditation zusammen, ohne zu meditieren. Als das Essen kam, genossen wir gemeinsam unseren Lunch. Alles schien normal zu sein, nur das Essen schmeckte außergewöhnlich köstlich.

Von jenem Tag an wusste ich, dass ich die Natur des Geistes zum ersten Mal erkannt hatte. Ich hatte einen kurzen Blick darauf erhascht. Danach ging es mit meinen Meditationserfahrungen auf und ab, und ich wurde immer noch von Panikattacken heimgesucht. Aber egal, wie dunkel die Wolken tief in meinem Herzen waren: Diese Erfahrung hatte eine neu gewonnene Zuversicht in mir geweckt. Davor hatte ich trotz meiner Panikattacken geglaubt, ein wundervolles Leben zu führen. Nun gab es einen Sinn in meinem Leben, von dem ich nicht einmal gewusst hatte, dass er mir fehlte. Plötzlich gab es einen Grund, am Leben zu sein. Was die Kind-Lichthaftigkeit betrifft, konnte man sagen, dass das ein kleiner Sprung in der Tasse war, der erste, schwache Anblick des Bild-Mondes. Ich würde fortfahren, eine Menge intellektueller Vorstellungen über *Mond* zu bewahren, doch ich hatte das Bestreben, tiefer zu gehen.

Nach meinen Erfahrungen an der Einäscherungsstupa erkannte ich, dass viele Aspekte meines Bardo-Trainings, wie etwa die sich auflösenden Elemente und die Vereinigung der Mutter- und Kind-Lichthaftigkeit, ebenfalls hauptsächlich intellektuell geblieben waren, eher wie Märchen als wie Dharma-Belehrungen. Nach meinem ersten Erlebnis mit meinem Vater hatte ich danach kurze Blicke auf die Leerheit erhascht, und auch ausgedehnte Retreat-Sitzungen mit Sonne und Wolken zusammen erlebt – in Koexistenz des ruhigen und puren Gewahrseins –, aber alles das kam mir eher wie die Spiegelung des Mondes auf dem See vor und nicht wie eine tiefe, direkte Erfahrung. Ich war nie davon ausgegangen, dass diese vorherigen Wahrnehmungen das ultimative, vollkommene Erkennen des erwachten Geistes waren, hatte aber geglaubt, dass sie dem ziemlich nahekamen. Es stellte sich heraus, dass sie im Vergleich zum direkten Erkennen verblassten. Ich hatte etwas über den wirklichen Mond erfahren. Ich hatte gewusst, dass die Kind-Tasse zwar einen Sprung bekommen hatte, aber nicht zerschellt war.

Ich ging zur Hauptstraße von Kushinagar und wartete auf den Bus nach Gorakhpur. Es gibt keinen Fahrkartenschalter und auch keine festgelegten Haltestellen. Man stellt sich einfach an den Straßenrand und winkt den Bus heran, wenn er vorbeikommt. Ich verbrachte die Nacht im Hostel des Bahnhofs von Gorakhpur und nahm am nächsten Tag einen Zug nach Chandigarh an der Grenze zum nördlichen Bundesstaat Punjab. Von dort aus schlug ich mich weiter nach Norden in Richtung Ladakh durch, in eine tibetische, buddhistische Region, die geographisch in Indien liegt. Das leitete eine Route ein, auf der ich die folgenden viereinhalb Jahre unterwegs war: im Sommer nach Norden in die Berghöhlen des Himalaya und im Winter wieder nach Süden in die Ebenen Indiens. Ich blieb nie länger als vier bis fünf Monate an einem Ort. Ich hatte den Wunsch, Veränderung und Vergänglichkeit herbeizuführen und immer wieder zu sterben.

Bis jetzt hatte mein Leben ein Element enthalten, das nach Antworten suchte. Ich hatte mich nach einer Ganzheit gesehnt, die sich mir immer wieder entzog. Oft war dieses Gefühl so subtil, dass ich es kaum erkannte. Aber die Vereinigung von Leerheit und Gewahrsein, die an der Einäscherungsstupa stattfand, gab mir ein Gefühl von Vollendung, das mir nie mehr abhandengekommen ist. Die folgenden Jahre lebte ich nicht ständig in einem Zustand ununterbrochener Glückseligkeit. Ich erlebte Hunger, Kälte und Angst vor wilden Tieren, besonders vor Tigern und Leoparden. Gelegentlich stellten sich wieder Magenprobleme ein. Aber niemals wieder habe ich unter Sehnsucht oder Einsamkeit gelitten oder wie früher unter Verlegenheit und sozialem Unbehagen. Bevor ich mich zum Retreat aufmachte, hatte ich oft zufrieden und mit Freude gelebt; aber diese Zustände waren in unterschiedlichem Ausmaß von den jeweiligen Umständen abhängig, und meine Umstände waren außergewöhnlich harmonisch gewesen und forderten meinen Gleichmut kaum heraus. Nun gab es ein anderes Ausmaß an Stabilität. Mein Entschluss setzte sich tief in mir fest. Mein Sinn für Wohlbefinden wuchs über die Grenzen der gegebenen Umstände hinaus – gut, schlecht, es machte keinen Unterschied.

In dem Brief, den ich meinen Schülern hinterlassen hatte, hatte ich sie ermuntert, zu praktizieren. Angesichts dessen, was geschehen war, fragte ich mich, ob mein Rat genügt hatte. Würde ich heute etwas anderes sagen? Ich hatte sie angewiesen, *innezuhalten und zu erkennen, was wir bereits haben.* Ich denke, dass ich heute die Vorzüge herausstellen würde, die sich ergeben, wenn wir einmal erkennen, dass wir jeden Tag sterben. Aber ehrlich gesagt, würde die wesentliche Botschaft die gleiche bleiben. Denn ich habe vollstes Vertrauen darauf, dass jeder von uns durch tägliches Erkennen der Samen der Weisheit irgendwann zu einem Verständnis des todlosen Gewahrseins gelangen wird, denn es ist nichts anderes als unser natürlicher Zustand.

Zum Abschied möchte ich Ihnen einen kleinen Rat geben, den Sie in Ihrem Herzen bewahren sollten. Vielleicht haben Sie mich das schon früher sagen hören, aber es ist die Schlüsselstelle des gesamten Pfades und verdient deshalb, wiederholt zu werden: Alles, wonach wir im Leben trachten, das ganze Glück, die ganze Zufriedenheit und aller Seelenfrieden, liegt in diesem Augenblick direkt vor Ihnen. Unser ureigenes Gewahrsein ist von sich aus grundlegend pur und gut. Das einzige Problem besteht darin, dass wir uns im Auf und Ab unseres Lebens so verfangen, dass wir uns nicht die Zeit nehmen, innezuhalten und zu erkennen, was wir schon haben.

Vergessen Sie nicht, Raum in Ihrem Leben zu schaffen, um den Reichtum Ihrer grundlegenden Natur zu erkennen, die Reinheit Ihres Wesens zu sehen und seine immanenten Qualitäten der Liebe, des Mitgefühls und der Weisheit auf natürliche Weise hervortreten zu lassen. Hegen Sie dieses Erkennen genauso, wie Sie einen kleinen Sämling hegen würden. Geben Sie ihm die Möglichkeit, zu wachsen und zu gedeihen.

Viele von Ihnen haben großzügigerweise angefragt, wie Sie helfen können, mein Retreat zu unterstützen. Meine Antwort ist einfach: Bewahren Sie diese Belehrungen im Herzen Ihres Praktizierens. Wo immer Sie sind und was immer Sie tun, halten Sie von Zeit zu Zeit inne und entspannen Sie Ihren Geist. Sie brauchen nichts an Ihrer Erfahrung zu verändern. Sie können Gedanken und Gefühle ungehindert kommen und gehen lassen, und lassen Sie Ihre Sinne weit offen. Freunden Sie sich mit Ihrer Erfahrung an und stellen Sie fest, ob Sie das offene, weite Gewahrsein erkennen können, das immer bei Ihnen ist. Alles, was Sie sich immer schon gewünscht haben, ist genau hier in diesem gegenwärtigen Moment des Gewahrseins.

Ich werde Sie in meinem Herzen und in meinen Gebeten bewahren.

im Dharma, Ihr
Yongey Mingyur Rinpoche

Dank

Im Juni 2011 verließ Yongey Mingyur Rinpoche sein Kloster in Indien und trat ein Wanderretreat an. Als er im Herbst 2015 zurückkehrte, bekundete er sein Interesse, von seinen Erfahrungen mit Veränderung und Vergänglichkeit zu erzählen und damit möglicherweise einer allgemeinen Leserschaft zu helfen, sich ihren Ängsten und ihrem Tod zu stellen. Er bat mich, ihm zu assistieren, und dieses Buch entstand aus verschiedenen Interviews, die ich mit ihm zwischen 2016 und 2018 in unregelmäßigen Abständen geführt hatte.

Um mein Verständnis für die traditionellen Lehren, die sich auf unser Thema beziehen, zu erweitern, berief ich mich auf *Luminous Emptiness: A Guide to the Tibetan Book of the Dead* von Francesca Freemantle und auf *Preparing to Die: Practical Advice and Spiritual Wisdom from the Tibetan Buddhist Tradition* von Andrew Holecek. Ich bin dankbar für die anschaulich beschriebene Weisheit in diesen Büchern und für den Zuspruch, den ich von beiden Autoren bekam. Darüber hinaus möchte ich Andrew Holecek für seine ausführliche Beschäftigung mit meinem Manuskript danken.

Ein Dankeschön für die Reaktionen auf erste Entwürfe an James Shaheen von *Tricycle*, an Carole Tonkinson von *Bluebird* und an Pema Chödrön, Dominie Cappadonna und

Glenna Olmsted. Viele Mitglieder von *Tergar*, Mingyur Rinpoches Meditationsgemeinschaft, haben diesem Projekt auf unterschiedliche Weise geholfen. Ich danke jedem Einzelnen, und ganz besonders Cortland Dahl und Tim Olmsted für ihre unerschütterliche Unterstützung und Hilfe, Mingyur Rinpoches Lehre zu erläutern.

Unserer Agentin Emma Sweeney bin ich für ihre anfängliche Ermutigung dankbar und dafür, dass sie dieses Buch zu Spiegel & Grau gelotst hat.

Dank an Cindy Spiegel und ihr Team. Cindys Hochachtung für Mingyur Rinpoches Reise, ihre Neugier und ihr Gespür für das Material machte sie zu einer inspirierenden Verbündeten, als es darum ging, dieses Buch zum Abschluss zu bringen.

HELEN TWORKOV
Cape Breton, Nova Scotia
August 2018

Glossar

Abkürzungen: Skt. = Sanskrit; Tib. = Tibetisch

ABSOLUTE REALITÄT oder *ultimative Realität*. Die wahre Natur aller Dinge, die üblicherweise gleichbedeutend mit Leerheit verwendet wird.

AFFENGEIST Der Geist, der unkontrolliert Selbstgespräche führt, der nach den ununterbrochen auftauchenden Formen greift, und der es nicht lassen kann, sich ständig mit sich selbst zu beschäftigen.

BARDO Wird üblicherweise verwendet, um einen Zwischenzustand zwischen einem Leben und dem nächsten zu beschreiben; auch verstanden als Etappen auf der Reise durch Leben und Tod, welche entweder als psychische Prozesse oder als Geisteszustände während dieses Lebens interpretiert werden können. Jeder Bardo-Zustand bietet erhöhte Chancen, die unkonditionierte Realität zu erkennen. In diesem Buch wird auf sechs Bardos Bezug genommen: → der Bardo dieses Lebens; → der Bardo der Meditiation; → der Bardo des Schlafes und der Träume; → der Bardo des Sterbens; → der Bardo des Dharmata; → der Bardo des Werdens.

DER BARDO DIESES LEBENS Die Existenz vom ersten Atemzug bis zum Einsetzen irreversibler Zustände, die zum Tod führen; die wohl beste Gelegenheit, uns mit unserem Verstand vertraut zu machen und zu unserer wahren Natur zu erwachen. Die Meditation ist der effektivste Weg, um dies zu erreichen, und in einigen Bardo-Systemen sind Meditationspraktiken wie auch die Schlaf- und Traumpraktiken im Bardo dieses Lebens enthalten. In anderen werden → der Bardo der Meditation und → der Bardo des Schlafes und der Träume als separate Kategorien präsentiert, doch die Belehrungen ähneln einander.

Mit der → Schlafmeditation trainiert der Praktiker, der Auflösung des sensorischen Systems gewahr zu bleiben, wenn der Körper einschläft, ein Vorgang, der dem Prozess des physischen Todes entspricht. Im Bardo des Schlafes und der Träume trainiert man, innerhalb eines Traumes aufzuwachen, wodurch es möglich wird, auf die Aktivitäten innerhalb des Traumzustands

einzuwirken. Dieses Training betont die unbeständige, wandelbare, nicht substanzielle Qualität von Traumformen und führt in die essenzielle Untrennbarkeit von Tages- und Nachtrealität ein.
Innerhalb des Bardos dieses Lebens spiegeln Meditationen über Leerheit sowie Schlaf- und Traummeditationen Geisteszustände wider, die zum Zeitpunkt des physischen Todes von sich aus eintreten.

Der Bardo des Sterbens Das Stadium, welches das Eintreten des irreversiblen, physischen Verfalls bis zur Befreiung des Geistes vom Körper markiert. Zum Zeitpunkt des physischen Todes nimmt jedermann die Auflösung der Elemente sowie die lichthafte Leerheit des Geistes wahr, wenn er sich der endgültigen Trennung von seinem Körper annähert. Die Befreiung innerhalb des Bardos des Sterbens setzt mit dem Erkennen dieser Lichthaftigkeit ein. Als Geisteszustand bezieht sich der Bardo des Sterbens auf das kontinuierliche Erlöschen aller Phänomene einschließlich Atmung, Gedanken, Formen, Situationen und Geisteszustände.

Der Bardo des Dharmata Ein traumähnlicher Zustand, der auf den physischen Tod folgt. Wenn wir in unseren Träumen inerhalb dieses Lebens aufwachen, erhöht sich unsere Fähigkeit, innerhalb des Bardos des Dharmata aufzuwachen.

Der Bardo des Werdens Der Geist ist von seiner vertrauten physischen und/oder mentalen Umgebung losgelöst und reist in einer immateriellen Form, die dennoch von einem Leben gewohnheitsmäßiger Tendenzen beeinflusst ist, auf der Suche nach einer neuen Verkörperung weiter; ein Geisteszustand, der durch physische oder mentale Auflösung seine vertrauten Verankerungen verliert und danach strebt, sich wieder mit Form zu identifizieren.

Bodh Gaya Eine Stadt im Bundesstaat Bihar im Norden von Zentralindien; Standort des Mahabodhi-Tempels und als der Ort bekannt, an dem der historische Buddha Shakyamuni unter einem Bodhi-Baum aufwachte. Heimat des Tergar-Klosters der tibetischen Kagyü-Schule von Mingyur Rinpoche.

Buddha (Skt.) Erleuchtetes Wesen; jemand, der zur wahren Natur der Realität aufwacht.

Buddha (Skt.) Natur Die grundlegende Natur aller Wesen – die leere, lichthafte und mitfühlende Essenz des Geistes, die auf dem spirituellen Pfad sichtbar wird.

Dharma (Skt.) Dieser Begriff kann sich auf das Naturgesetz und auf Phänomene beziehen; meistens bezieht er sich auf budddhistische Lehren. Er ist einer der drei Juwelen, zu denen ein Buddhist Zuflucht nimmt: Buddha, Dharma und Sangha.

Dharmata übersetzt als »Soheit« oder »Realität«. Die wahre Natur von Dingen, die jenseits aller Überzeugungen und Konzepte ist.

Dilgo Khyentse Rinpoche (1910–91) Geboren in Tibet. Dilgo Khyenztse Rinpoche wird als einer der größten tibetischen Lehrmeister angesehen. Nach der chinesischen Machtergreifung in Tibet war er maßgeblich daran beteiligt, die Kontinuität der Belehrungen für tibetische Gemeinschaften von Mönchen und Laien im Exil aufrechtzuerhalten sowie den Buddhismus in die westliche Welt zu tragen.

Dukkha (Skt.) Leiden und Unzufriedenheit; Ein Geisteszustand, der seelische Qualen dadurch erzeugt und aufrechterhält, dass die Realität, wie sie ist, falsch wahrgenommen wird und dass man die Vorstellung des Selbst als starr betrachtet. Befreiung ist möglich durch das Erkennen, dass Leiden durch geistige Fehlwahrnehmung verursacht wird und weder der Natur des Menschen noch den äußeren Umständen inhärent ist.

Einäscherungsstupa, auch Ramabhar-Stupa genannt; gelegen in Kushinagar, Indien. Sie ist eine Gedenkstätte mit einem Hügel, unter dem Asche und Relikte des historischen Buddha an der Stätte seiner Einäscherung aufbewahrt werden (ca. 483 v. Chr.).

Erkennen Das empirische Erkennen einer Qualität, die zuvor unbemerkt geblieben war. Im tibetischen Buddhismus bezieht sich dies üblicherweise auf das Erkennen der leeren, lichthaften Natur des Gewahrseins.

Erleuchtung Ein Daseinszustand, in welchem die Buddhanatur eines Menschen – die Vereinigung von Klarheit und Leerheit – vollständig verwirklicht ist.

Erste edle Wahrheit Die Wahrheit, dass wir, um uns vom Leiden zu befreien, zunächst seine Natur untersuchen und seine selbstgeschaffenen Qualitäten erfahren müssen.

Gewahrsein Die angeborene, allgegenwärtige, nicht konzeptionelle, wissende Qualität des Geistes. Es gibt nur ein Gewahrsein, doch wir erleben das Gewahrsein auf drei verschiedene Arten: Siehe → normales Gewahrsein; → meditatives Gewahrsein; → pures Gewahrsein.

Guru (Skt.) Ein spiritueller Lehrer oder Führer.

Kagyü Eine der vier Haupt-Übertragungslinien des tibetischen Buddhismus.

Karma Das Prinzip von Ursache und Wirkung. Tugendhafte Handlungen, die darauf ausgelegt sind, das Leiden für sich selbst und andere Menschen zu verringern, werden zur Ursache für positive Erfahrungen in der Zukunft. Untugendhafte Handlungen führen dagegen zu negativen Erfahrungen. Die *Zukunft* kann im nächsten Moment, im nächsten Jahr oder im nächsten Leben liegen.

Klarheit Ein inhärenter, von selbst vorhandener Aspekt des Gewahrseins, die wissende Qualität des Geistes.

Kushinagar auch Kusinara, Kushinagara genannt. Eine Stadt im Bundesstaat Uttar Pradesh im Nordwesten Indiens, wo der historische Buddha etwa 483 v.Chr. verstorben ist.

Lama Soto (ca. 1945–2011) Geboren in der Kham-Region Tibets. Er flüchtete vor den Chinesen und absolvierte seine Ausbildung im Sherab Ling Kloster, wo Mingyur Rinpoche von 1993–96 sein Retreat-Meister war. Von 2001 bis 2011 war er Mingyur Rinpoches Assistent.

Leerheit Die allen Phänomenen zugrundeliegende Natur; die Erkenntnis, dass im Gegensatz zur konventionellen Wahrnehmung alle Erscheinungen leer von bleibenden Eigenschaften, leer von Substanz und unabhängiger Identität sind. Trotz feiner Unterschiede wird *Leerheit* oft gleichbedeutend mit *absoluter Realität* verwendet.

Leiden Siehe → Dukkha

Lichthafte Leerheit Die Natur des Geistes, der unfassbar und jenseits von Konzepten ist, sich aber als die Fähigkeit manifestiert, zu wissen und zu erfahren.

Mahabodhi Tempel Tempelkomplex in Bodh Gaya, Indien, der an das Erwachen des historischen Buddha, Shakyamuni etwa 533 v.Chr. erinnert.

Mandala-Praxis(Skt) Eine der primären Praktiken im tibetischen Buddhismus; durch eine Folge von Gaben werden Verdienst und Weisheit angehäuft. Im Bardo des Sterbens helfen Übungen zum bewussten Loslassen unserer Anhaftungen, den Übergang vom Leben zum Sterben zu erleichtern.

Mantra (Skt.) *Man* bedeutet »Geist«, und *tra* bedeutet »Schutz«; eine Sequenz von Sanskrit-Silben, die als Verkörperung der Weisheit einer bestimmten Gottheit gelten. Rezitiert in Wiederholungen bei Gebeten, bei Bittgebeten oder bei Anrufungen.

Marpa (1012-97) Geboren in Tibet. Bekannt als Marpa der Übersetzer. Er unternahm er mehrere Reisen nach Indien, von wo er mündliche Übertragungen nach Tibet brachte und übersetzte viele Sanskrit-Texte auf Tibetisch; Milarepas Lehrer.

MEDITATION Bewusst mit dem Geist arbeiten, um dessen innewohnende, wachsame Qualitäten zu erkennen.

MEDITATIVES GEWAHRSEIN Dieser Geisteszustand tritt auf, wenn der Geist sich nach innen richtet und allmählich erkennt, dass Gewahrsein eine inhärente Eigenschaft des Geistes ist; das Gewahrsein beginnt, sich selbst zu erkennen. Die Gewichtung auf äußere Objekte verlagert sich auf inhärente, interne Qualitäten. Mit meditativem Gewahrsein ruht der Geist friedlich, ohne nach Objekten sensorischer Wahrnehmung zu greifen oder darauf zu reagieren. Auch → stetiges Gewahrsein genannt.

MILAREPA (1040-1123) Geboren in Tibet. Tibets beliebtester Yogi, berühmt für seine Einzelpraxis in der lebensfeindlichen Wildnis des Himalaya, dafür, dass er in nur einem Leben die Buddhaschaft erlangte und für seine direkte, in Form von Liedern übermittelte, erleuchtete Weisheit.

MITGEFÜHL Eine inhärente, naturgegebene Qualität der Buddhanatur oder der grundlegenden Gutheit, die sich in dem Wunsch manifestiert, Leiden zu lindern. Der höchste Ausdruck des Mitgefühls wird von der Weisheit der Leerheit verkörpert.

MUTTER-UND-KIND-VEREINIGUNG Das Verschmelzen der Vertrautheit der leeren, lichthaften Natur des Geistes, die man beim Meditieren mit der Erfahrung der grenzenlosen Lichthaftigkeit erfährt, welche den Augenblick des physischen Todes begleitet.

NACKTES GEWAHRSEIN Ein Geisteszustand, in welchem sich Gewahrsein, befreit von Gedanken und Konzepten, selbst erkennt.

NAGI GOMPA Nonnenkloster im Tal von Kathmandu und Einsiedelei des Tulku Urgyen Rinpoche, des Vaters von Mingyur Rinpoche.

NALANDA UNIVERSITÄT Ein buddhistisches Trainingszentrum, dessen Blüte etwa zwischen dem vierten und zwölften Jahrhundert lag; gelegen im heutigen Bihar, Indien. Ihre umfangreichen, archäologischen Relikte sind heute Weltkulturerbe der UNESCO.

NAROPA (1016-1100) Ein exzeptioneller Wissenschaftler, Dialektiker und Abt der legendären, buddhistischen Nalanda-Universität. Nach der Konfrontation mit seinem eigenen, unvollkommenen Verständnis gab Naropa seine gesicherte Position auf und begann bei dem exzentrischen, umherziehenden Yogi Tilopa zu studieren. Später gab er diese Belehrungen an Marpa, seinem Hauptschüler weiter.

NORMALES GEWAHREIN Für alltägliche Aktivitäten wie Simsen, Autofahren, Kochen und Pläne schmieden; der Geist wendet sich nach außen, bleibt bei äußeren Phänomenen und schafft so eine dualistische Beziehung zwischen dem, der wahrnimmt und dem Objekt der Wahrnehmung.

Nubri Ein ethnisch tibetischer Distrikt im Norden Nepals, wo Mingyur Rinpoche 1975 geboren wurde.

Nyoshul Khen Rinpoche (1932–99) Geboren in Tibet. Nach der chinesischen Invasion in Tibet überlebte er nur knapp die Flucht und ließ sich schließlich in Thimpu, Bhutan nieder. Er wurde ein angesehener Wissenschaftler, weithin beliebter Meister und einer der vier Hauptlehrer Mingyur Rinpoches.

Osel Ling Mingyur Rinpoches Kloster in Kathmandu, auch bekannt als Tergar Osel Ling.

Parinirvana Stupa Stätte in Kushinagar, Indien, die an den Tod von Shakyamuni Buddha erinnert.

Pures Gewahrsein Wahrnehmung, befreit von der Trennung zwischen Subjekt und Objekt; nicht-duale Wahrnehmung, unbeeinflusst von Konzepten, Erinnerungen, Assoziationen oder Abneigung und Anziehung. Pures Gewahrsein ruht im Erkennen der Leerheit; es ist die Vereinigung von Leerheit und Klarheit und führt zum Pfad der Befreiung.

Rad des Lebens Eine Darstellung der Welt der Verwirrung. Eine komplexe, kreisförmige Abbildung, die Yama, der Gott des Todes, mit den Zähnen festhält; es bildet die Grundursachen für Leiden ab – Unwissen, Abneigung und Aggression –, die im Zentrum zu sehen sind, umgeben von konzentrischen Bändern, welche das Aufrechterhalten zyklischen, gewohnheitsmäßigen Verhaltens zeigen und auch die → sechs Daseinsbereiche beinhalten.

Relative Wahrheit gleichbedeutend mit *konventioneller Realität;* die gewöhnliche Erfahrung der Realität, in welcher Phänomene als dauerhaft, substanziell und unabhängig erfahren werden und als vom Geist getrennte Entitäten existieren.

Reich der Götter → sechs Daseinsbereiche.

Rinpoche (Tib.) Der Kostbare; eine respektvolle Bezeichnung.

Ruhiges Verweilen (Skt.: shamata) Bezieht sich auf einen Geist, der in seiner eigenen Stabilität unabhängig von äußeren Umständen verweilt und der durch meditatives Gewahrsein gefördert wird.

Sadhu Hinduistischer Begriff für einen religiösen Bettelmönch oder für jemanden, der dem säkulären Leben abgeschworen hat.

Saljay Rinpoche (1910–99) Retreatmeister in Sherab Ling von 1985 bis zu seinem Lebensende. Er schloss seine eigene Ausbildung im Palpung Kloster in Tibet unter der Leitung des Elften Tai Situ Rinpoche ab. Nach der chinesischen Invasion in Tibet floh er nach Sikkim, wo er bis zum Tod des Sechzehnten Karmapas blieb. Anschließend ging er nach Sherab Ling, um in der Nähe des Zwölften Tai Situ Rinpoche zu sein. Er war der Retreatmeister von Mingyur Rinpoche in Sherab Ling und einer seiner vier Hauptlehrer.

Samsara (Skt.) Wörtlich »sich im Kreis drehen«, ein Kreislauf des Leidens und der Unzufriedenheit, in Bewegung gehalten durch Unwissen und das mangelnde Erkennen der eigenen, wahren Natur.

Sangha (Skt.) Der edle Sangha bezieht sich auf die Gemeinschaft erleuchteter Wesen; der gewöhnliche Sangha bezieht sich auf Freunde, die einen Dharma-Pfad teilen. Einer der drei Juwelen: Buddha, Dharma und Sangha.

Schlafmeditation Die Praxis, das Gewahrsein beim Schlafen beizubehalten.

Sechs Daseinsbereiche Die Reiche der samsarischen Existenz, die Geisteszustände beschreiben und eine bestimmte Art von Leiden widerspiegeln; diese Zustände werden nicht in irgendeiner spezifischen Abfolge erlebt, doch die Reihenfolge, in der sie präsentiert werden, kennzeichnet einen zunehmenden Leidensgrad: Das Reich der Götter des Stolzes, das Reich der Halbgötter der Eifersucht, das menschliche Reich des Begehrens, das Tierreich der Unwissenheit, das Reich der Hungergeister der Gier und das Höllenreich der Wut.

Der Sechzehnte Gyalwa (1924–81) Karmapa Rangjung Rigpe Dorje. Der spirituelle Führer der Karma Kagyü-Tradition des tibetischen Buddhismus.

Shakyamuni Buddha Der historische Buddha (ca. 566–483 v.Chr.). Seine Abkehr von der konventionellen Welt der Verwirrung und sein Erkennen der Ursache und des Endes von Leiden inspirieren und formen bis zum heutigen Tag alle nachfolgenden Traditionen des Buddhismus.

Shamata (Skt.) → Ruhiges Verweilen.

Shantideva (685–763) Indischer Meister, der an der Nalanda-Universität eher als mittelmäßiger Student angesehen wurde, bis er einen Vortrag vor der Gruppe hielt; diese Belehrungen, heute als *Bodhicharyavatara* oder *Der Weg des Bodhisattva* genannt, werden bis heute von Buddhisten auf der ganzen Welt wegen ihrer Großartigkeit, Verständlichkeit und Innigkeit gerühmt.

SONAM CHÖDRÖN (1947-) Mingyur Rinpoches Mutter; geboren im nepalesischen Distrikt Nubri; lebt derzeit im Tergar Osel Ling in Kathmandu.

STETIGES GEWAHRSEIN → Meditatives Gewahrsein.

STUPA (Skt.) Eine gerundete Struktur, die den Buddha darstellt; oft zur Aufnahme von Relikten erleuchteter Wesen errichtet.

TAI SITU RINPOCHE (1954-) Der Sechzehnte Karmapa erkannte ihn als den Zwölften Tai Situ, beaufsichtigte seine Inthronisierung im Palpung Kloster in Osttibet und führte ihn nach der chinesischen Invasion im Alter von sechs Jahren nach Indien in Sicherheit (zusammen mit dem Sechsten Mingyur Rinpoche). Später ließ sich Tai Situ Rinpoche in der Umgebung von Bir in Nordwestindien nieder und baute das Sherab Ling Kloster auf, in dem Mingyur Rinpoche im Alter von elf Jahren zu studieren begann. Heute steht Tai Situ Rinpoche einem großen Netzwerk von Kagyü-Klöstern, Retreat- und Dharmazentren weltweit vor. Er leistet einen enormen Beitrag für den Fortbestand des tibetischen Dharma. Er ist einer der vier Hauptlehrer Mingyur Rinpoches.

TASHI DORJE (1920-2017) Mingyur Rinpoches Großvater mütterlicherseits; geboren in Nubri, Nepal. Als die Chinesen einmarschierten, absolvierte er gerade seine Ausbildung in Tibet. Ein verehrter Meditationspraktiker und direkter Abkömmling des Königs Trisong Detsen, im achten Jahrhundert König von Tibet.

TERGAR (Tib.) *Ter* bedeutet »Schatz«; *gar* bedeutet »Ort.« Der Name der Klöster Mingyur Rinpoches und auch der Name seiner internationalen Gemeinschaft.

TILOPA (989-1069) Der oberste Meister und exzentrischer, indischer Yogi; seine an Naropa gerichteten Belehrungen wurden danach an Marpa und von Marpa an Milarepa übermittelt.

TSOKNYI RINPOCHE (1966-) Geboren in Nepal; der ältere Bruder Mingyur Rinpoches. Seine Belehrungen stützen sich auf seine tiefe, meditative Erfahrung und auf seine nachhaltige Beschäftigung mit der modernen Welt. Er ist verheiratet und Vater zweier Töchter. Er reist ausgiebig und ist für Nonnenklöster in Nepal und Tibet sowie weitere Praxiszentren und Eremitagen in der östlichen Region Tibets.

TULKU (Tib.) Die Reinkarnation eines spirituellen Meisters; einer, dem ein höheres Potenzial für spirituelle Entwicklung zugeschrieben wird.

TULKU URGYEN RINPOCHE (1920-96) Yongey Mingyur Rinpoches Vater und einer der höchstangesehenen Meditationsmeister des vergangenen Jahrhunderts. Geboren in Kham, Tibet; nach der chinesischen Invasion in Tibet kam er nach Nepal. Er baute zwei Klöster und viele Studienzentren auf. Er lebte in seinem Nonnenkloster Nagi Gompa im Tal von Kathmandu. Heute wird sein Vermächtnis von seinen Söhnen Chökyi Nyima Rinpoche, Tsikey Chokling Rinpoche, Tsoknyi Rinpoche und Yongey Mingyur Rinpoche weitergeführt. Einer der vier Hauptlehrer Mingyur Rinpoches.

UNGEBOREN Bezieht sich auf die ultimative Leerheit aller Dinge, die jenseits von Geburt und Tod und jenseits von Entstehen und Beenden ist.

VARANASI Auch bekannt als »Benares«; eine historische Stadt am Ufer des Ganges in Uttar Pradesh in Nordindien; von tiefreligiösen Anhängern des Hinduismus als besonders heilig angesehen.

VERGÄNGLICHKEIT Die Vorstellung, dass alle konditionierten Phänomene sich verändern und dass alles, was entsteht, sich früher oder später auflösen wird. Unsere üblichen Versuche, festhalten zu wollen, was sich unvermeidlich verändert, leugnet die Wahrheit der Vergänglichkeit und ist eine der Hauptursachen für Leiden.

VINAYA (Skt.) Shakyamuni Buddhas gesammelte Belehrungen zu Disziplin und angemessenem Verhalten der ordinierten Gemeinschaft; ein klösterliches Regelwerk, das bis heute für das monastische Leben im Buddhismus maßgeblich ist.

VIPASSANA (Skt.) Einsicht; klares Sehen. Im tibetischen System betont der *Theravada vipassana* die Vergänglichkeit; *Mahayana vipassana* betont die Leerheit; der *tibetische* (oder *vajrayana*) *vipassana* betont die Natur des Geistes. In tibetischen Belehrungen arbeitet die Vipassana-Meditation mit der Erkenntnis, dass alles, was erscheint, aus der Leerheit entsteht und dass alle Formen untrennbar von Leerheit sind und sich wieder in der Leerheit auflösen. Vipassana ist die direkte Erfahrung der Einsicht, dass Formen, obwohl sie erscheinen, im Wesentlichen so unfassbar und gegenstandslos sind wie der Raum, und dass diese Qualität die Natur des Geistes selbst widerspiegelt.

WEISHEIT Der Aspekt des Geistes, der die Realität so wahrnimmt, wie sie ist; jene Klarheit des Geistes, die Leerheit erkennt.